蓝迪国际智库2021年度报告

RDI ANNUAL REPORT 2021

2021

新时代的
崭新画卷

PAINTING A BRAND-NEW PICTURE OF
THE NEW ERA

荣誉主编　王伟光　谢伏瞻

主　　编　赵白鸽　黄奇帆

副主编　王　镭　叶海林　胡宇东

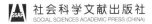

社会科学文献出版社
SOCIAL SCIENCES ACADEMIC PRESS (CHINA)

《2021，新时代的崭新画卷》编委会

序　言

2021，新时代的崭新画卷

　　2021年，新时代的大幕徐徐拉开，百年大变局的考验接踵而至。百年华诞的中国共产党带领全国人民开启了第二个百年奋斗目标的新征程。在这一年，我国经济发展和疫情防控保持全球领先，国家科技创新实力迅速提升，改革开放向纵深推进，民生保障有力有效，生态文明建设持续推进……这些成绩的取得，是以习近平同志为核心的党中央坚强领导的结果，也是全党全国各族人民勠力同心、艰苦奋斗的结果。

　　大变革时代也蕴含着大挑战与大机遇。在这变化的世界中，迫切需要新型应用型智库发挥咨政建言、理论创新、舆论引导、社会服务、公共外交的重要作用，为推进国家治理体系和治理能力现代化、促进第四次产业革命发展、服务"一带一路"倡议和构建人类命运共同体贡献力量。经过近八年的探索与实践，我们逐步形成了富有创新性的工作模式和较强的核心能力；努力在服务科学的民主决策上发挥重要作用，坚持以结果为导向，整合各方资源，凸显智库的平台价值，现已形成广泛的国内和国际影响力。

　　我们始终紧跟国家战略部署，坚持助力区域经济高质量发展。2021年，智库紧跟国家战略，深入研究地区特征与发展定位，科学推动顶层设计，在海南自由贸易港、横琴粤澳深度合作区、青岛上合示范区、RCEP青岛经贸合作先行创新试验基地等地的战略规划上提出行之有效的政策建议与方案，取得了显著成效；与此同时，我们在嘉兴市召开以数字经济为主题的高层咨询会，助力地方数字经济与科技产业的蓬勃发展，并积极推动余姚市机器人产业的高质量发展。

我们坚持聚焦新兴技术发展和产业转型升级。科学技术是高质量发展的核心驱动力。2021 年，我们通过举办数字建筑峰会、数字中国峰会、数字健康产业论坛等高端主题峰会，不仅在政策和规划层面深入参与和助力数字经济发展，而且在实践层面助力产业链的补链、强链，联动产业链核心企业，推动产业数字化和数字产业化的转型升级；我们在大健康产业上，关注发挥资源优势，聚焦数字医疗、数字健康发展，推动生物科技与中医药现代化；深度参与首届中国城市文化发展大会，推动地方政府与优秀文旅企业的对接合作；在高端制造领域，我们先后在机器人、工业母机等高端制造业的关键领域，开展了一系列务实调研工作，形成了数篇高质量的研究报告。

我们持续推进"一带一路"建设，积极参与国际友好交往。新时代的中国正在积极推动建设开放型世界经济、构建人类命运共同体，促进全球治理体系变革，为世界和平与发展不断贡献中国智慧、中国方案、中国力量。我们致力于以"一带一路"建设为载体，加强国际交流合作，在构建人类命运共同体的进程中，发挥新型应用型智库的独特价值。2021 年，我们深度参与了中国—巴基斯坦建交 70 周年系列活动，高质量参与中巴经济走廊建设；我们高度关注重大国际热点问题，围绕中亚、南亚以及阿富汗等国的形势变化，在中国社会科学院、全国政协民族和宗教委员会等机构的指导下，展开了对国际问题的深入研究。

我们不断夯实和提升智库研究能力。2021 年，在深入调研的基础上形成了多篇高质量研究报告，获得了广泛关注。其中，关于横琴粤澳深度合作区、数字经济和机器人产业高质量发展等方面的政策建言，产生了重要影响，践行了应用型智库的使命担当。

2021 年，我们不断强化和完善与城市、企业、国际、媒体等网络的联系，与合作伙伴携手前行；我们在中联部、国家发展改革委、全国政协、中国社会科学院等机构的指导和支持下，不断加强与新华社中国经济信息社、工信部赛迪研究院、中国信息通信研究院、中国基本建设优化研究会等智库机构的协同创新，实现了互利互助、合作共赢；我们高度重视青年一代人才的培养与发展，秘书处逐步形成了以"80后""90后"为核心，充满使命感与创业精神的执行团队，为研究与实践的可持续性和不断深入提供了坚实保障和不竭动力。

在新的一年，我们将迎来中国共产党第二十次全国代表大会，这是人民有信仰、民族有希望、国家有力量的新时代。展望2022年，我们满怀信心与憧憬，将继续与合作伙伴一起，执笔未来，共绘蓝图。在浩浩荡荡的百年变局中，我们将踔厉奋发、笃行不怠，不负时代，不负使命，为这新时代的崭新画卷增光添彩。

第 十 二 届 全 国 人 大 外 事 委 员 会 副 主 任 委 员
中国社会科学院"一带一路"国际智库专家委员会主席
蓝 迪 国 际 智 库 专 家 委 员 会 主 席

2022 年元月

目　录

第二部分 蓝迪国际智库合作机构

第三部分 专家委员会及秘书处成员

第一部分

2021 年重要活动

第一章　新型智库建设的思考与探索

一　新时代呼唤中国特色新型智库的发展和崛起

　　我们正在经历百年未有之大变局，在新型全球化和第四次工业革命的大背景下，集中各方面智慧、调动社会力量为国家发展出谋划策，已成为适应时代发展的新要求。中国特色新型智库建设已被提升到国家战略高度，成为国家软实力的重要组成部分。2015 年 1 月，中共中央办公厅、国务院办公厅印发《关于加强中国特色新型智库建设的意见》，为新型智库建设进行了系统的顶层设计，对中国特色新型智库的概念与功能做了详细的阐述与规划，将智库的作用与重要性提到了空前的高度，也将新型智库建设正式定格在国家决策层的执行方案上。2021 年发布的《中华人民共和国国民经济和社会发展第十四个五年规划和 2035 年远景目标纲要》再次明确提出要"加强中国特色新型智库建设"。党的十九届六中全会把推动国家治理体系和国家治理能力现代化作为重要的战略目标。新时代正呼唤中国特色新型智库的发展和崛起。

　　中国特色新型智库的发展模式不是单一的，要建设符合新时代要求的新型智库需要深入落实贯彻习近平同志关于中国特色新型智库建设的指示精神，结合时代背景，充分发挥自身优势，围绕中国特色新型智库咨政建言、理论创新、舆论引导、社会服务、公共外交等重要功能，探索中国特色新型智库的发展模式，推动中国特色新型智库建设。作为中国特色新型智库建设道路的探索者，我们发挥资源优势及整合能力，力创独具特色的新型智库发展模式，为中国特色新型智库的建设提供新的发展思路。

高层次、高水平应用型智库的蓬勃发展具有历史必要性和必然性。第二次世界大战结束后，全球政治、经济、科技、军事、金融体系都处在剧烈的变革和重塑期。经过 70 多年的发展，美国智库之一的兰德公司已成为全球最负盛名的决策咨询机构，不仅创造了巨大的经济价值，更在决定大国兴衰的重大历史事件中扮演了举足轻重的角色。目前，中国已成为世界第二大经济体，并正在成为影响世界经济政治的主要行为体之一，这必然需要中国战略决策智库和专业机构的精准助力。

要牢牢把握新时代的核心特征，坚定履行智库的职责使命，我们必须站在对百年未有之大变局的准确理解和认知的基础上。

（一）从全球视角来看"大变局"

随着人类社会的发展进步，人类面临越来越多的共同挑战，原有的生产力发展、全球治理体系和治理模式都发生了深刻而剧烈的变化。

其一，以气候变化为主要表现的全球性危机与挑战加剧。随着人类社会和科技的发展与进步，人类活动已经极大地改变了地球面貌，全球性气候危机成为任何国家、民族、地区都无法回避的共同问题。2021 年 11 月 12 日《联合国气候变化框架公约》第二十六次缔约方大会世界领导人峰会在英国格拉斯哥落下帷幕，近 200 个缔约方达成《巴黎协定》实施细则即《格拉斯哥气候公约》。大会决定建立并立刻启动"格拉斯哥—沙姆沙伊赫全球适应目标两年工作计划"，并在科学性与紧迫性、适应、减缓、资金、技术转让和能力建设等方面达成了各缔约方均能接受的规定。格拉斯哥气候变化大会被联合国秘书长古特雷斯称为人类"最后一次扭转局势的机会"。共同挑战之下，迫切需要加强全球的协同发展。人类命运共同体建设成为必然选择。这将极大改变传统国际关系和全球化发展的外部条件。

其二，以第四次工业革命为核心的科技变革加速发展。来自麦肯锡 2015 年的一份研究报告《数字化时代全球劳动力市场研究》显示，从 2015 年往前 50 年，全球经济的增长来自劳动力和生产率的双增长。全球劳动力每年增长 1.7%，生产率增长 1.8%。但是，自 2015 年之后，劳动力增长放缓到每年 0.3%。所以，如果想保持总财富增长的速度和以前一样，生产率必须提升到 3.2%，即生产率应从年增长 1.8% 提高到年增长 3.2%，这意味着需要接近 1 倍的效率增长。

生产率的提升必须依靠科技的力量。第四次工业革命将人类社会推入高速发展期。以 5G 为代表的信息传输能力指数级增长带来了全行业颠覆性变革；以抑制全球变暖为目标，能源结构正在经历重大调整；以人工智能为代表的生产力革命开启了社会分工无限想象空间；以数字化为代表的信息和价值交换革命带来了数字产业化和产业数字化的生产效率飞跃。

其三，以中美两国为代表的大国博弈和以"一带一路"倡议为代表的新型国际关系构建。2021 年，中国经济总量已突破 114 万亿元大关、人均 GDP 超过 1.2 万美元，接近高收入国家标准。中国成为人类历史上第一个经济总量超过美国 80% 的国家。与此同时，美国政治经济制度中的一系列弊端在疫情和国际形势的发展中逐步显现，美国国债总规模已经突破 28 万亿美元，达到历史最高值，构建在美国国家信用基础上的美元的世界货币地位正在发生微妙变化。国家实力的此消彼长影响着大国博弈和新型国际关系的构建，国际新秩序和新型国际关系呼之欲出。中国道路、中国理论、中国制度、中国文化的自信和深入实践，正在深刻影响和改变着世界。

（二）从国内视角来看"大变局"

从中国视角审视自身，世界变局方兴未艾，中国内部更新迭代也如火如荼。经过 40 多年的改革开放和高速发展，中国披荆斩棘，创造了一个又一个奇迹，但也有很多重大要素在发生不可忽视的变化。

其一，以人口结构转变为代表的劳动力要素变化。2021 年 5 月 11 日国家发布了第七次全国人口普查主要数据，全国人口共141178万人，10年间年平均增长率为0.53%，与2000～2010年的年平均增长率0.57%相比，下降0.04个百分点。数据表明，我国人口近10年来持续保持低速增长态势。2020年，我国新生儿数量降至1003.5万，生育率低至1.3，中国正面临人口结构和劳动力市场的转折点。2022年，随着1962年第二波婴儿潮时出生的孩子将陆续退休，中国的劳动力红利将逐步转为老龄化负担。这一方面要求政府通过各种举措鼓励生育；另一方面也意味着人力资源的使用效率、匹配效率将成为经济发展的重要驱动力。

人口要素是国家最重要的经济基础变量之一，人口结构的转变将深刻影响中国经济社会发展的方方面面。如何应对人口问题，将成为未来中国实现可持续发展和提升综合国力最重要的研究课题与挑战之一。

其二，以"双碳"战略和科技创新为指引的产业结构转型。随着中国经济实力的增强和人民收入水平的提高，低端制造业正在加快向高端制造业转型。2020年9月，习近平主席在第75届联合国大会一般性辩论中发言时宣布，中国将提高国家自主贡献力度，采取更加有力的政策和措施，力争于2030年前达到二氧化碳排放的峰值，努力争取2060年前实现碳中和。这一庄严承诺宣告中国制造业将加速从低端、高能耗、低附加值的生产制造，转向绿色、高效率、低能耗的智能制造。

"双碳"战略将深刻影响中国的能源结构、产业结构和生产生活方式；科技创新将成为推动生产效率提升和产业升级的核心驱动力。不能顺应时代需求的市场主体将被淘汰，阻碍"双碳"目标实现和科技创新的政策将被变革，巨大的挑战和机遇并存，这将是政府主体、市场主体需要共同面对的现实。

其三，以共同富裕为宗旨的高质量均衡发展。2021年8月17日，中央财经委员会第十次会议指出，要坚持以人民为中心的发展思想，在高质量发展中促进共同富裕，正确处理效率和公平的关系，构建初次分配、再分配、三次分配协调配套的基础性制度，加大税收、社保、转移支付等调节力度并提高精准性，扩大中等收入群体比重，增加低收入群体收入，合理调节高收入，取缔非法收入，形成中间大、两头小的橄榄型分配结构，促进社会公平正义，促进人的全面发展，使全体人民朝着共同富裕目标扎实迈进。中国的社会发展阶段，正在从一部分人先富起来发展到先富带后富的共同富裕阶段。

分配方式的改变将会具体体现在税收、转移支付、社会公益、反垄断、劳动保障等诸多领域，这也会对社会价值观的确立和企业的发展战略产生深远影响。

其四，以五个自信为核心的文化软实力强化与文化"走出去"。经济社会发展带来一系列变革，面对全球性疫情挑战，中国所表现出来的决断力和行动力不断验证中国道路的正确性。同时，文化软实力建设与文化"走出去"成为新时代中国的重要特征。中国的文化自信在不断加强，文化产品不断丰富，文化底蕴不断深化，文化创新蓬勃发展。中国不仅要讲好中国故事，还要讲清中国道理，在不断丰富人民物质文化生活的同时，构建具有中国特色的理论体系，加强在国际舞台上的话语权和定义权。

2021 年，中国共产党迎来了百年华诞。2021 年 11 月，中国共产党第十九届六中全会审议通过了《中共中央关于党的百年奋斗重大成就和历史经验的决议》。国际风云不断变幻、国内加快转型发展，这是实现中华民族伟大复兴的历史性机遇，牢牢把握百年未有之大变局的时代特征，是中国特色新型智库工作的重要前提，智库理应顺势而为，在这一伟大历史进程中，做出应有贡献，创造卓越成绩。

二　新型应用型智库所展现的能力特征和主要成果

智库顺应时代大潮，肩负历史责任，强化自身能力。在过去 8 年的发展中，取得了一定成果。

第一，以提供建设性的决策参考为核心任务。智库旗帜鲜明地以"服务党和国家，助力民族复兴"为使命，始终要求研究团队树立远大的理想信念，具备"提升国家软实力、提高决策参考性"的担当意识，聚焦新型全球化和第四次工业革命浪潮中涌现的新问题和新机遇，以国家关切为选题方向。在实际操作中，以兼顾战略前瞻性和现实操作性和长、中、短期平衡考虑的整合性视角，为决策者已经关注或应该关注的关键问题提供富有建设性的决策参考思路。

第二，以提供务实的解决方案为导向。我们面对现实问题，基于丰富数据，深挖问题成因，以科学方法论，提供务实的解决方法，关注决策实施过程中的关键角色能力和条件限制，最大限度地利用科技发展、社会创新、产业创新、文化创新提供的新资源和新手段，预期政策可能的结果及其表现形式。

第三，提高协同联动能力。我们探索在服务对象和运作模式两个层面"双轮驱动"的协同模式。一方面着眼国家大政之需，紧抓"公共力"，为国家决策机构服务；另一方面关注产业发展之需，牢抓"市场力"，始终关注新工业革命带来的发展机遇。

第四，增强平台型资源整合能力。智库专家由各学科、各领域、各界别的专业人才组成。智库要突破资源边界，将政产学研媒各个领域进行有机整合，畅通人才流通渠道，根据研究目标汇集各方的知识和智慧，建立智库研究生态系统。

第五，受国际认可的影响力。国际智库是不乏创新思想和具有较强公信力的行为主体，因其相对独立和专业的色彩，其在国际交流活动中对于关键舆论的形成、话语体系的构建具有特殊作用。在国际资源网络与创新工作成果两个层面，蓝迪国际智库具备了在国际交流中获得认同和尊重的突出能力。

三　新型应用型智库所形成的工作方法与工作模式

我们始终坚持"问题导向、需求导向、项目导向、结果导向"的原则，形成了富有特色的智库工作方法与工作模式。

（一）讲究实证实效的工作原则

在 8 年的实践中，我们始终以党和国家的重大关切为核心，努力将重大课题和任务转化为具体的实践成果，形成了"问题导向、需求导向、项目导向、结果导向"的核心工作原则。一是一切以解决问题为出发点和落脚点，对国家、地方、产业、企业的具体问题进行研究和解剖；二是从问题中挖掘具体的需求，找到解决问题的关键点和突破口；三是将解决方案落实到项目上，通过具体可行的项目落地满足需求，解决问题；四是最终产生务实的结果，形成完整的工作闭环。这样的工作原则使得智库成为广受各级政府、合作伙伴和企业认可与信赖的伙伴。

（二）科学严谨的方法论体系

在丰沛的智库研究成果背后，是强有力的科学方法论体系。这个体系的一个维度是基于客户需求提出的涉及国际政治形势、经济发展模式、新兴产业发展规划、区域创新发展模式等多层次、多类型、多领域的问题，服务这些领域需要构建拥有相应专家资源储备、专业知识储备和专业合作伙伴储备的组织体系；另一个维度是构建包括定性定量等在内的专业研究工具、对具有特定价值的个案或优秀个案深度解剖的工具、系统的产业逻辑和治理逻辑分析工具、多类基于实战领导经验的逻辑转化工具，以及国际成熟的逻辑分析方法等在内的工具资源体系。

在具体的工作和研究中，我们一是坚持实地调研，掌握第一手资料，并通过大数据分析，通晓国内外现状；二是精准匹配特定领域顶级专家，作为新型智库的创新代表，我们并不局限于固定的研究力量，而是从问题出发，以全球视野建立智库网络和专家库，从而精准匹配研究课题所需的特定优秀专家；三是充分发挥实战经验丰富的领导者的工作经验，重大问题的解决是决策力和执行力的综合体现，具有丰富的实战经验和运筹帷幄能力至关重要，既有具备丰富高层主政经验的专家，又有长期深入实践的核心学者，这样才能保证在复杂的信息中直击要害，找到最优解；四是广泛研究对比国际经验，构建具有全球视野的方案参照系，问题的研究和决策建议的提出均建立在对全球实践充分研究和比较借鉴的基础上，从而最大限度地提升决策的科学性和有效性。

（三）有效协同的平台网络

有了工作原则和解题方法，在实际的解题过程中，单一力量并不足以解决复杂的政府治理和发展问题，我们充分发挥智库、城市、企业、国际、媒体五大网络的协同价值，重视新型智库能力建设。智库网络汇聚国内外智库、行业协会、企业等各领域专家的力量，充分发挥智力支持作用；城市网络致力于助力地方经济社会高质量发展，为地方发展创新思想、集聚智慧、储备人才；企业网络关注"一带一路"建设相关产业和第四次工业革命相关的新兴技术及产业发展之需，促进政策落地和成果转化；国际网络打造更多元的中外交流平台，统筹国内外政党、政府、议会、智库、企业、行业协会、社会组织、媒体和国际多边机构；媒体网络着眼于媒体伙伴间的良性互动和有效合作，扩大智库对决策和社会的影响力。

我们逐渐形成了以下工作程序：一是选择特定领域的智库网络，对问题进行深入研究和分析；二是落实到城市网络，在具体需求的基础上形成解决方案；三是通过企业网络，形成解决问题的核心能力；四是通过媒体网络凝聚共识，扩大影响力，加强行动力；五是发挥国际网络价值，积极推进相关企业走向世界。通过以上的有效协同，我们将每个宏观问题转变为微观实践，逐步发挥出高质量智库在咨政建言、理论创新、舆论引导、社会服务、公共外交方面的应有价值。

（四）立体化综合服务体系

我们积极探索与相关智库、政府、企业多方合作的新模式，帮助地方政府挖掘当地产业链链主企业、头部企业、"独角兽"企业及相关产业链上下游配套企业，通过对企业进行深度实地调研及行业研究，将优质企业和项目纳入企业平台项目库，并对具有较大发展潜力的企业进行全方位的孵化与培育，推动相关企业在核心技术领域确定目标，实现整体科技水平从跟跑向并行、领跑的战略性转变。在此基础上全面精准地"推介"企业，为企业搭建国内外交流合作平台，提升企业在国内外的品牌影响力和竞争实力。

智库工作复杂而具体，8 年来我们在实践中逐步形成了完备的服务体系：一是围绕重大课题，完成高质量研究报告，不断提高咨政建言能力和水平；二是结合地方需求精准匹配智库专家，组织高层咨询会，形成具体可行的方案建议；三是发掘、培育、推介和精准匹配产业链链主、具有代表性的企业，孵化和扶持高科技创新企业，推动地方产业升级和项目落地；四是聚焦重点产业、重点主题，以主题峰会等形式，凝聚共识，扩大影响，形成合力；五是整合专业服务力量，通过法律服务、政策研究、技术标准、信息服务、金融支持、文化品牌、能力建设七大核心要素组成系统全面的企业服务体系，助力企业资源优化配置，赋能企业转型升级与抱团出海；六是围绕"一带一路"建设和重大国际问题，与有关国家政要、大使、社会机构组织展开交流、主题研讨、合作对接活动。我们目前已形成了专业的智库服务能力，改变了传统智库在问题解决和实践上的一些问题和短板，对于建设具有中国特色新型智库的探索具有重要的参考意义。

第二章 紧跟国家战略部署，助力区域 经济高质量发展

党的十八大以来，以习近平同志为核心的党中央高瞻远瞩、审时度势地提出了京津冀协同发展、长江经济带发展、粤港澳大湾区建设、长三角一体化发展、黄河流域生态保护和高质量发展、成渝地区双城经济圈建设等区域发展战略，深入推进西部大开发、东北全面振兴、中部地区崛起、东部率先发展。随着这些区域发展战略的实施，我国各区域经济总量不断攀升，经济结构持续优化，区域协调发展成效显著。2021年11月8～11日，党的十九届六中全会胜利召开，为区域经济高质量发展再次注入强大动力。中华大地东西互济，南北协同，陆海统筹，发展"差距"变追赶"势能"，单个增长极变多个动力源，宜粮则粮、宜工则工、宜商则商，气象万千。

2021年，站在"两个一百年"奋斗目标的历史交汇期，我们积力之所举，众智之所为，助力我国形成优势互补、高质量发展的区域经济布局。这一年，我们响应中央部署，助力海南自由贸易港建设，参与主办"海南自由贸易港双循环与对外开放新格局"高层咨询会；全力助推粤澳共商共建共管共享的新体制建设，推动横琴重大政策、重大合作平台、重点创新项目落地落实，深度参与在澳门举办的首届BEYOND国际科技创新博览会；持续关注长三角区域一体化与长江经济带发展，主办嘉兴数字经济发展论坛暨蓝迪国际智库高层咨询会，参与承办第七届中国机器人峰会暨智能经济人才峰会；助力京津冀协同发展、创新驱动，推进区域发展体制机制创新，与京畿重地

涿州市开展深度合作；把握上合示范区建设与《区域全面经济伙伴关系协定》（RCEP）正式生效为青岛带来的新发展机遇，助力青岛在国家新一轮开放大局中发力领跑。

在高速发展的过程中，我国正面临着持续推进城市化进程、提高全社会资源配置效率与既有城市结构性矛盾之间的冲突。我们始终高度重视与区域城市的协调联动，形成了高频互动、紧密协作、灵活高效的"智库＋城市"合作网络，致力于促进区域经济发展与转型升级，推动重点城区的结构调整和再平衡，从而提升城市发展的空间、质量、效率和可持续性。

一　海南自由贸易港

（一）推进开放　参与主办中国（海南）自由贸易港双循环与对外开放新格局高层咨询会

海南省是我国最大的经济特区，同时也是海上丝绸之路从东南沿海到东南亚的关键节点地区，具有实施全面深化改革和试验最高水平开放政策的独特优势。在海南建设自由贸易港是习近平总书记亲自谋划、亲自部署、亲自推动的改革开放重大举措，是党中央着眼国内国际两个大局，深入研究、统筹考虑、科学谋划做出的战略决策。打造海南自由贸易港是推进高水平开放，建立开放型经济新体制的根本要求；是深化市场化改革，打造法治化、国际化、便利化营商环境的迫切需要；是贯彻新发展理念，推动高质量发展，建设现代化经济体系的战略选择；是支持经济全球化，构建人类命运共同体的实际行动。

为准确把握在海南建设自由贸易港的方向、目标和要求，切实抓好自贸港建设的重大任务，受海南省人民政府邀请，中国特色自由贸易港研究院、中国社会科学院亚太与全球战略研究院、中国社会科学院"一带一路"国际智库、蓝迪国际智库于 2021 年 6 月 23 ~ 24 日共同主办召开中国（海南）自由贸易港双循环与对外开放新格局高层咨询会。本次高层咨询会汇集国内顶级专家学者、优秀企业代表，围绕以下重点议题展开研讨。

从国际形势与宏观政策层面：一是探索形成具有国际竞争力的开放制度体系，为我国更深层次地适应、运用并积极参与国际经贸规则的制定提供重要平台；二是研究通过高水平对外开放，支持和推动经济全球化，为维护全球自由贸易、完善全球治理体系、加快世界经济复苏注入中国动能；三是助力与"一带一路"共建国家和地区的合作，构建助力21世纪海上丝绸之路建设的文化、教育、农业、旅游交流平台，打造经贸合作项目的综合承载区和集中展示区。

从城市发展与产业规划层面：一是努力打造国内外一流营商环境的"海南样板"，为营造亲清政商关系，切实解决企业实际困难制订切实可行的中长期行动计划；二是助推海南省经济结构绿色转型，示范性实现碳达峰、碳中和，用标准化引领海南绿色发展，享受生态福祉；三是实现海南居民全流程健康管理，推动数字医学发展，实现海南健康产业基础平台建设；四是助推积极发展新型文化企业、培育文化新业态、推动文化旅游深度融合的研究等。

本次会议由蓝迪国际智库专家报告会、高层咨询会以及四场专题研讨会组成，旨在立足海南自由贸易港的战略定位，助力海南充分发挥自然资源丰富、地理区位独特以及背靠超大规模国内市场和腹地经济等优势，抢抓全球新一轮科技革命和产业变革重要机遇，加快培育具有海南特色的合作竞争新优势，为将海南建设成为具有较强国际影响力的具有中国特色的高水平自由贸易港提供智力支持。海南省委副书记、省长冯飞，海南省人大常委会副主任胡光辉，海南省人民政府副省长、党组成员倪强，海南省政协副主席、省政协党组副书记李国梁以及海南省相关领导出席。

冯飞在发言中表示，海南发展态势迅猛，经济新动能开始聚集形成。2020年，海南GDP达到5532.39亿元，同比增长3.5%，高于全国平均水

海南省委副书记、省长冯飞在会上发言

平，人才和新设立的企业数量均增长了100%。海南处在国内国际大市场的战略交汇点，海南省委省政府将把握正确方向，提高风险管控，大力推进自贸港的功能建设，在构建新发展格局中贡献海南力量。冯飞指出，尽管海南当前总体发展态势很好，但仍面临很多困难和挑战，比如构建现代产业体系任重道远、高端人才及民生建设存在短板等。海南省委省政府将切实完成好"底盘提上去、亮点做出来"的任务，欢迎各界专家为海南建设自贸港战略定位，为加快培育具有地方特色的合作竞争新优势和实现高质量发展提供更多宝贵的智力支持。

在蓝迪国际智库专家报告会中，重庆市原市长、蓝迪国际智库专家委员会联合主席、复旦大学特聘教授黄奇帆，中国（海南）改革发展研究院院长、中国特色自由贸易港研究院院长、蓝迪国际智库专家委员会委员迟福林，华夏新供给经济学研究院院长、蓝迪国际智库专家委员会委员贾康，中国银行原行长、蓝迪国际智库专家委员会委员李礼辉分别做了主旨报告。

黄奇帆在题为"着力推进《海南自由贸易港建设总体方案》的贯彻落实"主旨发言中指出，对外贸易方面，海南可用好各种税收优惠政策，大力发展"两头在内"的加工贸易，发展服务贸易和离岸、转口贸易，推动高科

重庆市原市长、蓝迪国际智库专家委员会联合主席黄奇帆在会上做主旨发言

技产业落地，建成中国对外开放的战略枢纽。他说，海南要用好离岛退税政策。过去，由于国际奢侈品品牌供货价格和关税等因素，中国大陆奢侈品价格高于境外，中国消费者每年在境外的奢侈品消费金额相当可观。当前，奢侈品品牌普遍下调对中国的供货价格，海南的离岛退税政策更使其奢侈品的价格竞争力提升，这对海南的发展、对促进我国贸易平衡将起到一定作用。在金融方面，黄奇帆建议海南用好央行、银保监会、外汇管理局出台的金融改革政策，提高金融行业对外开放水平，加快发展航运金融等现代服务业，引进金融机构和高端金融人才，完善海南金融生态体系。在教育、卫生、文化等公共服务领域，黄奇帆建议海南引入国际优质医疗资源与教育资源，以满足国内巨大的市场需求。黄奇帆表示，随着国际形势发生变化，我国民众对国际一流教育和医疗资源的需求正转向国内，海南宜抓住此契机，通过引入全球高端资源满足国内需求。

在谈到数字经济发展问题时，黄奇帆认为海南在跨境电商领域可大有作为。2035年前后，全球贸易的1/3将通过跨境电商实现。海南可以通过完善数据交易平台、海关监控平台、物流平台使跨境电商涉及的各个节点无缝对接，抓住跨境电商发展机遇。黄奇帆还强调，在自由贸易港背景之下，海南机场应乘势发展，力争到 2030 年成为拥有 100 条国际航线、100 万吨国际货物/年、5000 万人次/年以上吞吐量的国际机场。

中国（海南）改革发展研究院院长、
蓝迪国际智库专家委员会委员迟福林在会上发言

迟福林做题为"海南自由贸易港有条件成为中国与东盟经贸合作的交汇点"的主旨发言。他表示，应把建立面向东盟的区域性市场作为海南自由贸易港建设的重要抓手，使其成为连接中国市场与东盟市场的重要枢纽。迟福林指出，海南地处"泛南海经济合作圈"中心位置，具有独特的区位优势。同时，RCEP 协定生效也将为海南自贸港带来重大发展战略机遇。

贾康在主旨发言"海南离岸示范区的创新思考"中指出，海南要建设完善的区域性离岸贸易中心必须具备"三个支撑"和"一个保障"。"三个支撑"即具有国际竞争力的税收政策和外汇便利化措施的政策支撑，由银行、企业、清结算金融基础设施形成的业务支撑，由宏观审慎监管和具体业务真实性监管组成的风险支撑；"一个保障"是指通过优化完善金融配套设施、人才培养、招商引资和营商环境，为区域性离岸贸易中心的可持续发展提供保障。

贾康表示："海南企业从境外企业购买货品，随后转售给另一境外企业，

华夏新供给经济学研究院院长、蓝迪国际智库专家委员会委员贾康在会上发言

货品不入中国境内，资金、单据、货品'三流分离'，这种贸易行为被称作离岸新型国际贸易业务。比如，从巴西采购棉花，销往新加坡，农行、建行的海南分行办理付汇、单据流转、结算。即资金流、订单流、货品流的控制管理中心在海南，货品流发生在境外，海南就具有了离岸新型国际贸易中心的功能。"

发展离岸新型贸易对自贸港建设的影响将主要表现在推动海南融入全球供应链、扩大海南外向型经济规模、促进海南营商环境的提升等方面。为更好地推动海南发展区域性离岸贸易中心建设，海南应积极有序地推进便利化政策探索。对标国际，提供有竞争力的财税安排；同时利用科技引领，建设安全高效的货物监管体系；转型升级，形成服务离岸贸易的产业体系；推进改革，打造法治化高效便捷的营商环境。在依法治税方面，应以国际语言，向外部世界积极介绍海南将实行有利于投资便利化、贸易自由化的税制与税收优惠政策。此外，贾康提出，海南还应乘离岸贸易发展之势，敢闯敢试、大胆创新，积极探讨打造未来的区域性离岸金融中心。

李礼辉在题为"自由便利，数字海南"的发言中表示，海南自贸港在制

中国银行原行长、蓝迪国际智库专家委员会委员李礼辉在会上发言

度创新上，"自由便利"是关键；在区域政策倾斜上，税收优惠是关键；在产业选择上，差异化优势是关键；在政府作用上，管控系统性风险是关键。在产业方面，海南可重点探索打造支持金融资产数字化、数字著作产权化的平台，以及能够链接全球的数字资产交易市场。李礼辉表示："数字化技术创新正在重构金融模式。"近年来，我国的金融科技创新已展现出领先于全球主要经济体的某些特定优势。金融机构和金融科技平台集成应用大数据、区块链、人工智能等数字化技术，已初步建立了数字信任机制，而高效率、低成本的普惠性正是数字信任的主要优势。

2020年4月9日，中共中央、国务院印发《关于构建更加完善的要素市场化配置体制机制的意见》，首次明确将数据纳入生产要素，强调推进政府数据开放共享，提升社会数据资源价值，加强数据资源整合和安全保护。李礼辉认为，作为实施自由贸易港政策的海南应在公共数据开放共享方面走得更快、做得更好，可探索建立共享征信系统、自由贸易认证系统及穿透式的金融监管系统，从而进一步落实普惠金融，并有效降低监管成本和被监管成本。结合海南属地银行业实际经营情况，李礼辉建议"从实际出发，尊重市场机制和科技规律，探索合适的金融科技创新之路"。此外，对于数字链接的经济社会可能带来的安全挑战，也应时刻保持警惕。

此外，中国社会科学院"一带一路"国际智库专家委员会主席、蓝迪国际智库专家委员会主席赵白鸽，中国外文出版发行事业局原局长、蓝迪国际智库专家委员会委员周明伟，中国改革开放论坛副理事长、原广州军区副参谋长、驻港部队原副司令员王郡里，中美绿色基金董事长、国家发展改革委发展规划司原司长徐林，中国社会科学院亚太与全球战略研究院副院长、中国社会科学院"一带一路"国际智库执行理事长叶海林，中国南海研究院院长、中国特色自由贸易港研究院副院长吴士存，中国基本建设优化研究会副会长兼秘书长孙晓洲，中国电子信息产业研究院规划研究所所长程楠，中国通用咨询投资有限公司原董事长、品牌中国战略规划院副院长刘德冰等数十位蓝迪国际智库专家参加了高层咨询会，并结合国际自贸港建设经验和海南本地实际情况，分别对海南对外开放、营商环境、国际形势、新技术革命、数字经济、区域发展、"双碳"战略、人才培养、文旅融合等方面提出了一系列务实建议。

中国（海南）自由贸易港双循环与对外开放新格局高层咨询会现场

中国社会科学院"一带一路"国际智库专家委员会主席、
蓝迪国际智库专家委员会主席赵白鸽在会上发言

赵白鸽主任在主持会议时表示,参加此次高层咨询会的既有研究型的专家也有实践型的专家,为海南未来发展提出了很多视野开阔、含金量高的对策建议。未来,蓝迪国际智库将持续关注海南这片"热土",并汇聚各类资源,助力海南高质量开展自贸港建设。

中国外文出版发行事业局原局长、
蓝迪国际智库专家委员会委员周明伟在会上发言

周明伟表示，构建国际化的"软环境"是建设海南自贸港的题中应有之义。海南可从标识语言国际化、行业通行规则国际化等方面做起，逐步构建符合国际习惯的"软环境"。此外，在城市建设过程中，要避免重复低水平错误，吸纳国际化城市建设中较成熟、可"为我所用"的经验做法。关于人才问题，周明伟建议海南既要抓高端的领军专业人才，以全新的目标和机制引进最优秀的人才，同时也要动员全社会力量提高全民素质，通过素质教育、继续教育，形成文明生活方式、文明行为规范。

王郡里表示，海南是全国唯一的省级低空试点省，建议推进无人机、直升机在海南的应用，助力海南在物流、旅游等方面挖掘更大潜力。

中美绿色基金董事长、国家发展改革委发展规划司原司长徐林在会上发言

徐林认为，海南自贸港建设具有全局和战略意义，这不仅有利于海南本地的发展，而且将树立一个全方位自由贸易制度的示范。海南应该解放思想，敢闯敢试，摒弃原来"小步快走"滚动调整的政策制定方式。此外，在推动海南绿色低碳发展，实现碳达峰、碳中和方面，徐林建议，通过建立国际自愿减排的交易平台、开展国际化绿色资产的交易等方式将海南建设成为绿色低碳的自由贸易港。

叶海林表示，海南打造对外开放新格局要从经济发展和战略安全两个角

中国社会科学院亚太与全球战略研究院副院长、
中国社会科学院"一带一路"国际智库执行理事长叶海林在会上发言

度来考虑，充分利用海南的区位优势、政策优势、技术优势就地培养多个经济板块交织的优质跨国合作项目。

中国南海研究院院长、中国特色自由贸易港研究院副院长吴士存在会上发言

吴士存表示："海南因海而生，因海而兴，高标准高质量建设海南自由贸易港要依托海洋、利用海洋、开发海洋，才能真正把海南打造成为在太平洋和印度洋地区有影响力的开放门户。"制约海南海洋经济发展的主要问题：一方面是海南海洋经济总量偏小；另一方面是海南海洋产业发展的基础比较

薄弱，支柱性产业增长乏力，产业结构亟待调整。未来海南发展海洋经济要从打破人流和物流瓶颈、大力发展临港经济和基地经济入手。

中国电子信息产业研究院规划研究所所长程楠在会上发言

程楠建议，海南发展高新技术产业和制造业既要提速扩容又要提质增效。海南要发挥优势，聚焦重点领域，推动产业集群发展。第一，利用海南自贸港原辅料和自用生产设备"零关税"政策，加大海洋生物资源功能性开发，形成优势产业，立足国家战略需求，有序发展相关制造业及其维护保养业务。第二，依托国家高端战略资源和平台，吸引高端人才在海南落户。第三，超前布局5G、物联网、人工智能等新兴产业，打造智慧海南建设支撑体系。

中国通用咨询投资有限公司原董事长、品牌中国战略规划院副院长刘德冰在会上发言

刘德冰表示，近年来，中央出台了一系列支持政策，推动海南自贸港建设蓬勃展开。面对政策机遇与发展机会，海南应从三方面做好自贸港建设工作。第一，加强人才的培养和任用，尤其是培养符合自贸港建设发展要求的国际化人才。第二，重视对海外退休的专业技术人员和专家学者的引进工作。第三，加强企业品牌建设。

中国基本建设优化研究会副会长兼秘书长孙晓洲在会上发言

孙晓洲强调了智库平台建设对自贸港建设的重要作用，建议海南为智库发展留出政策空间，加快促进智力资源聚集。

海南省人大常委会副主任胡光辉在会上发言

海南省人大常委会副主任胡光辉在最后总结发言中表示，改革发展需要强大的智力支持，此次高层咨询会专家视野开阔，提供了很多真知灼见，且理论联系实际，操作性强。胡光辉说，近期海南将加快构建海南自由贸易港法律体系，尽快出台与该法配套的有关政策，特别是涉及税收优惠、营商环境优化、数据自由流通等方面的法规，并将推进立法创新。

（二）聚力汇智　蓝迪专家高质量建言海南自由贸易港建设

1. 打造海南自贸港国际一流营商环境与高质量发展专题研讨会

按照党的十九届五中全会精神，"十四五"时期经济社会发展要以推动高质量发展为主题，要全面深化转变政府职能等领域的改革，进一步简政放权、放管结合、优化政务服务，持续优化市场化、法治化、国际化营商环境，最大限度地激发各类市场主体活力和人民群众创造力，增强发展的动力和后劲。海南建设自由贸易试验区要"加快形成法治化、国际化、便利化的营商环境和公平开放统一高效的市场环境"。海南建设自由贸易港，要"打造开放层次更高、营商环境更优、辐射作用更强的开放新高地"。

为深入贯彻新发展理念，深入市场化改革，中国社会科学院亚太与全球战略研究院、中国社会科学院"一带一路"国际智库、蓝迪国际智库、中国经济信息社共同举办"打造海南自贸港国际一流营商环境与高质量发展专题研讨会"，邀请海南省政府相关领导、专家学者和企业代表围绕如何以优化法治化、国际化、便利化营商环境为着力点引领自贸港经济高质量发展展开研讨，解读海南营商环境相关政策，对标世界一流营商环境地区剖析海南营商环境存在的突出问题，并提出营造海南自贸港国际一流营商环境和促进其高质量发展的可行路径。

海南省人民政府副秘书长张相国在专题研讨会致辞中表示，近几年来，海南省委省政府高度重视自贸港营商环境建设，多措并举，持续发力，海南自贸港营商环境已有明显改善。接下来海南省政府将从政府数字化转型、完善营商环境考核评价体系和构建营商环境问题投诉处理机制等方面着手，努

海南省人民政府副秘书长张相国致辞

力打造营商环境更优的开放新高地，为海南自由贸易港高质量发展提供有力支撑。海南省政府将进一步加大简政放权的力度，最大限度地下放行政审批事项，公布审批时限全国最短事项的清单。

蓝迪国际智库专家委员会成员徐林做主题发言

"对海南自由贸易港的建设，我们必须要有自己独特的符合自贸港建设的营商要素。"徐林指出，国际化、市场化、法治化、便利化、透明化、数字化是海南自贸港建设营商环境的六大必要要素。与此同时，海南必须高举绿色低碳的旗帜，营造更加开放包容的营商环境，树立良好国际形象，向世界传达"中国越来越包容，越来越开放"的声音。

中国社会科学院亚太与全球战略研究院副院长叶海林做主题发言

谈到新冠肺炎疫情对全球价值链的影响及海南未来发展面临的机遇与挑战，叶海林表示，新冠肺炎疫情给全球价值链重构带来诸多变化，各国更加重视产业链安全，非经济要素在价值链构造中的作用越来越大。在未来国际化竞争中，中国的工业化能力将是海南经济发展的重要比较优势。

蓝迪国际智库专家委员会委员刘德冰做主题发言

刘德冰表示，海南需要贯彻党中央决策方针，优化营商环境，积极引入国际资本、技术、人才，完善海南产业链、价值链，推动海南自贸港建设取得更大成就。他建议海南提升政府服务意识，加强政府数字化平台建设，加大专业人才引进力度。

全国律师协会副会长、蓝迪国际智库专家委员会委员吕红兵做主题发言

在谈到制定海南自贸港法的重要意义时，全国律师协会副会长吕红兵强调，海南自贸港法是自由贸易港法律体系的母法和海南自由贸易港建设过程中的主导法，是规范海南自由贸易港建设和管理的原则性立法，它使得海南自由贸易港的央地关系得以明晰，对标世界高水平开放形态的制度安排更加系统。

海南大学经济学院院长李世杰认为，海南基础比较薄弱，经济体量比较小，企业缺乏竞争力，市场主体和市场之间的反馈机制不够通畅。海南应以集成制度创新为核心，解放思想，敢闯敢试，深化改革，持续推动海南自贸港营商环境的优化，使海南成为真正意义上的中国全方位全领域开放的新高地。

海南经贸职业技术学院院长黄景贵表示，营商环境的优化关系到海南自贸港建设的成败。目前，海南的营商环境与北京、上海等发达地区相比仍有

海南大学经济学院院长李世杰做主题发言

海南经贸职业技术学院院长黄景贵做主题发言

较大差距。对此，海南应当用好全面深化改革开放试验区的政策，探索试错、容错、纠错的政策设计，全面深化放、管、服改革，降低企业制度性交易成本。

洋浦国际投资咨询有限公司副总裁张喆表示，海南的营商环境建设需要补短板，要通过国际化市场主体招商倒逼国际化营商环境建设。张喆说：

洋浦国际投资咨询有限公司副总裁张喆做主题发言

"海南的突出优势就是政策红利，一定要把产业政策梳理好再去招商引资，否则会导致'劣币驱逐良币'。"在他看来，良好的营商服务就是要做好产业政策的分析员、市场推广的销售员和项目落地的服务员。

会上，中国经济信息社（以下简称"中经社"）与蓝迪国际智库联合发布了《海南营商环境调研报告》，报告基于实地调研，重点针对海南省营商环境存在的问题，从十个方面提出海南下一步优化营商环境的着力点及建议。此外，中经社还发布了英文版《海南省营商环境报告2021》，从"软环境"和"硬环境"两方面向海外传递海南营商环境建设的最新情况，为海南树立良好国际形象，助力海南更好地"引进来"和"走出去"。

中国社会科学院"一带一路"国际智库专家委员会主席、蓝迪国际智库专家委员会主席赵白鸽发表总结讲话。她从加强营商环境研究、加强法治化建设、加强人才与技术培训、建立企业联盟、构建以海南自贸港为代表的中国改革开放话语体系等五个方面对海南优化营商环境提出了重要建议。她同时强调，蓝迪国际智库将汇集各类资源，整合产业项目，为海南蓬勃发展做出贡献。

蓝迪国际智库专家委员会主席赵白鸽发表讲话

2. 海南数字医疗发展战略专题研讨会

海南数字医疗发展战略专题研讨会讨论现场

中国（海南）自由贸易港双循环与对外开放新格局高层咨询会于2021年6月23日至24日在海口举行。其中，由海南省卫生健康委员会、中国社会科学院"一带一路"国际智库、蓝迪国际智库主办，中国基本建设优化研究会承办的海南数字医疗发展战略专题研讨会于2021年6月24日上午召开。专题研讨会以海南数字医疗发展战略为主题，研讨利用数字化技术开展海南国际医疗旅游项目以及电子病历交换、健康科普宣教、数字健康家庭等项目，助力海南省数字健康产业基础平台建设和发展。

海南自贸港承担着打造国内国际"双循环"节点的重任，发展国际医疗旅游，吸引国际客人到海南接受中国医疗是海南国际医疗旅游的优势，同时国际医疗旅游和国际接轨也是一项重大的研究课题，此次会议重点是介绍国际医疗旅游的国际规则，为海南发展助力。

"十四五"规划明确提出我国将以数字经济发展为契机，实现国家智能产业发展的弯道超车，数字是资产，资产就存在保值和增值问题，数据需要灾备、确圈、隐私保护、数字交易等制度。在新一轮数字经济发展中要把党管数据放在首要位置，政府要搭建数据平台，承担社会责任，企业不能垄断数据或以数据变现，应该在政府数据平台上发展智能科技，此次数字健康论坛主要探讨海南数字健康平台的建设。

蓝迪国际智库专家委员会主席赵白鸽在会上发言

赵白鸽作为研讨会主持人指出，本次研讨会有三个目的：一是重点关注国际旅游产业在海南的发展；二是助力国际医协体把数据变成实践；三是努力促成香港与海南的合作，丰富海南医疗旅游产业内涵。

医疗新基建与智慧城市建设是一个庞大体系。在发挥国家智库作用驱动融合发展问题上，孙晓洲表示，中基会探索出了"企业 + 社会组织 + 政府"的"ENG"模式，即企业在前沿技术应用、基础平台构建、市场运营管理等

中国基本建设优化研究会副会长兼秘书长、
蓝迪国际智库专家委员会委员孙晓洲在会上发言

方面发挥优势;社会组织重点做好引领配置工作,在咨询引领、资源对接、
沟通协调、力量支撑等方面提供智力服务;政府在项目引入、政策支持、营
商环境优化等方面发挥主导作用。

人民网·人民数据总编辑刘畅在会上发言

人民网·人民数据总编辑刘畅介绍，在人民网等机构的共同推进下，海南国际离岸数据中心正在启动。该中心将要成为国家级的离岸数据安全共享特区，打造国家级离岸数据开放的实验室、国内外数据资源融合的集散地、大数据创新应用的示范区，为海南自贸港建设做贡献。

北京陆道培血液医院执行院长、蓝迪国际智库专家委员会
委员李定纲在会上发言

北京陆道培血液医院执行院长李定纲认为，海南发展国际医疗旅游产业的过程是医疗服务从地区化、本国化向全球化转化的过程，是医生个人软实力、医疗机构品牌软实力以及国家医疗水准向外输出从而参与国际竞争的一次机会，更是大国竞争力的升华与质变的过程，海南一定要在这个过程中把自己做强做大。

中国基本建设优化研究会在会上发布了国际医协体项目方案，为医疗机构开展跨区域、跨体系、多中心协作交流提供平台。中国基本建设优化研究会国际医协体项目负责人王继军介绍了国际医协体协作平台的功能及为患者和各级医院提供的服务。

对于海南如何进一步做好健康科普宣教，国家卫健委百姓健康频道总顾问方俊认为，可通过百姓健康电视频道将"健康中国"的主题带进医疗机构、带进家庭。例如，在医院建立电视融媒体的宣传网络，同时为基层医疗

中国基本建设优化研究会国际医协体项目负责人王继军在会上发言

国家卫健委百姓健康频道总顾问、中国基本建设优化研究会数字健康
分会秘书长、蓝迪国际智库专家委员会委员方俊在会上发言

资源下沉提供培训；在家庭普及健康公共卫生知识，通过智慧终端搭建健康管理服务平台和居家养老服务平台，最终实现搭建科普健康主渠道的效果。

中国疾控中心妇幼中心项目负责人王彦然就打造电子出生医学证明进行了介绍及展望，他指出，相比纸质证明，电子出生医学证明的优势是可以优化目前签发的流程、档案管理，杜绝了黑市上倒卖纸质出生医学证明的现

中国疾控中心妇幼中心项目负责人王彦然在会上发言

象，是一项惠民、利民的工程。

3. "绿色技术创新转化助力海南建设碳中和示范省" 专题研讨会

中央经济工作会议明确提出，要抓紧制定 2030 年前碳排放达峰行动方案，支持有条件的地方率先达峰。实现 "双碳" 目标，不仅仅是中国能源结构的一场革命，还将影响中国人民生活方式的改变，生产清洁化水平将大幅提高，生态文明价值观日益深入人心，这一全方位的变革，将促成绿色生产力对生产关系的更大推动力。在 "绿色技术创新转化助力海南建设碳中和示范省" 专题研讨会上，与会专家以助推海南省经济结构绿色转型以及示范性实现碳达峰、碳中和为目标，探讨以国家标准保碳指标量化、地方标准保差异化管理、企业标准促硬核技术创新，力图用标准化助力绿色发展、享受生态福祉。

通过全方位低碳转型实现 "绿色经济复苏" 已越来越成为社会广泛共识。中国提出碳达峰、碳中和目标愿景，为全球应对气候变化和绿色复苏注入了新的活力。中国生产力促进中心协会理事长刘玉兰表示，该中心在推动地区经济发展、科技创新发展、共性技术进步、提高企业竞争能力等方面发

中国环境科学研究院学术委员会特聘委员、生态环境部环境规划院顾问委员会
特聘顾问、蓝迪国际智库专家委员会委员夏青主持会议

中国生产力促进中心协会理事长刘玉兰做主旨发言

挥了重要作用，已成为国家创新发展体系的重要组成部分。该中心将积极开
展"中国好技术"活动，征集、服务一批优秀的科技创新项目，持续助力减
碳行动。

"中国已经进入碳指标绝对值评价新阶段，2021年起即进入碳目标管理
的新时期。当务之急是建立碳中和目标管理系统。"中国生产力促进中心协

会绿色生产力工作委员会副主任委员夏新指出，该系统的关键在于构建目标、指标、技术、项目、投资、效益六位一体的量化评价体系。该系统以硬核技术为主线，用指标和项目细化规划和计划，用投资和效益升华规划和计划，实现"接地气、干实事、见实效"。

大连海洋大学海洋法律与人文学院副院长、国浩律师事务所兼职律师朱晖做主题发言

朱晖认为，应在"碳中和"视域下加快建构蓝碳保护制度的相关研究，其具体路径包括实施陆海统筹的碳封存计划、建立统一的蓝碳市场、探索构建生态补偿机制等。

王琼智以"把海南打造成为具有世界影响力的碳中和示范区"为题进行分享。她建议海南以"高新技术产业＋技术服务贸易"为重点，打造低碳零碳负碳技术的创新实践场所，建设零排放示范工程；依托海南碳汇资源，成立海南国际碳交易所，探索海洋生态系统碳汇、蓝碳交易机制。

科技是实现"双碳"目标的关键途径。中国科学院曼谷创新合作中心主任姜标、清华大学国际技术转移中心副主任谭鸿鑫、山东大学化学与化工学院教授朱维群就"绿色产业发展与绿色技术转化"分别进行专题分享，建议以建设绿色技术银行同盟协同网络助力"一带一路"绿色技术转移转化，在

中国通用咨询投资有限公司绿色发展研究院副总经理王琼智做主旨发言

积极开展国际科技合作的同时大力推进先进技术的商业化与相关创新创业。

切实实现绿色发展离不开企业创新与示范验证。会上，中国长江三峡集团长江生态环境工程研究中心副主任李翀、哈佛大学设计博士朱冰、山联（长兴）新材料股份有限公司董事长蔡剑勇结合长江城市水务碳排放与低碳发展、海南陵水国际旅游区生态文明示范、以无机材料助力塑料减碳及降解等方面的实践，为助推海南经济结构绿色转型带来宝贵经验。

4. 海南省商文旅高质量发展专题研讨会

在中国（海南）自由贸易港双循环与对外开放新格局高层咨询会期间还召开了海南省商文旅高质量发展专题研讨会。本次专题研讨会以"一带一路"倡议、人类命运共同体为理念，围绕以下主题进行了研讨：一是如何利用海南国际旅游岛优势，打造商文旅综合发展的全域旅游产业体系；二是如何突破海南旅游的发展瓶颈，解决淡季旅游发展难题；三是在历史机遇下，如何做好海南旅游的对外宣传工作和产业招商工作；四是如何抓住"一带一路"建设机遇，系统化发展全岛经济，以文旅优势为中心，借商业发展完善旅游产业，通过整合基于酒店、景区、产品、目标客群的海南文旅体系，设定全国商文旅融合新标准和设置商业繁荣的文旅城市体系。

海南省商文旅高质量发展专题研讨会现场

海南省旅游和文化广电体育厅总规划师周安伟致辞

海南省旅游和文化广电体育厅总规划师周安伟在致辞中介绍，海南致力于打造国际旅游消费中心和购物天堂、度假天堂、康养天堂，未来海南将着力打造文化旅游全产业链发展。

周明伟在做主题发言时指出，发展旅游也是提高对外开放能力的手段，海南可以利用本土自然之美、文化之美讲好中国故事。他建议海南统一规

中国外文出版发行事业局原局长、蓝迪国际智库专家委员会委员周明伟做主题发言

划、制定旅游发展目标，提升人工智能应用水平，完善酒店管理、景点管理的职业教育体系。

中国艺术研究院副院长、中国文化传媒集团党委副书记和
总经理、蓝迪国际智库专家委员会委员周泓洋在会上发言

对于文旅产业如何发展，周泓洋建议，要充分挖掘海南这片热土的旅游和文化资源，以文化引领，以文化创造新价值，以文旅资源形成自贸区品

牌，从而促进产业升级。

蓝迪国际智库副秘书长、横琴财政与金融局私募部副部长马融在会上发言

文化旅游在自贸港背景下既是重要产业之一，也是加强国际合作、扩大朋友圈的重要抓手。马融认为，打好文旅牌对于海南自贸港的建设非常重要，海南文旅产业发展需要在提高产品和服务的水平、产业链搭建、与"一带一路"共建国家链接等问题上破局。希望通过本次会议，海南能借助蓝迪国际智库的力量，有力推动商文旅产业发展。

中国商业经济学会执行秘书长、蓝迪国际智库专家委员会委员陈奕名在会上发言

陈奕名表示，海南发展应该抓住"文化合纵、产业连横"两个关键。他建议海南建立城市跨区域机制，利用"海南＋京津冀""海南＋长三角""海南＋大湾区"等模式实现跨区域发展。同时，海南可以推进建立商文旅矩阵，以国家课题为政策聚焦和赋能抓手，以文旅智库企业群为投资抓手，以产业合作和规划、招商、培训、会议为工作抓手，挖掘系列经济价值。

二　粤港澳大湾区：横琴

（一）深耕横琴　持续助力粤澳深度合作区建设

横琴地处珠海南端，具有粤澳合作的先天优势。从区位条件上看，横琴是国内唯一与港澳路桥相连的地区，具有互联互通的独特区位优势；从发展配套上看，横琴为澳门提供了经济和产业向纵深拓展的空间。横琴有国家级新区、自贸区、粤港澳大湾区叠加政策优势以及完善的产业配套措施，是探索粤港澳深度合作最理想的区域；从发展潜力上看，横琴目前的 GDP 水平与同属珠江西岸的中山等地相比还处于追赶的阶段，但"澳门＋横琴"的价值洼地效应一旦补上，将会释放指数级发展的巨大潜力。

自 2009 年党中央、国务院决定开发横琴以来，在各方共同努力下，横琴的经济社会发展取得显著成绩，基础设施逐步完善，制度创新深入推进，对外开放水平不断提高，地区生产总值和财政收入快速增长。2020 年，习近平总书记在深圳经济特区建立 40 周年庆祝大会上发表重要讲话时专门指出要"加快横琴粤澳深度合作区建设"。

2021 年 9 月，中共中央、国务院印发了《横琴粤澳深度合作区建设总体方案》。新形势下做好横琴粤澳深度合作区开发开放是深入实施《粤港澳大湾区发展规划纲要》的重点举措，是丰富"一国两制"实践的重大部署，将为澳门长远发展注入重要动力，有利于推动澳门长期繁荣稳定和融入国家发展大局。

为服务粤港澳大湾区建设，助力深化粤澳多元合作，2019 年 5 月，蓝迪国际智库成立横琴分部（蓝迪珠海），致力于打造一个融经典智库和专业咨询为一体的资源整合平台，发挥蓝迪国际智库自身在国内外政党、政府、议会、企业、智库、媒体、社会组织及行业专家等方面的资源优势，助力横琴打造具有国际竞争力的产业体系，筛选和培育优质企业，促进优质项目落地。蓝迪珠海目前已形成了一支务实干练、开拓创新、有丰富实践经验的专业化工作团队。团队成员拥有多学科专业教育背景，熟悉市场化操作，能有效为平台优质企业提供战略咨询、市场推广、业务拓展、投融资对接、法律咨询、风险防范、国际质量合规及标准检验检测和上市辅导等涵盖企业发展全生命周期的多样化服务。

为充分发挥智库平台优势，进一步促进粤澳深度合作，蓝迪珠海近年来围绕平台搭建、项目合作、研究报告、产业规划等方面开展了以下重点工作。

一是积极搭建澳门与横琴双方政府、投融资机构、企业之间沟通的平台，现已成功打造"十字门金融周"品牌活动。在蓝迪国际智库的协调组织下，全国人大常委会副委员长、民盟中央主席丁仲礼，澳门特区行政长官贺一诚，澳门特区前任行政长官何厚铧、崔世安，中央人民政府驻澳门特别行政区联络办公室主任傅自应、严植婵，珠海市委书记郭永航（时任）等珠澳政府领导以及横琴新区管委会主任牛敬、横琴新区管委会副主任杨川、横琴新区金融局局长池腾辉等横琴新区主管领导多次针对琴澳合作发展规划、重点产业及合作模式展开深度交流讨论。

蓝迪珠海参与创办的"十字门金融周"已成为具有全国影响力的重要品牌，现已成功举办三届。会议联动相关主管部门与行业协会领导，企业、金融机构代表及相关领域专家学者，立足横琴的发展定位，围绕澳门经济适度多元化的发展需求和粤港澳大湾区的整体发展规划，聚焦横琴金融业产业现状，重点探讨横琴对澳门金融合作、横琴金融特色产业发展、新兴科技赋能

图为澳门特别行政区行政长官办公室主任许丽芳，澳门特别行政区
经济财政司司长、横琴粤澳深度合作区管理委员会秘书长、执行委
员会主任李伟农，蓝迪国际智库专家委员会主席赵白鸽，十三届全
国人大常委会副委员长、民盟中央主席丁仲礼，澳门特别行政区第
五任行政长官贺一诚，民盟中央副主席、中国科学院院士田刚，
澳门特别行政区金融管理局主席陈守信参加 2020 年第三届
"十字门金融周"活动（从左至右）

横琴金融发展、绿色金融助力经济高质量发展、深化金融供给侧结构性改
革、金融业对外开放等重点议题，力争将横琴建设成为助力澳门经济适度多
元发展的新空间、丰富"一国两制"实践的示范区、推动粤港澳大湾区高质
量发展的重要增长极、深化改革和扩大开放的先行区。2020 年在第三届"十
字门金融周"论坛上，提出了以数字产业化和产业数字化为主导的"数链计
划"（Digital Alliance Program）和以澳门科技创新国际合作为目标的"超越
计划"（BEYOND），这些项目的启动促进了琴澳两地深度务实合作，并有助
于推动澳门经济由单一的博彩业向多元经济发展。

　　二是在项目合作方面，积极为琴澳两地挖掘优质企业与技术，为充实琴
澳两地科技创新和实体经济发展贡献力量。蓝迪珠海积极推荐山东天壮环保

科技有限公司、安世亚太科技股份有限公司、上海天数智芯半导体有限公司、广东匡辰电子科技有限公司、深圳蓝胖子物流机器人、至玥腾风科技投资集团有限公司等优秀企业参加横琴科创大赛，并促成相关企业落地横琴。目前已落地的项目有：（1）成立珠海蓝萱生物科技有限公司，主要利用离子液态技术对包括中医药产品、生物药品、保健品、护肤品、锂电池、军民融合新材料等原材料进行研发和生产；（2）成立珠海蓝欧环保生物科技有限公司，重点推进餐厨垃圾和粪便污物处理项目，为澳门实现碳达峰、碳中和目标贡献力量；（3）成立珠海澳标云舟科技发展有限责任公司，服务于粤澳企业质量、标准、检验检测规划建设发展，助力抢占粤澳企业国际质量合规性和标准话语权。

三是在研究报告方面，自 2018 年至今，蓝迪珠海共完成针对粤澳发展的专题研究报告 3 篇及年度报告 3 册，主要包括《珠海横琴战略定位及创新发展思路研究》《关于发挥澳门独特优势建设中国特色横琴自由贸易港的研究报告》《关于横琴粤澳深度合作区建设的几点建议》，内容涉及合作区的立法、税收、检验检疫、金融、外籍家政人员聘用等事宜，并提出了相关建议，为横琴粤澳深合区的高质量发展提供了重要的智力支持。

蓝迪珠海深入挖掘横琴粤澳深合区建设与发展的重点需求，发挥智库功能以及平台优势，在产业发展规划、产业资源导入、企业与项目落地等方面为深合区出谋划策，以项目与结果为导向，通过以下措施助力深合区建设成为粤港澳大湾区经济协同发展的新中枢。一是持续为深合区做好顶层设计、平台搭建和品牌宣传工作。通过主办、承办相关高层会议、论坛活动来推介优秀企业参会，促进企业与粤澳政府、企业及投资机构深度交流，紧紧围绕金融赋能实体经济发展，为粤澳金融产业发展及粤澳金融合作出谋划策。二是稳步推进粤澳合作重点项目。蓝迪珠海在 2021 年初开始与平台企业及合作伙伴进行项目推介前期洽谈，在前期深入的可行性分析以及实地调研的基础上，向澳门特别行政区推介符合粤澳两地发展规划的优质项目方案，包括蓝萱生物材料研究院项目、蓝欧餐厨垃圾处理项目、澳标云舟科技检测检验及标准认证项目、今迪森 GT-CDMO 国际医疗旅游项目、澳门国际电影节项目、绿色数据金融平台项目、澳门智慧城市整体解决方案项目、广东昱辰智能热源研究院项目等，这将有利于加快推动粤澳一体化区域的统筹发展，促进澳门实现产业多元化。

未来，蓝迪珠海将作为横琴粤澳深合区的重要合作智库，将通过高质量的研究报告为深合区建设和企业发展提供战略指导，持续扩大粤澳"十字门金融周"的品牌影响力，加快探索与澳门联手打造全新的科技创新品牌活动，积极参与横琴粤澳深合区建设。

（二）锐意创新　深度参与首届 BEYOND 国际科技创新博览会

当今世界正处于百年未有之大变局，新一轮科技革命和产业变革加快重塑全球经济格局。与此同时，经济全球化不断向纵深发展，科创要素在世界范围内加快流动，各国经济与科技的协同发展更加紧密，只有超前布局未来科技创新研发，才能抢占未来发展制高点，掌握新一轮全球竞争的战略主动。因此，中国必须更加积极地开展国际科技交流合作，用好国际国内科技创新资源，打造具有全球影响力的科技交流与合作平台，在科技领域发出中国声音，彰显中国高水平开放的格局；搭建科技创新融通的平台，集中展示科技成果，聚集科技创新资源，加速科技成果转化。

为积极贯彻落实国家战略部署，进一步释放澳门产业多元发展活力，促进澳门与国际科技界展开交流合作，澳门科技总会（MTGA）以 BEYOND 国际科技创新博览会为平台载体，展现中国科技创新文化与成果，积极催生科技创新与变革，塑造中国在科技领域的"开放、协同、创新"形象，为构建人类命运共同体贡献科技智慧和创新力量。BEYOND 以"超越传统、前瞻未来，超越科技、以人为本，超越边界、链接创新"为宗旨，聚焦前沿科技，践行科技向善，并超越传统科技展会，成为亚太地区与拉斯维加斯消费电子展（CES）同等级别及同等影响力的国际顶级年度科技盛会，并力争成为全球最具影响力的科技舞台之一。

首届 BEYOND 博览会于 2021 年 12 月 2～4 日在澳门隆重举行,在澳门特区政府的支持下,由中国商务部外贸发展局、国务院国资委规划发展局等共同举办,澳门贸易投资促进局、广东省工商业联合会(总商会)、中关村发展集团、粤港澳大湾区企业家联盟等机构联合协办,蓝迪珠海作为唯一战略合作伙伴为此次博览会顶层设计、嘉宾邀请、会议组织、媒体宣传提供智力支持。首届 BEYOND 博览会聚焦四个科技领域——影响力科技、生命科学、新基建/智慧城市与生活、未来科技,向全球呈现了一场高规格、高质量、高影响力的科技盛宴。

BEYOND 邀请了具有科技影响力的全球知名业界人士参加开幕式并发表主旨演讲,为有梦想的青年人、科创人带来启迪和激励。中国科协党组书记、中国工程院院士张玉卓,中华医学会会长、中国科学院院士、北京协和医院名誉院长赵玉沛在开幕式上致辞。神舟号飞船首任总设计师、中国工程院院士、空间技术专家戚发轫,中国工程院院士、广州实验室主任、国家呼吸系统疾病临床医学研究中心主任钟南山(视频),中国社会科学院"一带一路"国际智库专家委员会主席、蓝迪国际智库专家委员会主席赵白鸽,以及深圳市创新投资集团有限公司党委书记、董事长倪泽望,珠海格力电器股份有限公司董事长兼总裁董明珠,社会价值投资联盟理事长、原招商银行行长马蔚华,淡马锡全球企业发展联席总裁、中国区总裁吴亦兵,IDG 资本创始董事长熊晓鸽分别做主题演讲。

中国工程院院士张玉卓在开幕式致辞中表示,人才是第一战略资源,是澳门可持续发展的关键因素。习近平总书记亲自谋划、亲自部署、亲自推动粤港澳大湾区建设,为澳门发展提供了广阔空间。澳门回归祖国 22 年来,深入践行"一国两制",保持经济平稳增长,民生持续改善。近年来,开发横琴粤澳深度合作区,为澳门科技创新和产业转型提供了新契机,将为澳门经济适度多元化、持续繁荣发展注入强劲动力。中国科协将深入落实与澳门合作框架协议，支持内地与澳门深化科技创新合作与人才交流，培育以新技术、新产业、新业态、新模式为特征的新经济，助力澳门经济适度多元发展，更好融入国家发展大局。

蓝迪国际智库专家委员会主席赵白鸽在首届 BEYOND 博览会开幕式上做主题发言

蓝迪国际智库专家委员会主席赵白鸽在开幕式上详细介绍了 BEYOND 大会举办的意义及其所肩负的历史使命与价值。赵白鸽认为，当下全球迎来了百年未有之大变局，在这种背景下，全球科技创新都进入了快车道，BEYOND 的举办是应运而生。第一，全球化是以科技创新为主导，全球化将会逐渐地向东方转移，澳门是连接东西方的一个重要桥梁。第二，第四次工业革命在全球兴起，只有具备了资源整合能力，才能走向世界的最前沿。第三，中国对粤港澳大湾区发展寄予厚望，这也是国家长远规划的重要一步。横琴粤澳深度合作区是一个非常重要的创举，它从制度和改革的层面，为中国和澳门未来的走向奠定了非常重要的基础。

赵白鸽表示，BEYOND 具有四个特点。第一，它完全由一批"80 后""90 后"的年轻人创立，这表明属于年轻一代的科技创新时代已经到来。第二，BEYOND 以科技为主体，连接政府、企业、媒体智库，搭建了一个非常好的交流平台。第三，BEYOND 对标拉斯维加斯消费电子展（CES），以科技消费展品为目标，为中国企业提供了一个新的选择。第四，BEYOND 以科技创新为支点赋能未来，将促进澳门和整个粤港澳地区的创新发展。

展会期间举办了数十场专题论坛，深度探讨行业创新风向以及商业模式，共同推动产业发展。尤为值得关注的是，首届 BEYOND 举办了"可持续发展峰会"，旨在直面全球可持续发展面临的巨大挑战，寻求破解发展难题的方法，探索通过科技创新和绿色科技在全社会形成节约资源和保护环境的空间格局、产业结构、生产方式和生活方式，以实现"双碳"目标，同时向世界展示可持续发展的中国智慧、中国方案、中国经验，为全球实现可持续发展目标贡献中国力量。

澳门特别行政区经济财政司司长、横琴粤澳深度合作区管理委员会秘书长、
执行委员会主任李伟农（右二），蓝迪国际智库专家委员会主席赵白鸽（右一），
中国电子科技集团国际贸易有限公司总经理田耀斌（左二），北京标研科技
发展中心主任谭晓东（左一）于 BEYOND 博览会展厅合影留念

BEYOND 尤为关注企业作为市场主体和科创主体的关键作用，为初创公司提供多元交流和深度对接的机会，为企业带来资本、产业、政策等方面的支持和合作机遇，同时为参展的大型企业提供产品发布、行业交流和品牌影

响力打造的机会。目前，BEYOND 已吸引包括华为、华大、复星、阿里巴巴、腾讯、京东、正泰、德勤、中国太平、中铁建、中粮、中车、极星机车、海康威视、丽珠、商汤、南光、中国电信、工银澳门、澳门中银、中国建筑等近 500 家企业参与，其中既有世界五百强企业、大型跨国企业，也有独角兽创新企业以及新型初创企业。

BEYOND 博览会永久落地澳门，将为澳门的会展、科技、商贸等领域注入新动力，为澳门经济适度多元做出贡献；将吸引更多的全球优质企业深入了解横琴粤澳深度合作区，增强澳门畅通国内大循环和联通国内国际双循环的功能；将打造创新型人才策源地，吸引更多具有创新创业的年轻人在澳门落地生根，为澳门经济可持续发展提供长久支撑；将成为讲好"中国科创故事"、讲好成功实践"一国两制"的澳门故事的新平台。

首届 **BEYOND** 博览会期间赵白鸽与澳门特别行政区行政长官贺一诚会见并会谈

BEYOND 科创平台的发展壮大离不开社会各界的关注和支持，作为中国新型应用型智库的典范，蓝迪国际智库紧紧围绕党和政府决策急需解决的重大课题，聚焦第四次工业革命下的新技术和新产业、"一带一路"建设和经济社会发展中的重大现实问题，在与多方深入探讨、协同合作中形成了一系列具有前瞻性、针对性、建设性的决策咨询研究报告，充分发挥了应用型智库咨政建言、理论创新、服务社会的重要功能。自2019年起，蓝迪珠海积极推动横琴新区服务澳门产业多元化发展，相关研究报告获得了国家领导人的高度重视。展望未来，蓝迪珠海将作为横琴粤澳深合区的重要合作智库，继续护航BEYOND，超越传统、定义未来，以科技创新之光照亮未来发展之路。

三 长三角经济区：嘉兴、余姚

（一）数字赋能 嘉兴高层咨询会助力嘉兴数字化转型升级之路

为深化实施长三角一体化发展战略，把嘉兴打造成为长三角核心区联通国内国际双循环的黄金节点，助推嘉兴打造长三角核心区全球先进制造业基地和浙江国家数字经济创新发展试验区建设，应浙江省嘉兴市委、市政府邀请，中国社会科学院"一带一路"国际智库、蓝迪国际智库于2021年10月18日在浙江省嘉兴市召开嘉兴数字经济发展论坛暨蓝迪国际智库高层咨询会。本次会议结合嘉兴实际，全面把脉问诊，对嘉兴全面融入长三角一体化、加速推进数字经济行业及相关领域发展提出建议，通过高质量的交流研讨，为加速科创要素流动和集聚，培育现代产业创新能力，高水平建设新时代数字嘉兴提供智力支持。

10月18日上午，在嘉兴市委书记张兵的主持下，重庆市原市长、蓝迪国际智库专家委员会联合主席黄奇帆，国防大学国家安全学院教授、原战略研究所所长孟祥青少将分别做题为"嘉兴数字经济发展""当前国际战略形势与我国安全环境新变化新特点"的演讲。

黄奇帆针对国内国际双循环的新发展格局，碳达峰、碳中和目标的战略意义，以及我国推动数字经济发展背景下新基建的重要性做了分享。他表示，在新阶段、新理念、新格局下，中国经济呈现五个内部新发展特征和五个新开放特征。当前我国进入以国内大循环为主体、国内国际双循环相互促

嘉兴数字经济发展论坛暨蓝迪国际智库高层咨询会现场

蓝迪国际智库专家委员会联合主席黄奇帆做主旨演讲

进的新发展格局，在这样的格局下，我国的内循环会出现五个特征：一是中国工业体系的韧性会更强，效益和质量更高；二是中国国民经济对外依存度下降；三是中国高标准市场经济体系将不断彰显、完善，要素资源将在更高水平上优化配置；四是我国的科研创新自立自强，将实现产业链、供应链的扩链、强链、补链；五是今后发展中，中国内循环的源头动力，即老百姓的消费能力将会提高。同时，更高水平、更宽领域、更深层次的开放表现出五个特征：一是从过去以出口导向为主转变为既鼓励出口也鼓励进口，成为世界进口大国；二是从过去以引进外资为主，转变为既积极引进外资也鼓励国内资本走出去投资；三是从以沿海地区开放为主转变为东西南北中协同开放、整体开放；四是从工商产业开放为主，转变为金融、教育、卫生、文化等领域全方位的开放；五是从要素流量为主的开放转变为以建立制度规则为主的开放。

在谈到碳达峰、碳中和目标的战略意义时，黄奇帆指出，中国实现碳达峰、碳中和，将产生三个巨大的颠覆性、战略性意义：一是中国的能源结构将发生革命性、根本性的变化；二是国民经济结构将发生根本性变化，国民经济质量和效益将得到巨大提升；三是中国对全人类的贡献将达到新的高度，引领第三次能源革命——清洁能源革命。

当前我国正在大力推进数字经济深入发展，其中新基建成为重要抓手。黄奇帆表示，数字革命是世界第四次工业革命的重要引擎，中国正在成为这次工业革命的引领者之一。黄奇帆表示，抓好新基建就是要抓好各行各业的产业互联网，产业互联网运行时要经过万物发声、万物互联、人机互动、智慧网联，最后达到镜像效应这一产业互联网的最高境界。

国防大学国家安全学院教授、原战略研究所所长孟祥青少将做主旨发言

孟祥青在题为"当前国际战略形势与我国安全环境新变化新特点"的主旨演讲中表示，近年来，我国在维护国家主权和海洋权益上采取了新的重大

举措，取得了前所未有的成效，这既是对有关国家过去一段时间严重侵犯我主权行为的必要反制，也是在新时代打造于中国有利的周边环境的必要行动。但同时这也引起了美国等西方国家的强烈忌惮，我国面临的威胁和挑战日益复杂和严峻，必须增强忧患意识，坚守底线思维，立足于最坏的情况做准备，确保具有保护国家安全利益的决定性能力。

孟祥青指出，国家安全是安邦定国的重要基石，应把维护国家安全提升到保护各族人民根本利益这样一个高度来认识，把坚持总体国家安全观上升到治国理政的重大原则来认识。在实力政治仍占主导地位的当今世界，在国家安全特别是海洋权益面临严重威胁的前提下，在国家利益拓展与维护安全能力和手段之间仍然存在差距的情况下，我们必须理直气壮地发展安全能力和手段，加快国防现代化进程。

张兵书记向蓝迪国际智库两位特邀专家表示衷心感谢。他表示，"嘉兴数字经济发展"的演讲立意高远、观点独到、内容丰富，对嘉兴科学把握宏观经济大势及构建新发展格局的机遇、正确理解碳达峰和碳中和的重大深远意义和历史机遇、深刻认识数字变革的历史必然性、精准谋划和扎实推进数字经济发展，具有很强的指导作用，也坚定了寻求新发展机遇、做好相关工作的信心和决心，令人很受教育和鼓舞。"当前国际战略形势与我国安全环境新变化新特点"的演讲高屋建瓴地阐述了国际战略形势和我国安全环境的新变化、新特点，体现了学者丰厚的学术修养、扎实的理论功力和深邃的战略眼光，对我们胸怀"两个大局"、强化底线意识、增强发展的紧迫感和责任感很有帮助。两场演讲都让我们更加清醒地感受到，我们正处在前所未有的变革时代，唯有胸怀"两个大局"，方能找准方位、明辨方向；唯有不断学习，方可跟上时代的步伐。

张兵书记表示，要认真学习领会两位专家的精彩论述，如饥似渴地更新知识、拓宽视野，不断提高塑造变革的能力，着力建设德才兼备的高素质干部队伍，为建设高质量发展的共同富裕示范城市提供坚强保障。

　　10 月 18 日下午，数字经济、人工智能、智能制造、工业互联网、产业规划、科创金融、人才培养等相关领域著名专家和行业、企业的代表就高质量建设"数字嘉兴"、创新现代产业发展等重要议题展开讨论。蓝迪国际智库专家委员会主席赵白鸽主持此场会议。嘉兴市委书记张兵、嘉兴市人民政府副市长盛全生出席会议并做发言。

嘉兴市委书记张兵出席嘉兴数字经济发展论坛暨蓝迪国际智库高层咨询会

　　作为"红船启航地"，近年来，嘉兴以"红色根脉"为基础，抢抓第四次工业革命与数字经济时代的机遇，力争实现现代产业、数字经济的跨越式发展。2020 年，嘉兴数字经济核心产业增加值从 2015 年的 225 亿元增加到506.9 亿元，年均增长 17.6%；数字经济、信息化和"两化"融合三大指数均列浙江省第三。围绕数字产业链，嘉兴引进落地阿特斯、海芯微、百度人工智能产业园等数字产业项目百余项，并加快推进桐昆数智中心等一批重点数字化项目落地。同时，嘉兴在浙江省率先制定《嘉兴市制造业企业数字化转型评估标准（试行）》，高标准推进制造业数字化转型。目前，嘉兴全市5G 基站累计建成 5361 个，5G 基站覆盖密度位居全省第一，聚力建设新型数字基础设施。

　　数字经济的可持续发展需要激发各个市场主体的参与积极性，构建完整高效的产业链。蓝迪国际智库专家委员会联合主席黄奇帆在发言中表示：

"新基建的重中之重是数字创新工程，关键的效应是在融合过程，数字化平台为各行各业，为城市、工业及服务业进行赋能，使传统产业数字化。同时，数字本身的产业化也能产生效益。"

蓝迪国际智库专家委员会联合主席黄奇帆做发言

蓝迪国际智库专家委员会主席赵白鸽主持会议并做发言

蓝迪国际智库专家委员会主席赵白鸽指出，嘉兴应抢抓数字经济时代机遇，构建完整高效的数字经济产业链，加快打造"数字经济新高地"。在此过程中，要充分发挥智库连接政府与企业、政策与市场的桥梁和纽带作用，协同发展，共同开创嘉兴数字经济蝶变跃升的新发展格局。

嘉兴市人民政府副市长盛全生介绍了嘉兴市数字经济发展情况

嘉兴市人民政府副市长盛全生介绍了嘉兴市数字经济发展现状并表示，未来嘉兴将以产城融合的创新产业生态体系，畅通高端要素循环，激发人才创新活力，形成一批标志性创新成果，打造全国"互联网＋"科创高地。

中国改革开放论坛副理事长、原广州军区副参谋长、驻港部队原副司令员、
蓝迪国际智库专家委员会委员王郡里在会上发言

"数字红船从嘉兴驶出。"中国改革开放论坛副理事长、原广州军区副参谋长、驻港部队原副司令员、蓝迪国际智库专家委员会委员王郡里创新性地提出了"数字红船"的概念，他认为，嘉兴数字经济已有良好的基础，建议接下来进一步精选项目，做好资源对接，精准推动数字经济发展。

珠海市横琴新区数链数字金融研究院学术与技术委员会主席、
蓝迪国际智库专家委员会委员朱嘉明在会上发言

珠海市横琴新区数链数字金融研究院学术与技术委员会主席、蓝迪国际智库专家委员会委员朱嘉明为构建嘉兴特色数字经济提供了新的思路，他建议加强区块链在嘉兴数字基础建设中的作用，加快数字金融发展，打造以量子技术为核心的行业。

中国信通院华东分院院长、蓝迪国际智库专家委员会委员张雪丽以丰富的案例，展望了全球发展态势下的嘉兴数字经济发展，她建议嘉兴要做数字核心技术的探索者、"智"造业数字化转型的先行者、数字产业生态的创新者、数字品牌标杆的执旗者、区域产业协同的推动者。

此外，蓝迪国际智库专家委员会委员、中国基本建设优化研究会数字健康分会会长方俊，浙江经贸职业技术学院副校长、教授张红，蓝迪国际智库平台成员柒贰零（北京）健康科技有限公司董事长项立刚，苏州布瑞克农业

中国信通院华东分院院长、蓝迪国际智库专家委员会委员张雪丽在会上发言

大数据科技集团有限公司董事长孙彤，广联达科技股份有限公司董事、高级副总裁刘谦等相关领域著名专家及行业和企业代表也纷纷建言献策。

在发展数字经济的过程中，嘉兴也涌现了一批优秀的本土企业。在此次会议的"数字经济发展与技术创新"研讨环节中，嘉兴闻泰通信有限公司和巨石集团的负责人代表嘉兴企业做了经验分享。

会后，在深入调研和充分讨论的基础上，蓝迪国际智库形成了《嘉兴市数字经济产业发展报告（2021）》。本报告论述了数字经济的概念，以及国内外数字经济总体发展现状与态势，并从发展环境、数字产业化和产业数字化等方面介绍了嘉兴市数字经济产业发展情况，总结了其在数字经济核心产业、高能级平台、数字基础设施、产业链整合方面的创新亮点，同时探讨了嘉兴数字经济发展中的问题与瓶颈，分析了未来发展趋势，为嘉兴打造数字经济新高地提出建议。报告旨在结合嘉兴实际，对嘉兴加速打造数字经济新高地建设、高水平建设新时代"数字嘉兴"提供借鉴和参考。

（二）机器智联 承办第七届中国机器人峰会暨智能经济人才峰会

"十四五"时期是我国机器人产业创新发展、加速升级的关键时期。为抢抓第四次工业革命和数字经济时代的发展机遇，整合优势产业资源，有效推进我国机器人产业高质量发展，2021 年 7 月 14～16 日，由工业和信息化部、科技部指导，浙江省人民政府主办，宁波市人民政府、科技部高技术研究发展中心、中国社会科学院"一带一路"国际智库、蓝迪国际智库等机构承办的第七届中国机器人峰会暨智能经济人才峰会（简称机器人峰会）于浙江省余姚市召开。

余姚是浙江省首批"工业强市"、首批制造业高质量发展创建示范县（市），拥有以新装备、新能源、新材料、电子信息等战略性新兴产业为支撑的工业发展体系，并已初步建成了机器人研发、整机生产、零部件生产、系统集成于一体的产业链。当下，加快智能机器人产业的发展，对于余姚市制造业乃至全市整体经济的转型升级有着极其重要的意义。本届峰会以"机器智联、赋能万物、合作共赢"为主题，在持续推进"机器人＋"赋能百行百业的基础上，强化了"合作"的理念，进一步突出机器人峰会集聚产业链条、构建产业生态圈的愿景。机器人峰会的活动分为行业交流、引才引智、产业对接、专题活动、展览展示、机器人大赛等六大板块。机器人峰会的举办对于培育余姚制造业新优势、推动工业转型升级、加快制造强市建设具有不可或缺的作用，也为余姚经济高质量高水平的发展增添了强劲的动能。

作为新型应用型智库，蓝迪国际智库携平台专家团队和企业团队参会，聚焦机器人和人工智能、工业互联网、数字经济、智能经济，精准把握机器人及人工智能领域技术创新动态和产业发展趋势，为余姚机器人产业进行顶层设计和规划并指导项目落地，以加快余姚机器人产业链协同创新发展和特色机器人产业集群培育，助推宁波国家制造业高质量发展试验区创建和浙江国家数字经济创新发展试验区建设。

机器人峰会开幕式当天，在展览展示活动现场，有 60 多家国内外知名企业及科研机构的涉及 20 多个行业应用的 300 余件（套）最新技术成果、

蓝迪国际智库专家委员会联合主席黄奇帆，浙江省委副书记、
省长郑栅洁（时任），浙江省人民政府副省长卢山，
浙江省委常委、宁波市委书记彭佳学在展览展示活动现场

应用产品、解决方案集聚亮相。展览展示分为两大展区，分别是余姚太平洋
酒店二期一楼展厅和余姚机器人智谷小镇二期展区。太平洋展厅主要展示了
行业领军企业的产品、国家重点研发计划企业产品、工业机器人产业链的突
破性技术新品等，46 家机器人领域的知名企业携带 200 多款新锐产品亮相，
包括行业领先的工业、服务、特种机器人，产业新品，研究成果及机器人核
心零部件等。智谷小镇展区主要是"5G＋工业互联网"项目展示以及浙江省
的智能制造水平，包括"5G＋工业互联网"平台应用演示、机器人产业平台
发布、智能制造系统生产线演示等。蓝迪国际智库专家委员会联合主席黄奇
帆，浙江省委副书记、省长郑栅洁（时任），浙江省人民政府副省长卢山，
浙江省委常委、宁波市委书记彭佳学，十三届全国政协教科文卫体委员会副
主任、科技部原副部长曹健林等领导指导参观了机器人峰会太平洋酒店展
区，对第七届中国机器人峰会展览工作整体给予了高度评价，对机器人峰会

展览的最新突破性技术和自主品牌产品、机器人产业链协同创新产业化项目等重点展示内容表示了肯定。

蓝迪国际智库专家委员会联合主席黄奇帆在本届峰会开幕式上做题为"数字经济时代的智能制造产业发展"的主旨演讲。中国国际经济交流中心副理事长兼秘书长、河南省人民政府原副省长张大卫，中国职业教育学会会长、教育部原副部长鲁昕，工业和信息化部赛迪研究院产业政策研究所（先进制造业研究中心）所长董凯等蓝迪国际智库专家出席此次峰会分论坛并分别做主旨演讲，为余姚机器人产业的发展积极建言献策。

黄奇帆出席机器人峰会并做题为
"数字经济时代的智能制造产业发展"的主旨演讲

黄奇帆在主旨演讲中，就加快智能制造产业发展，打造我国制造业竞争新优势提出以下建议。

第一，推动产学研协同研发，组建创新联合体，夯实智能制造装备及关键部件的基础研发能力。国内智能制造起步较晚，自主创新能力不足，对外依存度较大，整体研发能力仍有较大提升空间。针对这一点，要加速推动建立龙头企业、科研院所、一流高校协同研发机制，组建创新联合体，重点研发高性能的核心装备、新型传感器、工业软件等关键智能部件，突破"卡脖子"问题；加速智能制造标准体系框架落地，规范智能装备技术要求，实施智能工厂标准化、模块化建设，实现高效、柔性生产；研发人工智能、5G、大数据、边缘计算等在工业领域的适用性技术；利用我国技术、人才优势，强大的研究开发能力，良好的市场机制，率先在智能制造领域实现突破，在国际竞争中占领制高点。

第二，打造智能制造工业 4.0 产业集群。过去，产业集群一般有三种主要方式：上中下游产业链集群、同类产品和同类企业集群、生产性服务业和制造业集群。这三大集群的发展模式既符合水平分工，又符合垂直整合。在"数字化"的背景下，传统的加工贸易、制造生产、成品销售会发生重大的变革，如果在上述三种产业集群模式上，通过数字科技赋能，就可形成工业 4.0 的产业链集群。一旦形成这样的集群，不仅可以极大增强自身实力，而且能够长期稳定服务当地经济。

第三，持续培育智能制造服务平台，力争在工业软件、智能制造系统方面取得更大突破。制造装备类型繁多、系统庞杂，互联互通难度大、成本高，虽然已有较大改善，但"数据孤岛"仍较为普遍。针对这一点，可以政府为主导、以企业为主体，联合培育形成一批有实力有影响力的智能制造服务平台，破除装备与系统之间的数据壁垒，提供集数据采集、数据处理、数据分析为一体的智能制造数据中心解决方案。同时，加大工业软件研发投入，扭转智能制造"大脑"受制于人的被动局面，研发若干可供选择的智能制造系统解决方案，加快数字化、网络化、智能化转型步伐。

第四，通过引进来、培养好、促转型等方式，加速填补智能制造人才缺口。智能制造发展速度快、横跨各领域，对人才综合能力要求很高，当前及今后一段时间智能制造人才缺口巨大。为此，必须大力支持企业加大国际智能制造人才引进，推动产学研互动融合，架设高校院所与制造企业之间的人才桥梁，引导高水平人才自由流动；支持更多国内高校开设智能制造工程专业，实现常态化、体系化人才培养，增加人才供给数量；鼓励国内高校联合龙头企业举办智能制造专项培训课程，推动现有制造工程人才、信息技术人才补足技能短板，畅通人才转型发展渠道。

中国国际经济交流中心副理事长兼秘书长、河南省人民政府原副省长张大卫
做题为"智能经济时代：技术、就业与教育问题"的主旨发言

张大卫在第七届中国机器人峰会暨智能经济人才峰会的"星火计划：人机共融智能机器人操作系统论坛"上表示，人工智能与机器人产业对推动经济增长和社会进步有着重要意义，不仅能够激发社会创新活力，催生新的业态，形成大量新生企业和市场主体，创造众多就业岗位，还会促进产业组织变革和企业再造，优化资源配置方式，提高社会生产效率，最终为经济发展提供新动能，提高人民生活水平。

同时，机器人发展与应用也是社会经济发展的必然要求。数字化与智能化特别是机器人和人工智能的发展与应用实践已从代替人类重复劳动的"体力外包"，发展到提升人的计算能力、判断能力和认知能力的"脑力外包"，未来还有可能进入"情感外包"。张大卫从人才教育和培养角度提出一系列建议：第一，发展现代化教育，重点培养人的创造力和学习能力；第二，提升人工智能教育水平，加强教材和师资队伍建设；第三，重点培养急需的适用性人才；第四，培养包括探索能力、洞察能力、连接能力、说服能力、制定规则能力和自身执行能力等在内的可迁移能力；第五，建立有利于终身学习的教育机制。

从政府政策角度，张大卫建议要高度重视智能经济对弱势群体、低技能劳动力带来的影响和压力，牢固树立"科技向善"和"就业优先"理念，运用制度和政策手段开拓包容性的就业领域；统筹制度规划，促进经济高质量发展、科技不断进步、生活水平不断提高、人口素质持续提升，充分考虑技术进步特别是智能经济发展趋势，在解决就业总量扩张与化解结构性矛盾两方面同步发力；积极引导社会创新活动，创造更多能代替人劳动的机器，把人从重复、繁重、危险的劳动中解放出来，创造更多可满足人个性化需求的岗位；促进教育改革，增加教育投入，支持教育部门发展面向未来的教育，着力提高人的基本技能、人力资源质量和人力资本价值，持续促进教育公平；引导企业在推进智能化改造过程中做好职工技能提升计划和可转移方案，避免企业大量裁员，维护社会稳定；支持零工经济健康发展，增加就业弹性，加强对各类数字化劳动力的社会保障和权益保障，避免职业伤害；积极引入人工智能、机器人等技术，推进政府监管的数字化、智能化进程，促进政府管理和公共服务等领域减员增效。

鲁昕在第七届中国机器人峰会暨智能经济人才峰会"人工智能·机器人技术与新工科人才培养论坛"上做题为"教育改革创新：瞄准 AI 技术成果转化与应用"的主旨演讲。鲁昕表示，中国是世界第二大经济体，但更重要的是应成为新一代科技成果应用转化的最大市场。尤其是数字基建、5G 的广泛应用已使生产方式、生活方式、治理方式的新生态系统发生了重要的变化。当今中国的职业教育要对接新技术岗位、新职业、新业态，接轨智能化生产、智慧化管理、精准化服务、数据化应用、数字化技能。面向未来，教育必须适应党和国家的事业，必须和老百姓的需求相契合，必须与国家综合实力和国际地位相匹配。习近平总书记号召要不忘初心、牢记使命，要与人民想在一起、干在一起，风雨同舟、同甘共苦。职业教育就是与人民想在一起的教育，与人民站在一起的教育，与人民风雨同舟的教育。高质量、可持续发展的职业教育将为实现共同富裕奠定基础。

董凯在第七届中国机器人峰会暨智能经济人才峰会"工业机器人产业发展论坛"上表示，目前我国机器人产业基础能力不强，应以企业为创新主体，推动机器人产业发展。当前我国机器人企业已在技术融合、应用拓展等方面取得突破，但关键核心部件、整机性能和可靠性等产业基础能力的薄弱仍然制约着机器人产业高质量发展，以往单点技术突破的发展模式无法推动产业链协同创新发展。

董凯建议，首先应以企业为创新主体，解决机器人产业化发展中"有没有"与"好不好"的问题。一方面，企业加大自主研发力度，突破关键技术瓶颈；另一方面，做好产业体系配套，形成产业链上下游联动，发展检验检测机构，加大金融支持力度。谈到未来机器人产业发展趋势时，董凯表示，"人机协作"的场景会越来越多，技术集成水平将不断提升，应用成本不断下降，"人机协作"会引领下一阶段机器人产业的发展。除协作化趋势外，复合化、集成化、边缘智能和工艺驱动也是发展的重要方向。

本次机器人峰会期间，受余姚市委、市政府邀请，中国社会科学院"一带一路"国际智库、蓝迪国际智库于 2021 年 7 月 15 日组织举办蓝迪国际智库机器人企业专场对接会，会议由蓝迪国际智库专家委员会主席赵白鸽主持。

赵白鸽表示，随着数字产业化、产业数字化的不断发展，新的发展机会不断涌现。未来地区经济发展不能单纯依靠制造业，应该形成制造业、服务业和新技术的联动，不断加强人才建设，提升学习能力。

同时，为进一步整合企业资源，促进项目对接和落地，蓝迪国际智库邀请科大讯飞股份有限公司、招商局资本管理有限责任公司、兴业证券股份有限公司、飞诺门阵（北京）科技有限公司、鉴真防务（上海）技术有

蓝迪国际智库机器人企业专场对接会现场

赵白鸽主任主持蓝迪国际智库机器人企业专场对接会

限公司、上海天数智芯片半导体有限公司、广东嘉腾机器人自动化有限公司等蓝迪国际智库平台优秀企业和金融机构，余姚优秀企业宁波伟立机器人科技股份有限公司、宁波江丰生物信息技术有限公司、甬矽电子（宁波）股份有限公司、智昌科技集团股份有限公司、宁波华远电子科技有限公司、宁波江丰电子材料股份有限公司等参会，涿州市京南经济开发区代表也受邀参会。

蓝迪国际智库平台企业积极参与此次对接会

珠海市横琴新区数链数字金融研究院学术与技术委员会主席、
蓝迪国际智库专家委员会委员朱嘉明做主题发言

朱嘉明在会上做"数字经济时代的机器人产业：人工智能 3.0、互联网 3.0 与区块链 3.0 融合趋势"的主题发言，他表示，数字经济和人工智能互动时代已到来，两者正在相互融合，未来数字经济将纳入智能经济发展。他认为，当前在数字经济和人工智能融合的过程中面临着产业发展、区域分布、科研水平和人才需求方面的四个不均衡。未来，人工智能技术开发、人工智能产业链构建、智能经济形态创新、智能经济和数字经济的一体化将是人工智能产业发展的重要方向。

柒贰零（北京）健康科技有限公司董事长、蓝迪国际智库专家委员会委员
项立刚做主题发言

关于5G和机器人产业如何整合的问题，项立刚在题为"5G赋能智能机器人产业发展"的发言中建议，第一，要统一产业标准。现行标准要从通信产业的标准变成人工智能、机器人和通信产业的共同标准。第二，加快推进5G建设，降低5G模组成本。第三，加强网络部署，扩大网络覆盖范围。第四，利用小基站构建5G网络。

在行业认证认可标准化方面，谭晓东在"质量合规性助力机器人产业高质量发展"的主题发言中表示，机器人产业必须导入国际质量合规性，不能把标准拘泥在某一个点上，要以功能为导向，以技术为圆心，以各产业链相关方的利益为半径，制定机器人跨界融合标准，推动产业高质量发展。他认为，浙江省机器人检验检测服务仍然存在较大短板，在长三角"一带一路"国际认证联盟中也存在较大缺位，未来应该加强质量合规建设，助推机器人产品走向国际。

招商局资本管理有限责任公司（简称招商资本）法规部董事兼总经理、蓝迪国际智库专家委员会委员韩军平做了题为"金融创新助推机器人产业发展"的主旨发言，他表示，招商集团是国务院国资委直属的一级央企，在国

北京标研科技发展中心主任、蓝迪国际智库专家委员会委员谭晓东做主题发言

务院国资委的央企里面排名第一，总资产量接近 10 万亿元人民币。招商资本是集团的二级子公司，同时也是中国最早的创业投资和产业基金管理者。招商资本的投资策略：一是风险防范与投资理念；二是稳健的交易架构；三是全面的业务分析；四是详尽的尽职调查。他表示，到目前为止整个基金产业仍处于方兴未艾的过程中，金融机构和资本方对于企业的成长发展具有重要的支撑和服务作用。

为帮助更多的企业认识余姚、了解余姚、落户余姚，在此次会议中，余姚市招商中心主任励成亮对余姚的投资环境进行了推介。他表示，从经济层面来说，整个余姚的 GDP 是 1220 亿元，增幅位列宁波第一；财政总收入是 185.23 亿元，制造业企业有 3 万多家，经济实力和产业基础都非常强大和坚实。从产业发展层面来说，余姚正在积极打造新能源汽车及关键零部件、光电信息、智能家电三大千亿产业集群和机器人、高端装备、精密模具、新材料、节能环保五大百亿产业集群。从重点产业平台层面来说，余姚目前着力打造中意宁波生态园，总规划面积 40 平方公里，现在可用面积为 26 平方公里，是国家级国际合作产业园，至今已引进项目超过 130 个，总投资超过 650 亿元。园区主要打造"4 + 1"的产业布局，即新能源汽车、节能环保产业、高端装备产业、生命健康产业。此外还有余姚人才创业园，这是浙江第一个人才创业园，聚集了 14 名院士，73 名国家重点计划专家。余姚目前在全国创新百强县里面排名第五，最近刚刚成立了产业母基金，规模是 100 亿元，首期 20 亿元。余姚这几年平均每年上市的企业在 3 家以上。

会后，蓝迪国际智库对全球机器人产业发展现状进行了梳理，分析了余姚机器人产业发展环境和发展情况，形成了《关于我国机器人产业发展的建议》报告。该报告以余姚为例，分析未来机器人产业发展趋势，为我国加速产业智能化转型、加快机器人产业链协同创新发展提供智力支持。该报告已获得中央领导的高度重视和批示。

工信部装备一司有关领导与蓝迪国际智库代表共同调研智昌机器人

2021 年 10 月 10～12 日，根据中央批示精神，工信部装备一司对余姚机器人企业智昌科技集团股份有限公司、宁波伟立机器人科技股份有限公司进行实地考察调研，深入了解相关企业的发展现状及发展需求，并在宁波市经信局、余姚市政府、余姚市经信局、余姚市科技局、余姚经济开发区的支持和组织下，围绕"机器人产业发展和推广应用"召开企业座谈会，浙大机器人研究院、宁研院、舜宇智能科技、宁波博创尔必第、勃肯特余姚机器人、宁波飞图、小笨智能科技、天瑞精工、韦尔德斯、慈兴集团等机构和企业积极与会并做了经验分享。

蓝迪国际智库将持续聚焦余姚机器人产业发展，培育余姚制造业新优势，推动工业转型升级，助力余姚制造强市建设，为余姚经济高质量高水平的发展增添强劲动能。

四 京津冀协同发展：涿州

能力建设 蓝迪国际智库与涿州开展深度合作

京津冀协同发展作为国家的重大发展战略，是面向未来打造新的首都经济圈、推进区域发展体制机制创新的需要，是探索完善城市群布局和形态、为优化开发区域发展提供示范和样板的需要，是探索生态文明建设有效路径、促进人口经济资源环境相协调的需要，是实现京津冀优势互补、促进环渤海经济区发展、带动北方腹地发展的需要。2018 年 11 月，中共中央、国务院明确要求以疏解北京非首都功能为"牛鼻子"推动京津冀协同发展，调整区域经济结构和空间结构，推动河北雄安新区和北京城市副中心建设，探索超大城市、特大城市等人口经济密集地区有序疏解功能及有效治理"大城市病"的优化开发模式。

京津冀区域是推动我国经济发展的重要引擎，在构建新发展格局中具有关键作用。涿州作为京津冀协同发展的重要节点、北京连接雄安新区最重要的经济产业走廊和交通枢纽，已成为环首都经济圈中最具潜力的城市之一。

为助力涿州抓住国家战略机遇期谋求发展，把握"环首都第一圈层"的交通区位优势，依托自身禀赋及产业基础契合区域梯度化和协同化发展战略，将涿州打造为京畿文化生态名城与协同创新转化新区，受涿州市委、市政府邀请，中国社会科学院"一带一路"国际智库、蓝迪国际智库于2020年 11 月 3～4 日在涿州召开涿州发展研讨会，与会专家立足于国内外新形势和国家发展战略，基于涿州发展定位，深入探讨"涿州如何通过产业园区创新升级，助力形成特色小镇产业聚集生态圈""如何利用涿州的智慧小镇体系促进其形成'双循环'新发展格局""如何打造涿州一流营商环境"等议题，为涿州实现创新发展提供智力支持。

2021年5月19日，蓝迪国际智库专家委员会主席赵白鸽一行赴涿州调研产业发展、园区平台、项目建设等情况，实地考察了华北铝新能源电池箔项目、凌云集团、京南高铁新城、中国船舶海洋装备科技产业园项目、中国五矿科技产业园及码头文旅康养小镇展馆，详细了解各园区特点、已落地项目、产业发展需求、各园区当前面临的困难等具体情况，并提出了相关建议。时任涿州市委书记姚运涛，市委副书记、市长蔡炜华，市委常委、常务副市长李献峰，市政协副主席、市政府办公室主任冯春喜等参与了相关活动。

蓝迪国际智库专家一行调研凌云集团

赵白鸽表示，涿州市地理位置优越、人杰地灵，历史文化底蕴深厚。京津冀协同发展和雄安新区的建设为涿州市带来了新的发展机遇，使涿州市具有巨大的发展潜力和空间。经调研发现，涿州在央企、国企及重大技术和产业集聚方面卓有成效。作为京津冀地区重要的产业基地，涿州将更有力地融入"双循环"发展格局和区域经济发展大局，加强地区联动，推动国有经济

蓝迪国际智库专家一行调研京南高铁新城

和民营经济协同高质量发展。一是重视地方政府作用，涿州与长三角、粤港澳大湾区、环渤海等地区地方政府建立合作关系，加强政府间协调，为产业和企业合作提供良好助力；二是积极推进与东部沿海地区经开区、高新区、产业园等之间的合作，通过园区合作机制，促进要素集聚和产业升级，实现产业链对接和产业集群汇聚；三是推动国有经济和民营经济之间的合作，加快高新技术转化和产业化步伐，实现资金、技术、管理、市场、人才等资源的共享。

此次调研结束后，蓝迪国际智库和涿州市政府签订了战略合作协议。时任涿州市委副书记、市长蔡炜华对蓝迪国际智库与涿州市开启战略合作表示热烈祝贺，对蓝迪国际智库给予涿州市的帮助和支持表示衷心感谢。他表示，涿州市委、市政府将以此次签约为新起点，继续深化与蓝迪国际智库在城市发展战略、产业和人才资源导入、国际合作等领域的战略合作，以务实进取、包容开放的姿态和主动服务、效率至上的理念，为各类大项目落地涿州创造条件、创优环境，确保实现政府、智库、企业三方资源联动、优势互

涿州市人民政府与蓝迪国际智库合作协议签约仪式

补、合作共赢。

2021年6月1日，为有效调动涿州市各级、各部门开展招商引资，提高对项目建设的积极性和主动性，在涿州市营造"抓招商促投资""抓项目促发展"的浓厚氛围，涿州市委、市政府和蓝迪国际智库共同组织召开全员招商引资动员大会暨招商引资专题大讲堂。时任涿州市委书记姚运涛、市长蔡炜华等出席会议。

涿州市招商引资专题大讲堂特邀蓝迪国际智库专家，苏州市政协原副主席、昆山经济技术开发区原管委会主任宣炳龙，蓝迪国际智库专家委员会委员智宇琛为与会人员进行招商引资专题授课。蓝迪国际智库专家委员会主席赵白鸽出席会议并发表重要讲话。中土集团公司首席国际商务专家兼中土研究院院长、中国国际投资促进会境外合作区专家委员、蓝迪国际智库专家委员会委员郑军，北京南昌企业商会秘书长、江西龙口生态农业有限公司董事长吕水金，昆山宏鑫路桥驻京办主任包贵山，以及涿州市重点企业代表，驻涿单位代表共约350人参加了此次专题会议。

蓝迪国际智库专家委员会主席赵白鸽从主导产业规划、土地资源效益最大化、充分发挥央企与民营经济互补优势、构建民营科技产业园等方面提出

时任涿州市委书记姚运涛在全员招商引资动员大会上发言

全员招商引资动员大会暨招商引资专题大讲堂会议现场

了考察建议。她说，今天的会议是涿州招商引资工作头脑风暴中的重要环节，在今后的工作开展中，广大领导干部要敢于担当，同时要做好"创新"与"服务"工作。

昆山经济技术开发区原管委会主任、蓝迪国际智库专家委员会委员宣炳

蓝迪国际智库专家委员会主席赵白鸽在大会上发言

蓝迪国际智库专家委员会委员宣炳龙进行专题授课

龙围绕"敢于担当、勇于创新、诚信服务"三方面做了题为"昆山改革开放四十年发展过程的体会"的主旨演讲。

蓝迪国际智库专家委员会委员智宇琛为与会人员进行了题为"助力开放创新合作,共同建设实力品质绿色涿州"的专题授课。

时任涿州市委副书记、市长蔡炜华在讲话中指出,近年来,涿州与蓝迪国际智库合作日益密切,5月19日,市政府与蓝迪国际智库正式签订合作协

蓝迪国际智库专家委员会委员智宇琛进行专题授课

时任涿州市委副书记、市长蔡炜华在大会上发言

议，标志着涿州市与蓝迪国际智库的合作迈上了新的台阶。他表示，希望蓝迪国际智库能够持续关注涿州、支持涿州，帮助涿州培育壮大"4＋2"产业体系，持续开展精准招商、专业招商，不断引进投资规模大、产业层次高、创新能力强、扩张和带动潜力足的龙头型和基地型项目，使涿州真正能以招商引资新成效和项目建设新突破厚植经济发展新优势，加快建设新时代"京畿强市、美丽涿州"。

蔡炜华强调，各单位、各部门要多向智库领导和专家学习，要有战略思维，积极借鉴先进地区经验，学懂悟透政策，把握规律技巧，找准工作着力点和切入点，更加精准地把握京津冀协同发展、京雄保一体化发展和雄安新区规划建设重大战略机遇，持续加大招商引资力度，借势借力加快自身发展。各职能部门要围绕项目落地，牢固树立"只可设路标、不可设路障"的理念，持续优化营商环境，切实打造务实高效的"政务环境"、竞争有序的"市场环境"、公平正义的"法治环境"、诚信守约的"社会环境"，为来涿企业发展和项目建设提供全程无忧环境。

会前，宣炳龙、智宇琛等对涿州园区重点企业进行了调研。调研企业包括亚大汽车塑料制品有限公司、中国石油集团东方地球物理勘探有限责任公司、中国船舶集团涿州海洋装备科技产业园等。

中土集团公司首席国际商务专家兼中土研究院院长、中国国际投资促进会境外合作区专家委员、蓝迪国际智库专家委员会委员郑军，北京南昌企业商会秘书长、江西龙口生态农业有限公司董事长吕水金，昆山宏鑫路桥驻京办主任包贵山参加了此次调研，涿州市发改局局长郭学良、副局长张宇飞陪同调研。调研结束后，蓝迪国际智库专家一行与涿州高新技术开发区管委会领导举行了座谈会。

座谈会上，宣炳龙介绍了昆山经验、昆山精神，并就涿州产业发展存在的问题、解决路径和可配置资源做了重点分享。他指出，涿州具备的央企资源及高端人才优势令他震撼，但北方产业发展也应借鉴南方园区发展经验，并因地制宜，要着眼于未来发展大势，提前布局传统产业升级转型，探索出一条北方产业发展的新路子。未来，在蓝迪国际智库的组织策划下，涿州市将与昆山开展深度合作，例如选派领导干部到昆山实地调研和参加培训，进一步促进园区合作和产业对接；在蓝迪平台的支持下，加快南北方园区优势融合，助力涿州打造北部产业发展集群新标杆。

2021 年 7 月 7 日至 7 月 16 日，涿州市委市政府委托蓝迪国际智库组织涿

蓝迪国际智库专家一行与涿州高新技术开发区管委会领导举行座谈会

蓝迪国际智库专家一行调研中国船舶集团涿州海洋装备科技产业园

州市领导干部赴江浙调研与招商研修班。时任涿州市市长蔡炜华以及涿州市招商引资领导小组成员单位，涿州市京南经济开发区、高新区、松开区等单位相关负责人共43人参加研修班。

第一阶段研修通过对昆山建设完善"昆如意"营商环境政策体系及有关实际案例的讲解，为涿州改善营商环境提供了指导。与此同时，研修班深入学习了解上海自贸区改革创新的历程及经验总结，借鉴自贸区在对外贸易、

涿州市领导干部赴江浙调研与招商研修班开班仪式

蓝迪国际智库专家委员会委员宣炳龙在座谈会上发言

招商引资、税收金融、科技创新、产业发展及人力资源等方面的先进经验和做法，为涿州产业园区发展提供了有益参考。调研期间，研修班还对昆山市汽车制造产业链、电子制造产业链、昆山深化两岸产业合作试验区、昆山生物医药产业园以及昆山重点企业开展调研、研讨及合作交流。

蓝迪国际智库组织涿州市领导干部赴江浙调研与招商研修班

第二阶段研修期间，在蓝迪国际智库的组织协调下，涿州市领导干部一行赴中意启迪科技城参观考察，并于 2021 年 7 月 14～16 日，参加了由工业和信息化部、科技部指导，浙江省人民政府主办，宁波市人民政府、科技部高技术研究发展中心、中国社会科学院"一带一路"国际智库、蓝迪国际智库等机构承办的第七届中国机器人峰会暨智能经济人才峰会及相关分论坛。

"十四五"期间，涿州将深入参与区域协同，进一步强化京保石发展轴线桥头堡、京雄发展走廊关键节点、京津冀协同发展最前沿的区位优势；积极挖掘自身潜能，以科技创新催生新发展动能，以深化改革激发新发展活力，全面优化和提升区域功能承载能力、配套支撑体系和服务供给能力，加速形成"双循环"发展格局，全面融入北京都市圈、京津冀协同发展和雄安新区规划建设之中。

结合涿州当前发展现状，蓝迪国际智库将整合平台优质资源，与涿州市政府在以下几大方面做好工作。

涿州市领导干部赴江浙调研与招商研修班结业典礼

第一，成立城市发展专家委员会，加强干部能力培训。以蓝迪国际智库专家委员会为依托，根据涿州城市发展定位及需求，成立涿州城市发展专家委员会。在城市发展战略、产业分析与规划、完善营商环境、打造城市文化品牌、助推国际合作等领域充分发掘智库的力量，开展系列涿州发展研讨会、产业招商推进会、智慧城市建设研讨会等专题研讨，为涿州实现创新发展提供政策研究、咨询建议等智力支持。同时，充分利用智库"外脑"，加强对涿州市青年干部、重要部门干部的务实培训，带领干部团队到国内先进产业园区（如苏州工业园等地）进行实地考察，为涿州科技园区建设及运营培养人才。

第二，融合国家发展战略，引进国家政策资源。依托智库的渠道优势，为涿州发展提供政策研究、智力支持，积极引进国家政策资源，特别是争取政策支持，争取国家投资，争取与国家重大项目对接，以此推动涿州进入智慧城市国家名单。

第三，借鉴其他区域发展模式经验，做好顶层设计。依托蓝迪国际智库成熟的"城市网络"，结合优秀的城市发展规划、园区建设案例，为涿州建立相关培训体系，以开放涿州、开放发展，抓住京津冀协同发展的机遇。例如参考借鉴苏州的中新合作开发主体模式，由政府、企业、社会各方参与，共商共建共享，创新政府主导下的公司平台等执行主体和工作机制，加大税收优惠等公共政策改革创新，助力涿州产业园区创新发展。

第四，构建统一信息平台体系，加快智慧城市和产业信息化建设。通过在城镇基础设施、资源环境、民生保障、经济产业、综合治理领域中应用物联网、云计算、移动互联网等新型信息技术，构建新型智慧运行生态系统和产业生态系统。

第五，创新投融资和资本运营机制，服务涿州产业发展。大力发展科技金融，利用高科技园区的空间载体优势来承载更多产学研成果转换、创新孵化机构与初创团队。此外，需要与银行、保险公司等金融机构积极对接合作，为园区提供综合金融方案，帮助中小企业解决融资难的问题。

第六，扩大国际交流与对外合作，增强知名度。围绕"一带一路"建设，打造一批国际交流精品论坛和对外合作经典项目，形成城市品牌效应，搭建与"一带一路"共建国家、西欧国家及港澳地区的产业交流与合作，促进贸易往来，搭建对外开放的平台。

五 环渤海经济圈：青岛

（一）国际平台 助力中国—上海合作组织地方经贸合作示范区高质量发展

2018 年 6 月 10 日，习近平总书记亲临青岛主持召开上合组织青岛峰会，并在会上宣布支持青岛建设上合地方经贸合作示范区。2019 年 7 月 24 日，习近平主持召开中央深改委第九次会议，审议通过了《中国—上海合作组织地方经贸合作示范区建设总体方案》，青岛上合地方经贸合作示范区（下称上合示范区）将被打造为"一带一路"国际合作的新平台。

2019年8月12～14日，中国社会科学院"一带一路"国际智库、蓝迪国际智库应青岛市委市政府的邀请，组织专家团队赴青岛开展专题调研，召开系列主题研讨会。时任山东省委常委、青岛市委书记王清宪致欢迎辞并做总结讲话。中国国际经济交流中心副理事长黄奇帆，联合国前副秘书长、中巴友好协会会长沙祖康，中国国际经济交流中心副理事长兼秘书长张大卫，清华启迪集团董事长王济武等蓝迪国际智库专家先后在研讨会上发言，围绕青岛上合示范区规划设计、产业集聚、国际合作、体制机制创新等谈认识体会并提出建议。蓝迪国际智库专家委员会主席赵白鸽主持研讨会并发言。

中国社会科学院"一带一路"国际智库、蓝迪国际智库主办青岛上合示范区暨
"一带一路"发展研讨会

王清宪在致辞中代表青岛市委市政府对蓝迪国际智库长期以来给予青岛发展的关心和支持表示感谢。他说，2018年6月，习近平总书记亲临青岛主持召开上合组织青岛峰会，宣布支持青岛建设中国—上海合作组织地方经贸

合作示范区；2019 年 7 月，总书记主持召开中央深改委第九次会议，审议通过了青岛上合示范区建设总体方案，要求将青岛上合示范区打造为"一带一路"国际合作的新平台，这是对青岛在新时代国家开放战略中的明确定位，是在开放大局中赋予青岛的国家责任，体现了总书记和党中央对青岛的高度重视和巨大关怀。山东省委对青岛上合示范区建设高度重视，并提出了明确要求："建设上合示范区，最核心的任务是打造平台。"

王清宪表示，要深刻体悟习近平总书记重要指示的深刻内涵和外延，把谋划好、建设好青岛上合示范区作为重大政治责任，努力打造长江以北地区国家纵深开放新的重要战略支点，面向整个"一带一路"区域，推动形成东西双向互济、陆海内外联动的开放格局。王清宪诚邀各位专家围绕将青岛上合示范区打造为"一带一路"国际合作新平台进行"头脑风暴"、创意创新，进一步开阔思想空间。王清宪在总结讲话时说，蓝迪国际智库各位专家的发言既有国际视野，又有政策深度和市场谋划，指导性、操作性强，明晰了我们进一步工作的步骤、层次和逻辑，加深了我们对建设好青岛上合示范区、打造"一带一路"国际合作新平台的认识和把握。我们将认真梳理研究，从操作层面理清该干什么、怎么干，用平台思维做发展乘法、用生态思维优化发展环境，深化与智库的战略合作，真正把青岛上合示范区建好、用好，为国家开放大局做出应有贡献。

在此次会议后，中国社会科学院"一带一路"国际智库、蓝迪国际智库完成了《关于建设中国—上海合作组织地方经贸合作示范区的研究报告》，一是建议国务院和有关部委能够在税收、海关监管、金融开放、要素流动等方面赋予青岛特殊的优惠政策；二是建议由国务院领导同志牵头，有关部委参与，以便更好地从国家层面统筹整合资源，推进青岛上合示范区建设；三是建议支持青岛上合示范区与上海合作组织秘书处设立专门联络员，建立日常交流、联络机制，支持青岛上合示范区与上合组织成员国、观察员国和对话伙伴国之间建立双边的联络机制，加强交流互动；四是建议将第三届"一

赵白鸽主任与时任山东省委常委、青岛市委书记王清宪在会议现场合影

带一路"国际合作高峰论坛放在青岛举办，以推动"一带一路"国际合作新平台的建设。该报告获得了中央领导的高度重视和批示，为青岛上合示范区的跨越式发展提供了重要的智力支持。

（二）先行示范　推动 RCEP 青岛经贸合作先行创新试验基地建设

青岛产业基础雄厚、人文底蕴丰厚、自然条件优越，开放程度高、科研实力强、创新活力足，是山青海碧的"黄海明珠"。当前，青岛市正处于国家新一轮更高水平对外开放的最前沿，承接了多项对外开放战略，包括建设青岛上合示范区、RCEP 创新试验基地及山东自贸区青岛片区。共建"一带一路"、区域全面经济伙伴关系协定、黄河流域生态保护和高质量发展等重大机遇叠加，为青岛构建了清晰的发展格局。

2020 年 11 月 15 日，《区域全面经济伙伴关系协定》（RCEP）正式签署，标志着当前世界上人口最多、经贸规模最大、最具发展潜力的自由贸易区正式启航。青岛市北区敏锐抓住国家新一轮对外开放的机遇，率先提出打造 RCEP 青岛经贸合作先行创新试验基地的新目标。市北区具备各种优质要素，拥有青岛主城区最为完善的城市配套服务和基础支撑，老城区与新开发区、项目园区融合发展，更易聚合科技创新人才，做好 RCEP 新支点来承接新机遇，充分发挥核心地理位置以及自身发展的作用，为建设 RCEP 青岛经贸合作先行创新试验基地提供流量和场景。

蓝迪国际智库代表与青岛市北区领导
围绕 RCEP 青岛经贸合作先行创新试验基地的规划建设举行会谈

2020 年 12 月 15 日，蓝迪国际智库代表与青岛市北区领导围绕 RCEP 青岛经贸合作先行创新试验基地的规划建设举行会谈，旨在探索推动新型应用型智库与地方城市携手打造 RCEP 国际合作与对外开放的新平台、新样板。蓝迪国际智库专家委员会主席赵白鸽，时任青岛市北区委书记张新竹，青岛市北区政府副区长仇元明，青岛市北区产业发展专班办公室副主任、青岛四方创新产业发展集团有限公司总经理王轲，蓝迪国际智库副秘书长马融等参加此次会谈。

2021 年 3 月 4 日，为打造"RCEP 试验基地新金融服务标杆"，深入学习对标金融产业发展较好区域的政策与经验，王轲等人到访蓝迪珠海，双方召开座谈会，并对横琴新区金融创新工作开展了深入调研。双方通过深入的会谈交流，明确将在蓝迪国际智库行业内顶级专家的指导下，以重点行业作为合作的突破口，并利用平台资源开展行业和企业资源整合，以寻求可复制可推广的新商业模式。

王轲等人到访蓝迪珠海

随后，蓝迪国际智库副秘书长马融一行陪同青岛市北区政府代表团拜访了横琴金融财政局，并召开关于横琴新区金融创新的专题座谈会。横琴金融财政局副局长冯炬文、横琴金融财政局局长助理罗浩、横琴金融财政局机构与市场发展部部长唐科贝、横琴金融财政局地方金融部部长付文斌等横琴金融财政局相关部门负责人出席此次座谈会。冯炬文副局长指出，横琴正全力为推进建立澳门股票交易所做准备，同时继续做大做强私募资金，与金融监管部门共同推进金融牌照放开事宜。唐科贝部长介绍了横琴对澳的金融创新工作，如首单非澳企业澳门莲花债的成功发行，开展琴澳跨境直贷、跨境车辆保险、跨境不动产融资等新型业务。付文斌部长主要介绍了横琴新区地方类金融机构和供应链金融政策。他表示，横琴新区下一步将在搭建供应链创新与应用公共服务和信息共享平台、打造供应链金融生态聚集区、探索供应链金融监管沙盒等方面下大气力，持续推动供应链金融的发展。王轲表示，在推进 RCEP 创新试验基地金融发展的过程中，应注重通过金融创新的方式吸引人才，形成人才集聚效应。同时，双方表示将共同推进供应链金融合作，为企业的发展保驾护航。

**蓝迪国际智库副秘书长马融陪同青岛市北区政府代表团到访横琴金融财政局
并召开关于横琴新区金融创新的专题座谈会**

3月4日下午，蓝迪国际智库副秘书长马融陪同青岛市北区政府代表团调研了横琴新区金融创新的典型代表——中国银行（横琴自贸区分行）、横琴新区规划建设展厅、横琴·澳门青年创业谷展厅以及粤澳合作中医药科技产业园。此次调研推动了蓝迪国际智库与青岛市北区政府深入务实的合作。

为更加高效、精准地促进青岛发展，助力 RCEP 青岛经贸合作先行创新试验基地的建设，青岛市北区政府与蓝迪国际智库于2021年初建立了紧密的战略伙伴关系，并于2021年9月，在市北区政府及青岛红景四方产业发展集团等多方支持下，成立了蓝迪国际智库（青岛），旨在更加高效发挥蓝迪国际智库在国内外政党、政府、议会、企业、智库、媒体、社会组织及行业专家等方面的资源优势，对标国际先进规则，形成更多首创式、开放化、集成性、具有国际竞争力的制度创新成果，将 RCEP 青岛经贸合作先行创新试验基地建成贸易便利、服务开放、投资自由、监管安全高效、国际影响力大、

蓝迪国际智库（青岛）团队成员

辐射带动作用强的新型自由贸易园区。

蓝迪国际智库（青岛）团队与青岛市北区政府深度合作

　　蓝迪国际智库（青岛）团队目前与青岛市北区政府、青岛创新中心核心区产业发展专班形成良好的协作关系，已着手开展当地政策分析、产业基金创建、龙头企业深度调研、产业合作分析。现已收集并梳理完成青岛各领域龙头企业的相关信息，其中包括工业互联网领域代表企业海尔集团及海信集团、专注于生物医药研发销售的百洋医药集团、航运贸易领域龙头山东省港口集团、百年品牌青岛啤酒集团、在工程承包建设领域经验丰富的青建集团、重视军民融合与装备制造的北船重工和中车四方以及在新型智能制造领域势头正盛的酷特智能等行业领军企业。蓝迪国际智库（青岛）团队深入了解企业发展历史与当前核心需求，并将充分调动蓝迪国际智库平台资源，在生物医药、军民融合、智能制造等第四次工业革命核心领域不断发掘、培育和推介优秀企业和成果。

同时，蓝迪国际智库（青岛）团队也在撰写研究报告、促成企业项目对接等方面展开了工作。其中，团队成员主笔完成了《关于深化青岛市北区RCEP 经贸合作创新实验基地建设的研究报告》，该报告以 RCEP 青岛经贸合作先行创新试验基地的现状与特点为基础，全面深入地分析了目前基地建设所面临的问题与挑战，深度思考 RCEP 青岛经贸合作先行创新试验基地的建设规划与发展目标。

展望未来，蓝迪国际智库（青岛）将继续深耕青岛市战略布局，聚焦产业及企业双向的发展需求，做好统筹兼顾，着眼青岛陆海双向开放，积极推动青岛发挥其"双循环"中"双节点"的作用，为青岛实现高水平开放与高质量发展做出贡献。

第三章　聚焦新兴产业赛道
促进产业转型升级

当今世界百年未有之大变局加速演进，国际环境错综复杂，世界经济陷入低迷期，全球产业链、供应链面临重塑，不稳定性、不确定性因素明显增加。新冠肺炎疫情影响广泛深远，逆全球化、单边主义、保护主义思潮暗流涌动。科技创新成为国际战略博弈的主要战场，围绕科技制高点的竞争空前激烈。与此同时，新一轮科技革命和产业变革突飞猛进，科学研究范式正在发生深刻变革，学科交叉融合不断发展，科学技术和经济社会发展加速渗透融合。科技创新速度显著加快，以信息技术、人工智能为代表的新兴科技快速发展，大大拓展了时间、空间和人们的认知范围，人类正在进入一个"人机物"三元融合的万物智能互联时代。

经过多年努力，我国科技整体水平大幅提升，完全有基础、有底气、有信心、有能力抓住新一轮科技革命和产业变革的机遇，乘势而上，大展宏图。同时，也要看到我国原始创新能力还不强，创新体系整体效能还不高，科技创新资源整合还不够好，科技创新力量布局有待优化，科技投入产出效益较低，科技人才队伍结构有待完善，科技评价体系还不适应科技发展要求。这些问题，很多是长期存在的难点，需要继续下大气力加以解决。

立足新发展阶段、贯彻新发展理念、构建新发展格局、推动高质量发展，必须深入实施科教兴国战略、人才强国战略、创新驱动发展战略，完善国家创新体系，加快建设科技强国，实现高水平科技自立自强。经过长期探索和实践，我们发展出一套"协同闭环"体系，将中央关切、地方重视、产业链发展、产业龙头有机协同起来，同时通过平台各项专业服务能力，"发掘、培育、推介"优秀企业。第一，聚焦国家战略关切产业，深入调研，系统规划产业链发展；第二，紧密结合地方政策重点，因地制宜，整合政策与产业资源；第三，深入联合产业龙头企业，引领行业，升级产业链的补链、强链；第四，深入研究产业指标体系，构建标准，推动产业链整体升级。

在当前全球化与第四次工业革命相互交织的大背景下，我们结合联合国可持续发展目标深入分析全球经济发展重点、产业链布局趋势以及我国"新基建"浪潮、"双循环"新发展格局、"双碳"目标等战略重点，系统布局物联网、机器人与自动化、先进材料等20个产业赛道。与此同时，我们在深入调研的基础上，聚焦当前产业创新在科技成果转化、体制和政策创新等方面存在的突出矛盾和困难，发挥自身科技资源优势和平台优势，不断推动产业发展由粗放型向集约型转变，由价值链中低端向中高端转变，通过促进产业转型升级不断提高产业发展的质量和效益。

一　聚焦产业数字化与数字产业化

（一）数字转型　参与主办"'十四五'新征程·探索高质量发展新路径中国数字建筑峰会2021"

"十四五"开局之年，数字中国建设的蓝图已经绘就。在《国民经济和社会发展第十四个五年规划和2035年远景目标纲要》中，数字经济被单列成篇，国家提出要加快数字化发展，培育新兴数字产业，推进产业数字化转型，并明确规定了发展目标。与此同时，我国加快部署推进新基建，培育壮大数字经济新动能。在数字化技术不断创新应用、政策和行业标准日益完善、"双碳"战略目标催生环保节能需求等因素的驱动下，建筑产业正在步入数字化转型的全新发展阶段。

住房和城乡建设部等十三部委在 2020 年联合发布的《关于推动智能建造与新型建筑工业化协同发展的指导意见》明确提出，建筑产业要以数字化为支撑，以新型建筑工业化为核心，以全产业链的绿色化为目标，促进产业转型升级。在当前阶段，建筑业发展仍然存在生产力水平较低、发展新动能不足、技术创新滞后等问题，亟须转型升级。在国家政策推动的大背景下，建筑产业数字化已成为大势所趋。因此，抓住数字化转型的发展机遇，在新技术、新制造、新基建和新业态等方面取得突破，成为建筑业抢占未来发展制高点的必然战略选择。

为切实推进"十四五"建筑产业转型，进行高质量发展的顶层设计和路径规划，指导产业落地并形成示范效应，全联房地产商会、中国建设报社、同济大学、东南大学、中国社会科学院"一带一路"国际智库、蓝迪国际智库等于 2021 年 10 月 30～31 日在杭州主办"十四五"新征程·探索高质量发展新路径中国数字建筑峰会 2021，并于 31 日组织召开"助力建筑产业数字化转型"蓝迪国际智库专场活动。国内顶级专家学者、优秀企业和金融机构代表围绕"如何将数字经济与建筑产业有效深度融合""如何开展建筑产业技术集成平台的应用与实践""如何探索形成数字建筑在智慧城市建设中先行先试、示范引领的作用""如何设定建筑产业数字化发展的标准"等核心议题进行了深入讨论，以政策、技术合作以及终端用户为导向，为建筑产业布局"十四五"、释放"数字经济"与"双循环"叠加效应提供智力支持。

蓝迪国际智库专家委员会主席赵白鸽在峰会上指出，我国正加快部署推进新基建，培育壮大数字经济新动能，建筑业迎来战略发展机遇期。在此背景卜，抓住数字化转型的发展机遇，抢占建筑业未来发展的制高点，是国家、行业、企业的必然选择。

浙江省人民政府副省长卢山表示，浙江正在全力建设全球数字变革高地，在建筑行业以数字赋能为主线，全面开启数字建筑发展新篇章，包括数字化设计、智能化建造、标准化质建等。目前，浙江各项数字化改革工作呈

"十四五"新征程·探索高质量发展新路径中国数字建筑峰会 **2021** 会议现场

蓝迪国际智库专家委员会主席赵白鸽主持会议

现势如破竹、百花齐放的良好态势，未来浙江将全力打造一流的营商环境，持续开放更多的应用场景，支持数字建筑新技术、新应用、新产业发展，努力为全国数字建筑发展贡献更多的浙江力量。

浙江省人民政府副省长卢山致欢迎辞

蓝迪国际智库专家委员会联合主席黄奇帆做主旨演讲

　　蓝迪国际智库专家委员会联合主席黄奇帆指出，近年来，我国建筑业转型升级取得明显进展，但主要依赖资源要素投入、大规模投资拉动发展，数字化程度较低的问题还比较突出，因此既要向信息化流程要效益，更要向建筑产业数字化要效益，以此激活整个建筑行业的数据要素，从而变革建筑产业的业务模式。因此，推动建筑产业数字化，要以客户个性化需求为出发点和归结点，以技术变革推动生产过程的数字化、智能化，利用数字化技术，打通供应链上下游企业，实现信息协同和产业效率的升级。

中国职业技术教育学会会长、蓝迪国际智库专家委员会委员鲁昕做主旨报告

建筑产业数字化转型离不开数字化专业人才支撑，需要加强人才培养和储备。2021 年 3 月，教育部印发了《职业教育专业目录（2021 年）》。中国职业技术教育学会会长鲁昕认为，新版职业教育专业目录坚持服务数字中国建设、服务数字经济健康发展等原则，坚持中等职业、高等职业和职业本科一体化衔接，有助于实现"人人都能出彩，人人皆可成才"的美好愿景。

广联达科技股份有限公司董事长、蓝迪国际智库专家委员会委员刁志中做主旨报告

　　广联达科技股份有限公司董事长刁志中认为，建筑产业数字化转型需要数字基础设施支撑，需要产业互联网平台赋能。现阶段应以产业互联网的思路开启建筑产业转型新格局，通过搭建数字建筑平台构筑产业互联网新动能，联合建筑实体企业和更多数字化转型的使能者共建产业新生态。数字化建筑的蓬勃发展最重要的是实现"多项目高效管理""加快和缩短工期""质量保障与维护""节省成本"，切实实现多快好省的"中国智造"。

　　建筑业企业要抓住新一轮科技革命的历史机遇，高度重视数字化、网络化、智能化对工程建造的变革性影响，实现工程建造向智能制造产业的转型升级，促进工程建造的可持续、高质量发展。在10月31日举办的"助力建筑产业数字化转型"蓝迪国际智库专场活动上，与会嘉宾围绕如何充分理解技术革命，全面认识建筑产业变革，打造智能建造新范式和新框架体系，如何最终形成以人民为中心的智能化的绿色可持续工程产品与服务体系，如何着眼国际竞争，充分了解全球建筑业发展趋势等热点话题进行了深入的讨论。

"助力建筑产业数字化转型"蓝迪国际智库专场活动

广联达科技股份有限公司董事兼高级副总裁刘谦在会上发言

　　业内人士指出，建筑业供给侧自身的发展是未来建筑业高质量发展的核心支撑，以技术推动供给侧改革，推动传统建筑产业降低成本、提质增效，更好地服务需求侧，蓝迪国际智库平台企业广联达科技股份有限公司董事兼高级副总裁刘谦将其总结为，应通过供给侧改革，为需求方提供更多的选择、更快的交付、更好的品质、更适中的价格，从而满足市场需求。

蓝迪国际智库平台企业代表在"助力建筑产业数字化转型"
蓝迪国际智库专场活动上发言

　　盈创新材料（苏州）有限公司董事长马义和表示，3D打印技术在建筑行业的应用是数字化转型的典型案例，目前，必须通过新技术的深化研究与推广，以实现数字经济与"双碳"经济的有效融合。

　　中阳建设集团副总裁朱旻认为，建筑产业数字生态链的构建需要包括从设计、生产、施工到安装等全过程的各方参与，如此才能实现数据驱动产业发展，尤其要重视产品的标准化并关注产业升级过程的稳定性，以推动转型过程平稳有序进行。

　　高瓴资本高级合伙人黄立明认为，数字化设计是建筑产业化的"龙头"，通过数字化设计先行，并在此基础上进行集中化工业生产，实现商业模式的可持续。在市场发展初期，他建议先建立健全行业标准，通过行业政策支持引导，提升市场参与度。

　　上海迪探信息科技有限公司总裁乔毅弘认为，产业数字化转型以数字技术的应用为出发点，将对产业竞争环境产生颠覆式创新，身处其中的企业也要做好应对路径选择。他认为，身处城市，人们的工作、生活交流都是在相关的建筑空间发生的。与自上而下打造智慧城市的方式相比，从智慧建筑逐步发展到智慧城市的路径将是更优选择。

工信部原副部长、北京大学教授杨学山做总结发言

工信部原副部长、北京大学教授杨学山在总结发言中表示，产业互联网比信息互联网更加复杂，参与主体极多、难度非常大，但在时代大势下，传统产业不变革就只能被淘汰，必须走产业互联网之路。杨学山指出，数字建筑产业发展是一场巨大变革，需要企业、行业甚至政府共同应对。在变革中，不同主体有共同的长期目标，也有短期的立场分歧，关键要明确数字化转型中各主体的权益划分。行业要加强沟通互动，用同一种语言、统一的行动携手推进产业升级。他建议，现阶段要加强数字建筑实践经验的总结，打造典型案例，整合产业链资源，推动数字建筑的标准制定和政策完善，并通过市场实践的验证，这样才能实现可持续高质量发展。

（二）数据动能　出席第四届数字中国建设峰会

2021 年 4 月 25 日，以"激发数据要素新动能，开启数字中国新征程"为主题的第四届数字中国建设峰会在福建省福州市开幕。该峰会由国家网信办、国家发展改革委、工信部、国务院国资委和福建省政府共同主办。此次议程主要包括开幕式、主论坛、分论坛、成果展览会、创新大赛、政策发布、项目对接签约等七个部分，以及"有福之州·对话未来""闽江夜话"等交流活动。

蓝迪国际智库专家委员会主席赵白鸽做主旨发言

蓝迪国际智库专家委员会主席赵白鸽作为重要嘉宾受邀出席本次峰会，并在数字经济分论坛上代表蓝迪国际智库做主旨发言。赵白鸽首先表示，在人类历史上，技术一直是经济发展的重要动力。自 20 世纪七八十年代以来，数字经济的早期阶段伴随着计算机和互联网技术的兴起得以启动。进入 21 世纪之后，数字技术不断给经济发展注入全新动力，数字经济加速发展。目前，数字经济已经成为支持全球经济发展的新引擎，展现出越来越大的发展潜力和空间。

在发言中，赵白鸽指出，2016 年 G20 杭州峰会发布的《G20 数字经济发展与合作倡议》将数字经济界定为：以使用数字化的知识和信息作为关键生产要素、以现代信息网络作为重要载体、以信息与通信技术作为主体的经济活动。而人工智能（Artificial Intelligence）、区块链（Block Chain）、大数据（Big Data）、云计算（Cloud Computing）和互联网（Internet）简称为"AB-BCI"，都属于 ICT 技术，这些技术有了更大的理论创新、技术迭代和能力突破，属于新兴 ICT 技术范围。数字经济包括数字产业化和产业数字化两个方面。数字产业化即电子信息制造业、信息通信业、软件服务业、互联网业等逐渐发展成为重要产业。产业数字化即第一、二、三产业的企业利用"AB-BCI"对其生产经营活动进行全方位、全角度、全链条改造的过程，即企业的数字化转型过程。

关于数字经济的特征，赵白鸽指出，数字经济具有几个方面的重要特征。第一，全面创新。数字经济涵盖了第一、二、三产业，可以覆盖我国所有地区，并且在城市和乡村同时发力，有助于城乡互动的现代化进程，同时，数字经济深入生活服务，可以通过改变医疗环境、交通设施等提高人民生活水平。以陕北黄土高原的清涧县为例，其探索了数字经济助力脱贫攻坚的新路子。陕西省清涧县 2019 年 11 月成立爱豆科技公司，主要承接两方面业务：一是人工智能数字标注，一些基础性的数据积累和标注工作就在清涧完成；二是网络客服，淘宝、支付宝等互联网平台在云端的客服，清涧人也能胜任。目前，仅一年多时间里该公司已有全职员工 170 人、兼职员工 81 人，人均月薪酬超过 3000 元，成为全县用工规模最大的企业。

从清涧实践看，发展数字经济有三大影响：一是探索产业新路子，破除资源劣势，实现弯道超车，分享新经济成果；二是扩大在家门口就业，带动群众增收，巩固脱贫成果，特别是妇女、残疾人等弱势群体得到更加平等的机会；三是搭建年轻人平台，吸引更多年轻人回乡参与乡村振兴，在陕北山沟里开启了新窗口，引导观念转变，从而带来更多发展机会和可能。数字经济展现了广阔的空间，可以将东部新经济产业和西部劳动力就业连接起来，先富带后富、共同奔小康。

第二，技术聚合。数字经济的技术动因是由电子计算机作为基础衍生的系列技术，其系统性更强，聚合性更明显，同时，"ICT"和"ABBCI"所涉及的每一项技术均表现出很强的聚合性，形成完整的产业链集群。

第三，低碳环保。以电力为原始动力的数字产业本身就具有显著的低碳性，产业数字化的过程也可以很好地降低甚至消除碳排放，所以数字经济是一种"绿色经济"。

第四，普惠大众。当前，数字技术已相当成熟，具备了低门槛和低成本两大特性，可以激励广大企业迅速进行数字化转型，提供面向广大民众消费需求的数字产品和服务，并通过数字金融等方式惠及民生。

以蓝迪平台企业中国电科为例，中国电科以第四次工业革命为机遇，高度关注世界前沿科技，以强大科研能力在世界快速变局中保持稳定发展，尤其注重将军用科技应用于民用领域，将产业发展与中国庞大的市场需求相结合，打造出完整产业链和专业人才，推进新基建和新型制造业发展，为国家进步、人民幸福和构建人类命运共同体贡献了中国电科智慧。中国电科积极投身"数字丝绸之路"建设，成建制成体系地打造智慧城市整体解决方案，不但在国内重点城市例如福州进行推广落地，更是不断融入"一带一路"共建国家信息化建设，围绕安防、交通、司法、能源、教育、金融等多领域，将民

蓝迪国际智库专家委员会主席赵白鸽与蓝迪平台企业中国电科成员合影

用网信事业的中国方案推广到南亚、东南亚、中亚、中东欧等地区，并且注重对当地人才的培训和服务质量，与目标国建立了紧密的合作伙伴关系。

发展数字经济在国家、社会和公民三个层面都将发挥巨大作用。第一，形成高质量发展模式，增强国家竞争能力。发展数字经济，提高经济全要素生产率，完成数字化转型，促进产业结构升级，进而扩大数字经济领域就业，说到底，就是有效地增强整个国家的经济实力以及未来的全球竞争能力。同时，数字经济能够迅速地在东中西部地区同时发展，有助于促进要素流动和集聚，推动区域和城乡经济平衡以及高质量发展的全面实现。第二，促进技术和商业模式创新，增加就业。在数字经济的聚合性作用下，数字技术创新具有相当的广泛性，可促进"万众创新"，并有效推动企业的全方位管理和组织形态创新。同时，产业数字化将催生新的商业模式，为大众提供广泛的创业机会，并将改变传统的就业结构和形式，有效扩大就业。第三，改进生活品质，创造美好生活。数字经济的低碳性对全球气候变化、环境保护和可持续发展等意义重大，有助于创造美好环境。数字经济的普惠性有助于广大民众提高收入，降低生活成本，从而有效提升生活品质。数字医疗、数字服务等更是深入与民众切身相关的各个领域，可为人民群众日益增长的对美好生活的需要提供有效支撑。

赵白鸽在最后总结时针对数字化转型过程中的风险和问题提出了看法和建议。她指出，数字经济具有全面性、聚合性、低碳性和普惠性四大特质，与社会的数据整理和社会契约有着互动关系，有助于建立全方位的信任环境，但仍须警惕并关注在数字经济推动社会转型过程中可能存在的一些风险和问题。一是新的"数字鸿沟"风险。在社会数字化转型过程中，由于不同地区社会经济发展水平存在差异，不同人群技术知识水平存在差异，一些数字化产品应用不能快速覆盖到每一个人，有些难以获取和掌握这些新应用、新知识的群体，特别是老人、低学历人群、相对贫困的人群，与社会的"疏离感"反而会加剧，形成新的"数字鸿沟"。二是"信息茧房"强化的风险。科技在服务社会的同时，对社会的控制也在加强。特别是在技术方面占据优势的超级平台，可能会出于扩张市场、加强垄断等自利而非公益的目的，对数据和算法进行筛选控制，只向公众提供他们想让公众获得的信息，甚至操控公共舆论，强化"信息茧房"效应，对公众的价值判断和行为偏好造成不良影响，甚至引发群体极化，诱发社会对抗与撕裂。三是"隐私管理"的新挑战。随着数据资源成为新的生产要素，如何在充分发挥数据要素价值的同时，保护好数据资源中的公众隐私信息，对于整个社会来说，是一项新挑战。一方面，数据颗粒度越来越细，另一方面，数据集成度越来越高，对公众的"精准画像"可以让个人隐私暴露无遗。因此必须为数据资源的使用划定更加明确的界限，以保障数据信息安全可控、使用适度适当。同时，也要对公众的感受与反馈保持关注和回应，切实增强人民群众的幸福感。

当前，信息和通信技术（ICT）与经济的深度融合尚处于发展的初期阶段，对于数字经济发展的基本特征要进一步加强研究，特别是在合法性和合规性方面，以确保数字经济在继工业革命之后产生快速的、科学的发展，同时经得起历史的检验。可以预见，数字经济的影响将广泛而深远，通过促进经济领域的创新、创业，促进高质量发展，可从缓减发展不平衡，缩小贫富差别，提升广大民众的生活品质，创造美好健康的生活。

（三）数字健康 出席中国基本建设优化研究会数字健康分会成立暨首届新型医疗卫生基本建设优化发展论坛

2021 年 10 月 15 日，蓝迪国际智库受邀出席中国基本建设优化研究会（以下简称中基会）数字健康分会成立暨首届新型医疗卫生基本建设优化发展论坛（简称医疗新基建）。原卫生部部长、党组书记张文康，蓝迪国际智库专家委员会主席赵白鸽，国有重点大型企业监事会主席、第十三届全国政协委员会提案委员会委员孙来燕，第十三届全国政协委员、国务院参事室高级研究员王一莉，中基会会长孙晓洲及其他社会各界人士、企业代表与会。

本次会议由中基会副秘书长宫然主持，与会嘉宾分别致辞，对中基会数字健康分会成立表示了热烈祝贺，对数字健康分会发展致以美好祝愿。希望数字健康分会围绕我国数字健康产业的前沿理论与创新实践，开展医疗新基建课题研究，为国家战略决策实施、区域经济发展、健康产业发展建言献策，为国家经济社会"十四五"开新局、谋新篇做出积极贡献。

中基会近年来深入贯彻习近平总书记关于卫生与健康的重要论述，把身体健康、经济健康、社会健康、环境健康统一起来，构建大健康、大卫生理念，并抓住新理念、新基建、新体系、新效能、新文化、新发展的特点，开展医疗卫生基本建设优化发展工作，力图为人民群众提供全方位、多层次、系统化的健康保障体系。中基会联合蓝迪国际智库，在我国健康卫生领域首次提出"新型医疗卫生基本建设优化发展"新理念，通过协调政府职能部门，并组织社会各界机构和各领域专家，共同启动并推进"新型医疗卫生基本建设"优化发展研究和项目。原卫生部部长、党委书记张文康在大会发表主旨演讲时表示，医疗卫生新基建是一个新理念、新文化、新体系、新效能、新发展，是推动医疗机构高质量发展的有力助手，对中基会推动医疗卫生新基建课题研究由衷感到高兴。

原卫生部部长、党组书记张文康发表主旨演讲

张文康认为，树立新型医疗卫生基本建设新理念，开展新型医疗卫生基本建设优化协作项目，为各级政府和医院提供符合区域卫生事业发展特色的新模式、新标准和新手段，这是一项有益的尝试。

蓝迪国际智库专家委员会主席赵白鸽演讲时表示，医改是一条充满挑战同时也是意义非凡的路，需要政府大量财力物力的支持，也需要社会组织参与其中。在这方面，中基会做出了很好的尝试。中基会数字健康分会的成立，与"十四五"规划提出要促进平台经济、共享经济健康发展、推进数字产业化和产业数字化、推动数字经济和实体经济深度融合的目标相一致。数字经济基础设施建设中，"新基建"带来新机遇。中基会数字健康分会这样的社会组织可以聚焦主责主业，围绕中央决策部署和国家重大战略需求，加强全局性、战略性、前瞻性、长期性的研究谋划，为国家、社会、企业提供高质量的服务。

赵白鸽主任发表主旨演讲

第十三届全国政协委员、国务院参事室高级研究员王一莉在演讲时表示，中基会作为社会组织和国家高端智库，近年来在参与医疗卫生新基建优化发展方面积极作为。在筹备数字健康分会过程中，中基会就已经在推动国际医疗协作方面做了大量的工作，与上海中山医院、瑞金医院以及江苏、浙江等地医疗机构洽谈合作，建设、改造升级国际医协体服务中心，推动更大层面的国际医疗协作，为推动医疗资源公平可及、医疗机构信息化建设做出了实实在在的成绩。

在大会现场，中基会数字健康分会开展了新型医疗卫生基本建设优化项目路演，向与会嘉宾及线上观众介绍了"中基会—创盟公益性智慧医药共享服务平台项目"，通过模式创新推动医药信息化建设，开展药品处方流转平台建设，实现医药分开，控制医保开支，为医院高质量发展提供支持。国际医疗协作协会秘书长方俊介绍了数字健康分会在推动国际医疗旅游项目、国际医协体项目及医疗机构建设国际医协体服务中心、百姓健康频道医院直播间、医疗机构互联网医疗运营服务等新型医疗基本建设优化发展等项目进展情况。

中基会副会长兼秘书长孙晓洲在接受记者采访时表示，中基会作为智库

中基会副会长兼秘书长孙晓洲讲话

"国家队"，坚决贯彻习近平总书记关于社会化服务和科技创新要围绕和针对国家重大需求的重要指示精神，推出医疗新基建的理念；以发起课题研究来探索，以整合资源落实项目来推动，再以公益性基金及产业引导基金来进行支持。中基会数字健康分会将以研究、推动"医疗新基建"为主要目标，研究解决我国数字经济与健康产业深度融合过程中基础设施缺乏的问题，并进一步推动健康产业的数字化与普及化，从根本上实现数据要素资源配置的优化。

蓝迪国际智库平台将紧密协同中基会，发挥资源整合优势，以原始要素累积叠加为基础，以创新元素多维导入为支撑，通过医工融合、医金融合、医服融合等"智库＋N"高质量合作，推进数字健康经济格局形成，促进国家经济社会的优化发展、高质量发展。利用好平台的公益性，强化公信力，推动数字健康分会项目成为国家社会化服务重点示范项目。

（四）智慧物联　参与主办"共建共治共享人类健康医疗新基建"物联网医疗国际峰会

2021年11月8日，第四届中国国际进口博览会期间，"共建共治共享人类健康医疗新基建"物联网医疗国际峰会成功举办。此次峰会得到了国家发展和改革委员会、国务院发展研究中心的大力支持，由中国基本建设优化研究会、蓝迪国际智库联合主办，中国基本建设优化研究会数字健康分会、海尔旗下大健康生态品牌盈康一生共同承办。

第十一届全国政协副主席、中国基本建设优化研究会会长厉无畏特为峰会发来贺信，对峰会的召开表示热烈祝贺，中国基本建设优化研究会副秘书长宫然宣读贺信并主持会议。贺信指出："在本次峰会上不同国别、不同领域、不同专业的专家人才汇聚一堂，深化交流，对医疗新基建发展理念、使命责任、先进技术、发展趋势等的深入研讨，必将开启当代世界卫生医疗新智慧，提出科技造福人类新方案，增进民众健康新福祉，为建设人类卫生健康共同体做出新的贡献。"

中国基本建设优化研究会是跨行业、跨学科、跨地区、跨领域，以融合创新为特色的国家智库平台。近年来，根据习近平总书记提出的科技创新、社会服务要针对国家重大需求等重要指示精神，紧贴"健康中国""科技强国""乡村振兴"等国家重大战略，在打造新型健康基本建设平台并努力融汇各级力量、协同创新、攻坚克难，推动国家医药健康事业优化发展方面凝心聚力。

第十一届全国政协副主席、中国基本建设优化研究会会长厉无畏特为峰会发来贺信

  与会嘉宾围绕人类医疗健康领域的前沿理论与创新实践进行交流，清晰地展示了推进医疗新基建、构建物联网医疗生态的强大活力。峰会达成行业共识，发布《关于共建物联网医疗生态平台的倡议书》。

中基会副会长兼秘书长孙晓洲在会上发言

  以人为本，共建共享，医疗新基建是一个宏大的命题，也是一个远大的目标。以"人的价值第一"为核心理念，医疗新基建将推动人类医疗健康事业发展，共同守护人类健康美好未来。中国基本建设优化研究会副会长孙晓洲表示，中国基本建设优化研究会在我国健康卫生领域首次提出"新型医疗卫生基本建设优化发展"新理念，将促进医疗健康事业的发展、加快医院信息化的高质量发展，通过政府、社会组织和商业企业稳固的合作关系，汇聚各方力量，共建物联网医疗生态平台，为"健康中国"战略的实施贡献力量。

  中国基本建设优化研究会数字健康分会副会长、海尔集团执行副总裁谭丽霞表示，医疗新基建不应该是单一的点、单一的场景，而应该是一个面、一张网，各个点相互协调配合。结合海尔在物联网医疗领域的创新实践，她认为，产生新的生产力、创造新的社会增值才是数字医疗新基建的目的，应朝输出新模式、形成新业态、创造新价值三个方向努力，共同服务每一个人的健康。

中国基本建设优化研究会数字健康分会副会长、
海尔集团执行副总裁谭丽霞在会上在发言

数字赋能，物联生态，医疗新基建恰逢其时。近年来，随着数字技术的不断纵深发展，大数据以及人工智能等的研发应用，医疗新基建领域的数字化正迎来发展的"春天"。相关统计数据显示，2016~2019 年，中国数字化医疗市场的用户渗透率由 38% 增长到了 70%，未来 5 年，数字医疗产业将呈现指数级增长趋势。中国科学院院士魏于全在谈到公共研发平台在"医疗新基建"中的作用时表示："大家知道目前新冠病毒可能不会完全消失，我们要不断持续研发更好的疫苗和更新的治疗药物，在这个过程中，必须要充分发挥公共研发平台在资源汇聚、科研投入、成果转化等方面不可替代的作用。"

中国信通院医疗大数据研究中心（华东）主任张宇鸣以医院智慧化转型为例分享智慧医疗的基础设施整体规划，他指出，新一代信息技术让医疗可以真正走向数字化转型，新网络、新设施、新终端、新平台将成为未来智慧医院的关键词。

谈到数字经济与医疗健康深度融合的前景，北京华夏精放全国肿瘤放疗中心集团主任夏廷毅认为，未来专家可以通过物联网的连接，创新机制、创新方案，让物联网作为桥梁、作为有效的工具，把终端三四线城市的放疗专科平台搭建好，实现"大病不出县"。

多方参与，群策群力，创新引领医疗新基建发展。医疗新基建的健康发展需要医疗健康领域的行业专家、知名学者、实践先锋等多方参与，齐心聚力，共同推动物联网医疗生态的健康发展。在峰会数字医疗新基建项目路演中，海尔生物医疗推出智慧疫苗网、智慧血液网等物联网生物安全解决方案，研发冬奥会用血保障、细胞制备云眼实验室、航天冰箱、航空冷链等物联网技术应用场景。通过海尔生物医疗这一数字医疗新基建倡导者、践行者样板，可以看到企业通过持续性自主创新，共建数字医疗、共创健康中国的新价值。

上海永慈康复医院院长沈旭东在峰会上讲述了智慧医院物联化、互联化、智能化的成果，"在永慈，只要病情稳定，病人即使打着呼吸机吸着氧，也能到室外晒太阳"，本着解放人、服务人、增值人、互信人理念，永慈已经将医院打造成一个物联网医疗生态平台。中国非公立医疗机构协会常务副会长兼秘书长郝德明在分析"十四五"新格局下社会医疗机构的定位和发展前景时指出，社会医疗机构将对我国医疗供给侧的改革，增加医疗服务的构建能力，改善医疗服务质量，缓解看病难、看病贵问题，对深化医疗卫生体制改革，推进建设分级诊疗制度，加快形成多元化医疗格局产生积极作用。

站在数字经济快速发展的重要关口，面对人类日益增长的医疗健康需求，物联网医疗国际峰会敏锐捕捉到数字经济与医疗健康深度融合的新趋势。借助进博会开放包容的平台，峰会"创新物联网医疗生态，共建共治共享人类健康医疗新基建"的理念得以在更广阔的范围内传递，更多有识之士的加入将更好地服务于"健康中国2030"，真正让数字赋能生态、科技造福人类，为建设人类卫生健康共同体做出贡献！

二 积极推动公共卫生与大健康产业发展

（一）国际医疗 探索打造国际医协体，促进国际医疗旅游产业发展

2021年2月22日，受中国基本建设优化研究会（以下简称"中基会"）邀请，蓝迪国际智库专家委员会主席赵白鸽一行与中基会领导、国际医协体项目负责人围绕"国际医疗协作项目""国际医疗旅游产业发展"等重要问题举行会谈。中基会副会长兼秘书长孙晓洲主持会议，国际医疗协作协会秘书长方俊、中国医疗保健国际交流促进会国际医疗旅游分会常务副主任委员李定纲等出席会议。

赵白鸽主任一行与中基会领导、国际医协体项目负责人举行会谈

自2020年12月起，中基会与蓝迪国际智库建立了战略合作伙伴关系，双方以智库研究、政企服务、城市网络以及国际网络为核心，在落实国家战略、提升区域经济发展动力、搭建产业发展基础平台，以及"一带一路"建

设、营商环境、智慧城市、金融安全等领域开展深入合作，携手推动国际医协体建设和发展，共同积极参与我国医疗卫生事业改革发展的实践与探索，推动我国公共卫生基础平台搭建，为区域经济和健康产业发展助力。本着公益为先的精神，为医疗机构搭建国际医协体服务中心，建设在党和国家政府监管下的医疗电子病历信息交换平台，推动健康产业创新发展，努力把健康产业培育成为我国区域经济增长的重要支柱，为全人类的健康探索新模式和新路径。在本次会谈中，双方深入交流了目前重点项目的合作进展情况及未来发展规划。

当前我国医疗卫生基本建设所面临的若干重要问题亟须被正视。医疗卫生资源分配和发展不平衡的现象、医疗数据无法互联互通所造成的数据孤岛等问题，需要通过党和政府监管数据、医院开放数据交换与为居民建立全生命周期数据服务来解决。关于数据共享问题，党和政府应该成为这一轮数据产业服务的主体，将医疗大数据作为国家战略资源进行灾备，对数据进行确权，并在政府数据交易平台上进行创新服务。

国际医协体应该积极探索医院内外网数据交换、政府的区域电子病历数据共享交换平台的搭建；以党管数据的思想指导数据确权和应用，开展数据服务，推动我国智能化产业发展，改变企业掌管数据导致的垄断竞争，进一步加快提升我国科技企业医疗大数据处理能力，优化 AI 技术进步和发展。从患者层面，要及时解决患者就医面临的痛点和堵点问题，使患者掌握自身的全生命周期健康数据信息，提升医疗便利性。在此背景下，中基会国际医协体积极推动医院基本建设向集区块链＋AI 智能＋物联网＋大数据＋云计算＋5G 技术等多重技术叠加的前沿智能系统建设转换并参与标准的制定，加快我国医疗机构参与区域经济发展与健康产业发展的速度。

国际医疗协作协会副秘书长方俊表示，开展国际医疗协作项目是国际医协体工作的一个有效补充，有利于优化医疗资源结构和布局，促进医疗卫生工作重心下移和资源下沉，提升基层服务能力，有利于医疗资源上下贯通，提升医疗服务体系整体效能，更好实施分级诊疗和满足群众健康需求。

李定纲发表了有关疫情后时代国际医疗旅游产业发展的重要观点，他指出，最早以医疗治病为目的的旅游活动起始于 1989 年的欧洲，那一年有 2.5 万~3 万名意大利人、英国人、西班牙人到法国治病旅游。2004 年，该产业的全球产值为 400 亿美元，据 WHO 的估测，2017 年全球医疗旅游收入已达 6785 亿美元，占全球旅游总收入的 16%。到 2022 年，旅游业将占到全球 GDP 的 11%，健康产业则占到 12%，成为全球第一大产业。2010 年，国际医疗旅游突然在国内兴起。随着中国经济的发展，中国人民的生活水平和生活环境有了很大的改善，为中国医疗旅游市场提供了物质条件。然而，相对于医疗旅游发达的国家，目前医疗旅游呈现"外热内冷"。我国医疗旅游行业"走出去"的多，"引进来"的少。目前我国医疗旅游 90% 以上是出境的，不少国内游客在黄金周期间选择前往美国、欧洲、日本、韩国等国家和地区，接受"高档医疗"和体检服务。总之，我国目前扮演的仍是医疗旅游输出国的角色，积极融入"双循环"体系、打造国际医疗旅游新高地、抢占全球新兴的重要市场，是我们应重视的方向，我们应该学习国际先进经验，建立完善的医疗旅游管理体系。相关部门应协调配合，共同解决医疗旅游发展中出现的各种问题，并通过规划或立法明确国际医疗旅游战略定位与发展重点，以此提高自身参与国际医疗旅游的核心竞争力。

赵白鸽在认真听取了各方意见后表示，面对国际医协体在人才集聚等方面的难题，多平台协调联动与资源整合十分重要。明确而可量化的概念定义、清晰而与时俱进的全球视野、符合市场规律的商业运作模式以及敏锐到位的中国视角是实现国际医疗协作项目与国际医疗旅游产业发展的必要前提和重要条件。因此，要在项目的进一步发展中取得更佳成果，各方必须明确此项目对政策的需求，同时做好与政府、与企业的合作，积极拓展国际联动能力，参与高质量共建"一带一路"，并做好以企业、产品、技术、市场等为核心的产业分析。

最后，各方一致认为，要进一步贯彻落实党的十九届五中全会提出的全面开启建设社会主义现代化国家新征程的各项举措，打好"十四五"开局之年的攻坚战，为完成 2035 年基本实现社会主义现代化之远景目标的重大任务而奋斗，坚持党的领导，以创新、协调、绿色、开放和共享新发展理念，加快现代化经济体系建设，实现国内国际双循环相互促进的新发展格局，要充分释放蓝迪国际智库与中基会的合作势能，搭建好政府、企业、社会资本合作的桥梁，针对多样性的国际市场做好务实准备，实现优势资源融合，充分发掘各方潜力，实现其效能最大化。

（二）医药创新 共同主办第六届中国医药创新与投资大会

中国医药创新与投资大会（下称"创投大会"）是由蓝迪国际智库战略合作伙伴中国医药创新促进会于 2016 年发起创办的医药界与投资界高端对话和交流的平台。2021 年，第六届创投大会于 9 月 25 ~ 27 日在苏州举行，香港交易所、蓝迪国际智库作为大会共同举办方，深圳证券交易所和上海证券交易所分别作为大会特别支持方。本届创投大会以"新时代、新格局下的全球医药创新"为主题，以贯彻落实"十四五"规划科技自立自强战略为指引，聚焦我国医药领域"卡脖子"问题，深入探讨医药产业政策、全球医药科技创新趋势、投融资动向。

9 月 25 日，蓝迪国际智库专家委员会主席赵白鸽在出席第六届创投大会开幕式时指出，在第四次工业革命和数字经济的时代背景下，加快我国医药产业创新发展对于构建人类命运共同体、合作共建"一带一路"健康医疗生态圈具有重要意义。中国药企研发费用占全球药企研发费用的比例正在显著提升，中国在 5 年之内将有望成为全球第二大新药研发基地。

赵白鸽表示，在政策助推医药产业创新发展的背景下，我国医药制造企业创新药发展劲头显著提升，创新行业生态正持续完善。但如果把当下的中国医药产业放在世界格局中做横向观察，作为全球 GDP 第二大国的中国与欧美国家在医药产业的发展上还存在非常大的差距。

第六届中国医药创新与投资大会现场

赵白鸽主任在出席第六届中国医药创新与投资大会上发表讲话

　　未来，我国医药产业要持续实现创新发展的关键在于产业政策。相关部门应不断完善医药产业政策，鼓励通过合并、兼并、重组的方式提高产业集中度，加强规模经济效应下的低成本效应，不断加强对生产创新性新药的引导和政策支持，进一步优化医药产业区域布局和产业布局，深化药品监管制度和药品价格管理体制，建立以医保支付价格为核心、最高零售限价为辅的医药价格体系，不断推进公立医院的改革，完善医药产业政策评估体系，从而推动我国制药企业的健康、可持续发展。

赵白鸽指出，医药产业正面临新一轮变革。一方面，随着一致性评价、带量采购常态化等政策的推进，药企不得不面对创新这一重大课题；另一方面，自 2020 年以来，新兴科技的发展尤其是"新基建"的加快实施，进一步倒逼药企走上持续创新之路。医药行业创新发展涉及疾病筛查、诊断技术、诊疗手段等多个环节，特别需要跨产业合作。而随着 AI、数字药物等第四次工业革命高新技术的发展，医疗健康领域将会有更多的创新应用场景。药企应当以跨国医药巨头为学习榜样，转变创新发展理念与发展模式，开拓新的研发赛道，充分利用高新科技来生产更多的创新处方药和原研药，以满足疾病患者的需求。同时，深入推进数字化转型战略，围绕管理、生产、经营、营销四个方面提出数字化转型的目标，为决策、管理及整体优化资源提供科学的数据依据，从而降低成本，提升用户体验，提高经济效益。

赵白鸽认为，医药行业要实现国际化发展，不仅仅是技术的国际化，而且包括技术的引进、终端产品的引进和输出，以及境外的投资布局等。制药企业要系统地制定国际化的发展战略，以开放的心态积极参与全球竞争，建立国际化的合作机制及人才队伍，搭建国际化的市场销售平台及网络，生产更多具有国际化竞争水平的产品，更加重视培育国际化的医药品牌，并拥有持续开发这些产品的能力，构建符合国际化的管理体系，用标准化促进企业的核心竞争力，合作共建"一带一路"健康医疗生态圈，促进中国医疗产品及服务走出国门、走向世界。

赵白鸽表示，新药的研发成本很高，制药工业的研发成本可以占到整个销售总额的 20%～25%。新药物的研制成本一般在 5 亿美元左右，一种药物从研制到最终的临床试验，一般需要 10～15 年的时间。新药的研发对制药企业的影响很大，尽管具有轰动性的药物可以改变公司的发展前景，但新药研发周期长、资金投入大、集中程度低，甚至存在较强的并购重组势头。更值得一提的是，数据显示，由于医药行业进入成熟阶段，现在的研发投入是以前的 2 倍，但是产出只有以前的 20％，医药产业需要资本力量的加持。相比国外的医药产业发展，我国的医药产业资本支持力度有待提升。资本应当积极挖掘、培育优质的"种子"企业，联合政府的落地政策、人才政策等，形成多方合力，为创新企业提供成长的沃土，改变医药产业发展"多、小、散、乱"的格局。药企要借助资本的力量，加快海外并购步伐，综合中国优势与全球资源，加快医药产业进步和公司发展，推动创业创新渗透产业链深层，从而带来新的投资窗口。

三 关注文化产业高质量发展

（一）文化自信 出席首届中国城市文化发展大会暨坚定文化自信·唱响城市声音城市文化建设峰会

2021 年 4 月 15 日，首届中国城市文化发展大会暨坚定文化自信·唱响城市声音城市文化建设峰会在北京召开。本次峰会由民盟中央文化委员会主办，中国文化管理协会协办，民盟北京市委员会、中国文化管理协会城市文化委员会、华谊启明东方城市文化产业集群共同承办的一次全国性的城市文化盛会，共计有 400 余位来自全国各地的城市文化工作者参加了此次盛会。

全国人大常委会副委员长、民盟中央主席丁仲礼出席会议并致辞。全国人大常委会委员、民盟中央副主席张平主持开幕式，联合国世界旅游组织执行主任祝善忠，第十三届全国人大教科文卫委员会副主任委员杨志今，蓝迪国际智库专家委员会委员、故宫博物院原院长单霁翔，中国传媒大学文化发展研究院院长范周，民盟中央文化委副主任、华谊启明东方城市文化产业集群战略委员会主席马克，内蒙古呼和浩特市委副书记、市长贺海东，国家广播电影电视总局原副局长张海涛，民盟中央经济委员会副主任、国家发展改革委城市和小城镇改革发展中心学术委员会秘书长、蓝迪国际智库专家委员

首届中国城市文化发展大会暨坚定文化自信·唱响城市声音
城市文化建设峰会在北京召开

会委员、民盟中央经济委员会副主任冯奎，甘肃省临夏市委书记马占才出席
会议并做了发言。

蓝迪国际智库专家委员会主席赵白鸽受邀出席此次会议，并做"创新城
市文化产业高质量发展路径，构筑双循环格局下的共享美好生活新空间"主
旨发言。赵白鸽表示，首届中国城市文化发展大会暨坚定文化自信·唱响城
市声音城市文化建设峰会对于中国人民增强文化自信、引领城市文化产业升
级、加快建成文化强国和提高我国文化软实力具有至关重要的意义。党的十
九届五中全会将文化自信、文化强国和提高文化软实力摆在极为重要的地
位，中国的文化产业发展也已成为中国各城市极为关注的课题，城市文化发
展呈现出许多新内涵、新特点。

第一，以文化为主体内容的产业将成为新经济的核心，以创意为基础的
文化产业将成为社会经济发展的动力引擎。2020 年 9 月 22 日，中央召开教
育文化卫生体育领域专家代表座谈会，再一次提出要把文化建设摆在更加突
出的位置，要坚定文化自信。党的十九届五中全会更对文化建设高度重视，

蓝迪国际智库专家委员会主席赵白鸽受邀出席会议并做发言

从战略和全局上做了规划和设计，其中明确提出"到 2035 年建成文化强国"，并提出"健全现代文化产业体系的新方向"。我国文化产业蕴藏着巨大的发展潜力，其释放的商机将是任何国家无法比拟的，文化产业的发展将给经济的跨越式发展带来意想不到的效果。

第二，文化消费模式已经发生重大转变。随着人们生活水平普遍提高，文化需求正在发生新的变化，更具个性、参与性和互动性的文化活动受到人们欢迎，体验经济应运而生。传统的文化消费模式正在逐渐退出文化消费主流方式。以互联网原生内容为主的数字文化产业则迅猛发展，内容形态边界融合，长短视频、直播、游戏、影视、文学等不同内容形态 IP 联动成为主流，融合多形态元素的内容新物种涌现。特别是在新冠肺炎疫情期间，数字文化产业异军突起、逆势上扬，用丰富优质的线上内容供给，满足人民群众精神文化需求，在疫情防控和经济社会发展中发挥了显著作用。抗击疫情中形成的云演艺、云展览、云旅游等新业态新模式，展现出强大的成长潜力和活力，成为文化产业高质量发展的新引擎。

第三，城市文化发展应关注城市 IP 的发掘，实现区域、城市之间的差异化发展。在人类文明演化的历史进程中，城市一直都是所在区域的政治、经济、文化和国际交往中心。城市以其完善的基础设施、高效的公共服务、优质的人文环境，构筑了一个主客共享的美好生活新空间。通过发掘和梳理城市悠久的历史人文，通过打造城市 IP 为城市内涵式发展提供生动体现，这将是引领消费升级、发展城市文化产业的核心引擎。城市 IP 通过发掘文化节点能够把不同年代、不同性别、不同文化程度、不同经济背景的群体聚合在一起，这是区域和城市文化产业差异化发展可复制、可推广、可借鉴的重要模式。这对于提高城市文化软实力、活化城市历史、创新城市文化、赋予城市自信、凝聚城市人心、提升城市幸福指数将起到积极的作用。

第四，重点关注文化产业受众中年轻一代消费群体。新技术的引入带来新的消费模式和文化产业新业态，促进了文化产业升级转型，同时也带来文化消费的新受众，特别是"80 后""90 后""00 后"等对新技术有较高积极性和参与性的年轻一代群体，因此在选择与定位文化产业受众的过程中需要注意这一变化。

文化是综合国力的表现，是城市的核心竞争力。对如何创新城市文化产业高质量发展路径、构筑双循环格局下共享美好生活的新空间，赵白鸽提出了以下几个方面的建议。

第一，关注城市文化新业态特点，力争将城市文化资源转化为城市文化资本，提升城市核心竞争力。城市经营就是将城市作为一种资产进行经营，同时将文化创意贯穿其中，文化创意（策划）也是打造城市核心竞争力的重要环节。同时要找到该文化特质的相应载体，转化为有效的经济联动方式。通过如旅游演出、城市灯光秀、城市光影节等新型文化消费载体将城市 IP 活化，把文化和经济很好地结合起来，通过一定的文化策划与创意，对城市所有资源从文化层面上进行新的整合，从而提升城市形象，增加城市无形资产，创造出有效的经济价值，实现文化经济一体化。

第二，新兴前沿技术赋能文化产业发展。当前，人类文化体验和消费更加追求沉浸式体验。新技术的引入，比如 AR（Augmented Reality）、VR（Virtual Reality）、MR（Mixed Reality）结合人工智能、云计算、5G 技术、大数据、区块链等技术，在文化产业领域出现了沉浸式演艺、沉浸式游戏、沉浸式影视等一系列丰富的文化体验和消费形态。

第三，双循环格局下，文化产业高质量发展需要强调共享的原则和主客结合的原则。当前，我国不断加强体现文化软实力的平台、载体建设，让世界各地游客既可以实地感受历史悠久、山河壮丽的古老中国，也能近距离观察经济发展、社会进步和文化繁荣的现代中国。在中华文化"走出去"的过程中，应当充分研究中国故事国际表达的有效方式，形成能与国际交流的对外话语体系，努力提高对外文化贸易的竞争力，树立中国形象，传播中国声音，形成助力中华民族伟大复兴的文化力量。

第四，创新文化消费新场景，塑造全新消费体验。随着社会发展，人民群众的文化消费需求在不断提升，需要更多更高质量的文化产品。这就要求一方面关注不同城市、区域、群体文化消费的多样态需求；另一方面把握消费升级的趋势，以文化赋能，不断推动高品质文化产品的生产。在深入挖掘产品的文化内涵和群众消费需求的过程中，注重对文化消费的价值引导，真正从文化内涵、精神价值和文化形态上为人民群众提供更多高质量的文化产品。数字产业的发展以及 5G 的应用，各种云平台的建设和新媒介、新技术的使用，在创新体验的同时也会有效促进供给与消费的连接，扩大文化产品的传播，增强文化消费的便捷性和体验的丰富性。

新时代的文化消费，不仅仅是产品消费，而且将更加凸显消费场景的价值。体验升级和文化消费场景建构将成为激活文化消费潜能的重要途径，包括线上线下的文旅新业态、文化综合体、夜游经济等。而产品消费和配套支撑服务的不断升级，也将增强文化消费的辐射带动作用。这就需要将产品创新和消费场景创新结合，对文化消费进行整体性建构，让供给发挥更好的效能。

推动文化产业的发展要特别重视资源整合。赵白鸽表示，华谊就是蓝迪国际智库的重要合作伙伴之一，蓝迪国际智库就是通过各种协同和整合的形式，包括对新技术、城市IP、文化消费模式的整合和与各类企业的整合，促进经济的发展，促进文化产业的发展增量。

最后，赵白鸽在总结中指出：第一，要重视新时代城市发展过程中，文化产业引领经济发展的重要作用和意义；第二，关注自第四次工业革命以来，新科技在文化产业发展当中所具有的不可替代性；第三，关注新时代文化产业消费群体及青年人才的发掘和培养。一方面，要关注年轻一代，研究他们的文化消费需求，因为他们是新时代文化产业的消费群体，以优质文化产品引领青年文化消费，引导创作满足年轻用户多样化、个性化需求的产品与服务，增强青年民族自豪感和文化自信心；另一方面，要特别关注"80后""90后""00后"，研究他们创新的思想，并且把他们纳入城市发展与文化发展的框架中，将文化资源向文化产业转化，向文化品牌转化，实现文化资源的创造性转化和创意性开发。

综上所述，城市文化产业的兴起，意味着现代城市经济增长方式已经发生革命性的变革；城市经济迅速增长，将促进城市文化产业发展；而城市文化产业的迅速发展也为城市经济的进一步发展注入了新的强大动力。

（二）文旅融合 推进与华谊启明东方合作

2021年6月10日，蓝迪国际智库专家委员会主席赵白鸽，中国商业经济学会常务理事、执行秘书长、蓝迪国际智库专家委员会委员陈奕名等一行赴蓝迪国际智库平台企业华谊启明东方城市文化产业集群（简称华谊启明东方）展示厅进行了调研，并与华谊启明东方董事、总裁马克，华谊启明东方党委书记、北京人民广播电台原总编辑王秋及华谊启明东方高管团队进行了会谈。双方就携手助力落实国家文化大数据体系建设部署、促进文化数据资源融通融合、推动优秀文化资源数字化及打造华谊兄弟星剧场美好生活综合体典范项目等议题展开深入沟通，并确定了下一阶段合作的重点。

华谊启明东方董事、总裁马克首先对华谊启明东方的企业历史、业务情况与发展规划进行了介绍。华谊启明东方前身为启明东方大众传播公司，成立于 1993 年，是中国首家集大众传播、广告、传媒于一体的传播公司。2013 年，启明东方与华谊兄弟集团强强联手，合力打造了集资源整合、文旅演艺为一体的崭新平台——华谊启明东方。近年来，华谊启明东方（中国）城市文化产业集群以前瞻性的目光进入了中国文旅融合新市场，提出了华谊启明东方新的时代定位，即成为中国文化旅游休闲商业演艺综合体核心内容提供商，并且率先在行业中提出了"文旅演艺 +"概念。在第四次工业革命带来经济转型、信息化升级、城乡融合、消费升级大潮来临之时，华谊启明东方运用崭新理念，成功打造了以星剧场（美好生活）综合体为代表的时代产品。

马克指出，当前华谊启明东方正进一步优化企业发展和运营模式，整合资源链接、服务链接、市场元素链接、科技语言链接，着力追求产业多元化、一体化运营，从而实现区域综合体的发展。未来的 5 ~ 10 年，华谊启明东方计划将重点打造推出"华谊兄弟星剧场文化旅游休闲商业演艺综合体"系列项目，凭借 25 年在专业大型活动领域、大型演艺领域实践的经验与成功案例，结合高新技术，汇聚华谊兄弟强大知识产权，着力打造中国文化旅游新时代的崭新作品，以党的十九大"满足人民对美好生活的需要"为指导思想，以"文旅演艺 +"为切入点，在全国各地打造多个华谊兄弟星剧场美好生活综合体。

陈奕名表示，华谊启明东方的企业发展史是一个不断实现自我超越的发展史。当前，华谊启明东方已经积累了充分而扎实的业务经验、业务能力和业务资源，在新时代的大背景下，期待华谊启明东方的下一次超越，以高效高品质的业务模式和业务规划，洞察产业发展形势和新兴业态，将新技术与企业运营系统深入融合，继续深度整合资源，实现项目的有序布点，以实现企业产值、营业额和发展的下一个高峰。

赵白鸽表示，在第四次工业革命的时代浪潮下，我国文化产业迎来了新的发展机遇与挑战。21世纪的成功者是资源的整合者，而华谊启明东方的成功正是企业资源集成能力价值的典型表现。当前，发展文化产业应促进文化产业与数字经济、实体经济深度融合，扩大优质数字文化产品供给，构建数字文化产业生态体系，促进消费升级，把握好数据驱动、科技支撑，助力落实国家文化大数据体系建设部署，促进文化数据资源融通融合。与此同时，要发展平台经济，以数字化推动文旅融合，促进文化创意向旅游领域拓展，推进数字文化产业与先进制造业、消费品工业、智慧农业融合发展，发展品牌授权，提升制造业和服务业的品牌价值和文化价值对文化产业的繁荣发展十分重要。

此外，华谊启明东方要围绕国家重大区域发展战略，把握文化产业发展特点规律和资源要素条件，促进形成文化产业发展新格局，继续秉持和强化、优化自身多样化资源的集成整合与联动互动能力，积极运用好、参与好、配合好政府、企业和专家学者的协作发展。蓝迪国际智库目前已与京津冀、长三角、粤港澳、长株潭等城市群、都市圈的关键节点城市展开密切合作，并已建立完善的智库网络、国际网络、城市网络和企业网络，双方可以紧密衔接、高效配合，共同打造区域文化产业集群的新增长极。

华谊启明东方团队对与蓝迪国际智库专家的会谈成果表示了高度认同，双方表示将加强资源共享和深化合作，共同为新时代中国文化产业的繁荣发展而努力，让城市文化更美好，人民文化为人民。

2021年12月14日上午，在蓝迪国际智库的组织策划下，涿州市招商中心主任崔峰率队赴华谊启明东方城市文化产业集群总部调研交流。华谊启明东方总裁马克，党委书记、战略委员会副主席王秋，策划研究院院长曹艳霞等主要领导出席此次调研座谈。蓝迪国际智库（北京）执行主任胡宇东、项目主管尚李军作为智库代表出席了此次考察交流活动，三方就未来合作愿景及推动京津冀地区文旅融合等议题展开了深入研讨交流。

蓝迪国际智库专家委员会主席赵白鸽一行考察华宜启明东方

在项目研讨交流环节，华谊启明东方党委书记、战略委员会副主席王秋，策划研究院院长曹艳霞及部门主要负责人介绍了华谊启明东方在城市文化打造方面的精品案例。华谊启明东方城市文化产业集群是华谊兄弟城市文化综合体核心板块，多年来凭借国家级专业团队打造了华谊兄弟星剧场美好生活综合体，即集"文化、旅游、休闲、商业、演艺"五位为一体的城市文化综合体。作为中国较具代表性的城市文化综合体，它由"新城市会客厅""文化聚会公园""电影圆梦公园""戏剧演艺公园"等几大部分组成，集"新城市会客厅、新城市文化中心、新文旅演艺、新休闲度假、新娱

蓝迪国际智库、涿州市招商中心赴华谊启明东方城市文化产业集群总部调研

乐、新商业、新零售、新家庭文化消费一站式综合体、新城市地标"于一体。现该综合体已落户内蒙古呼和浩特、四川德阳、甘肃临夏、山西晋城等地。

涿州招商中心主任崔峰及考察团代表介绍了涿州的历史文化背景、区位、产业发展规划、项目建设等情况。崔峰表示，蓝迪国际智库作为涿州的战略合作智库，在涿州产业研究、区域发展规划、招商培训等方面给予了重大支持，包括重点课题研究和项目推荐等。

蓝迪国际智库（北京）执行主任胡宇东表示，在当前疫情背景下文旅发展是"十四五"时期的重点课题，蓝迪国际智库将在深入调研的基础上，重点发掘、培育和推荐平台优质龙头企业，真正将产业研究与区域发展规划结合起来，打造服务地方政府的示范项目。

此次调研及会谈热烈而富有成效，未来在蓝迪国际智库的组织策划下，三方将共同打造城市文化旅游产业融合发展精品案例，为推动京津冀文旅融合、带动河北省"十四五"期间文旅发展做出卓越贡献。

四　质量合规和标准制定助力产业升级

（一）质量合规　参与主办首届中国跨境电商国际质量合规性（IQC）峰会

2021 年 9 月 16 日，首届中国跨境电商国际质量合规性（IQC）峰会在深圳召开。本次活动由蓝迪国际智库和北京标研科技发展中心联合主办，旨在以国际质量合规性（IQC）和国家质量基础设施（NQI）双轮驱动，打造服务中国跨境电商质量合规出海的新供给模式。多位业内专家为破解新冠肺炎疫情常态化对国际贸易发展模式带来的冲击、推动跨境电商新业态发展建言献策。

首届中国跨境电商国际质量合规性（IQC）峰会与会代表蓝迪国际智库
副秘书长马融，蓝迪国际智库专家委员会专家王大宁、谭晓东，
蓝迪国际智库珠海执行主任陈璐于会场合影留念

蓝迪国际智库专家委员会主席赵白鸽在给峰会发来的贺信中表示，希望峰会借鉴吸收北京标研科技发展中心在国际质量合规性（IQC）方面的研究成果，更好地服务蓝迪国际智库的平台企业和跨境电商高质量发展新需求。

蓝迪国际智库专家委员会专家、中国出入境检验检疫协会副会长王大宁肯定了峰会的重要意义，并阐述了国际质量合规性对推动跨境电商便利化的必要性和重要性。

蓝迪国际智库专家委员会专家、中国出入境检验检疫协会副会长王大宁

蓝迪国际智库专家委员会委员、北京标研科技发展中心主任谭晓东以"国际质量合规性（IQC）对跨境电商便利化战略意义"为主题进行了演讲。并就国际质量合规性（IQC）内涵和外延、在大湾区和长三角质量合规性的资源储备和未来发展，以及质量合规对跨境电商新模式"宏中微"观的战略影响进行了阐述。

蓝迪国际智库专家委员会委员、北京标研科技发展中心主任谭晓东在会上发言

长三角"一带一路"国际认证联盟理事长宋涛分享了联盟作为长三角"一市三省"知名认证机构服务区域经济和贸易的实例。长三角"一带一路"国际认证联盟是由上海市市场监管局认证监管处主导并协同苏浙皖三省市场监管局成立的联盟。

长三角"一带一路"国际认证联盟理事长宋涛在会上发言

欧盟标委会中国专家项目办总监徐斌就欧盟标准的规则、应用成效和输欧产品合规性等三个方面进行了阐述和分享，提升了与会跨境电商对输欧产品质量合规的认知和风险意识。

国内资深跨境电商专家苗晓林就当前跨境电商因国际质量合规性（IQC）法律、政策、管理，以及技术应用、信息服务等方面的不对称性而遭遇的发展瓶颈和损失进行了阐述。她从问题和结果两个方面阐述了国际质量合规性（IQC）对跨境电商的重要意义。

本次峰会还举办了"国际质量合规性（IQC）促跨境电商贸易便利化 & 法治之道"专家沙龙对话。来自北上广检验检测、认证认可，以及计量和标准方面的协会和学会领导、跨境电商资深专家进行了对话发言。对话嘉宾重点阐述了各自协会和学会对国际质量合规性（IQC）的认识和实践，并讨论了对跨境电商高质量发展需要聚焦施力的关键点、对接点和着力点。

欧盟标委会中国专家项目办总监徐斌在会上发言

（二）标准赋能 携手中国标准化研究院助力平台企业标准制定

蓝迪国际智库合作伙伴中国标准化研究院隶属于国家质量监督检验检疫总局，是唯一的国家级社会公益类标准化研究基地。经过50多年的发展，形成了科学研究、标准研制、实验验证、支撑政府、信息服务和成果转化等6大业务板块。作为国家质量基础设施（NQI）体系中标准化工作的理论基地和技术支撑，中标院围绕"一带一路"倡议的实施，先后建立了全国最大的国家标准文献共享服务平台，承担了国家"十三五"重大科技研发计划NQI标准专项和中国标准"走出去"适用性研究，支撑国家质检总局和标准委研究起草联通"一带一路"行动计划和国际合作产能规划的标准，为地方、行业和众多企业提供了全方位的标准化服务和人员培训，标准科研能力和水平正在从国内一流向国际一流迈进。

蓝迪国际智库高度重视标准化问题，积极支持中国标准化研究院承担相关领域的标准化科学实验研究、验证、测试评价、开发及科研成果应用工作。多年来，双方密切合作，成功举办了企业参与的NQI标准培训班，辅导并帮助企业完成相关标准制定，为平台企业走向市场、走向世界，参与"一带一路"建设提供服务和支持。2016 年 11 月 15 日举办的"一带一路"中国—印度尼西亚合作发展国际研讨会上，双方明确了将在服务中国与印尼企业间质量管理、标准互认、国际质量管理体系对接等方面展开深入合作，促进行业标准国际互认，实现标准领域互联互通。2017 年 11 月 6 日，由中国社会科学院蓝迪国际智库项目主办，农业部农产品质量安全中心、中国标准化研究院共同承办了"一带一路"企业能力建设培训班，三方结合农业、工业大数据和国际通用的 NQI 理念，为我国企业如何提升"走出去"应对能力提供了强有力的支撑和引导。2018 年 10 月 23 日在双方的共同努力下，完成了《新疆亚欧国际物资交易中心有限公司企业标准》的制定。该标准帮助企业实现在"一带一路"共建国家及上海合作组织成员国间开展跨境电商大宗商品交易活动，并成立了交易所。2019 年 1 月 22 日，双方共赴山东天壮环保本部实地考察并成功召开生态塑料技术标准研讨会，就企业建立健全生态塑料技术标准体系及企业突破技术瓶颈提出实质性建议。2021 年 10 月 27 日，经双方不懈努力，共同完成了江苏欧尔润生物科技有限公司《厨余垃圾微生物降解技术企业标准》《厨余垃圾微生物降解菌剂技术要求企业标准》的制定，现正积极筹备团体标准的建设工作，以期紧抓碳中和发展新机遇，帮助企业实现高速、高质量发展。

2021 年 12 月 26 日上午，由中国社会科学院"一带一路"国际智库、蓝迪国际智库主办的"基因治疗创新技术研讨会"在北京召开，会议邀请了国内相关专业学者参加，旨在评估总结今迪森自主研发的肿瘤基因治疗产品创新技术，以加快推动我国基因治疗产业实现新突破，加快该项创新技术的成果转化与落地，为全国甚至全球广大肿瘤患者带来更多福音。

会上，中国标准化研究院副院长李爱仙指出，今迪森制定了全球首个基因治疗技术法规，在国际上产生了一定的影响力。未来，今迪森首先需要关注且积极制定标准，建立标准化的工作环节，提前布局内控、对外输出技术和产品、国际/行业发展这三类标准，把标准和发展战略同步考虑进来，以实现更好的发展。

中国标准化研究院副院长李爱仙在会上发言

12月26日下午，中国社会科学院"一带一路"国际智库、蓝迪国际智库在北京共同组织召开"生活有机垃圾生物降解技术研讨会"。在中国科学院、中国农业科学院等机构的支持下，蓝欧复合菌群生物降解技术取得了一系列重要成果，攻克了畜禽粪污、厨余垃圾、海洋有机垃圾处理等关键技术，成功研发生产了"俏貔貅"系列生活有机物降解产品。对此，中国标准化研究院基础标准化研究所的王海涛博士认为，蓝欧技术有以下几个特征：第一，没有废气、废液的产生，废渣产生量极少，符合国家的相关要求；第二，蓝欧技术有很强的可推广性和可复制性；第三，蓝欧技术使用过程便捷；第四，对菌种和设备进行了很好的配套衔接。

李爱仙表示，蓝欧项目要把数据获取和标准体系建立方面的工作做得更扎实，未来的发展将会非常光明。加速蓝欧科技创新成果转化，有利于推动我国生活有机垃圾处理产业实现碳中和目标。

中国标准化研究院基础标准化研究所王海涛博士在会上发言

五　搭建政企对接合作新平台

（一）科创先行　参与主办新科技产业发展讨论会

当前，全球已进入第四次工业革命浪潮，并在经历一场更大范围、更深层次的科技革命和产业变革。新技术产业的发展对于我国的国计民生具有重要意义，特别是对经济发展有着巨大的推动作用。蓝迪国际智库自成立以来不断对第四次工业革命高新科技企业和"隐形冠军"企业进行发掘、培育、推介，对不断涌现的新技术、新产品、新品牌进行集成式的顶层设计，并特别关注与其相关的国家质量基础设施体系建设，以推动中国优秀企业参与国际竞争。

2021年3月29日，由中国社会科学院"一带一路"国际智库、工业和信息化部赛迪研究院、蓝迪国际智库联合主办的"新科技产业发展讨论会"在京成功举办，蓝迪国际智库专家委员会主席赵白鸽主持会议，中国气象局

中国社会科学院"一带一路"国际智库、工业和信息化部赛迪研究院、
蓝迪国际智库联合主办"新科技产业发展讨论会"

党组成员、副局长于新文，工业和信息化部赛迪研究院副院长乔标，中国气象局综合观测司副司长郭树军，中国气象局预报与网络司副司长周林，国家军民融合产业投资基金管理机构/惠华基金规划研究部总经理张珺出席会议。中国电子科技集团国际公司、上海眼控科技股份有限公司、中联云港数据科技股份有限公司、鉴真防务技术（上海）有限公司、飞诺门阵（北京）科技有限公司、北京辰安科技股份有限公司、广西中科曙光云计算有限公司、北京泰豪产业发展中心等蓝迪国际智库平台企业代表参加会议。

赵白鸽在主持会议中表示，近年来，在智库对企业的发掘、培育、推介过程中，融合了一批具有创新能力的隐形冠军新科技企业，面对信息全球化、科技全球化储备了丰富而优质的产业技术资源。本次会议主要围绕气象产业的发展展开讨论。随着气象现代化水平的提高，以及计算机、通信网络、新媒体等高新技术的发展，公共气象服务的发展迎来了前所未有的机遇。如何发挥行业资源、产业、市场的组织协同功能，打造创新、协调、绿色、开放、共享的产业生态圈，以科技创新推动气象产业转型升级，是当前的重要课题，在中国气象局的大力支持下，本次会议将聚焦气象产业巨大潜能，以助力产业对接尖端科技创新成果，优化激活产业发展势能。

"新科技产业发展讨论会"与会嘉宾合影

中国电子科技集团国际公司（以下简称"中国电科"）总经理田耀斌介绍，中电科是中国军工电子产业的主力军、网信事业的骨干力量、重要的国家战略科技力量。中国电科着力于发展网信体系、网信基础、网络安全、电子设备等四大板块，在近年的发展中以加强优势技术培训、推动重大科技项目、强化政策引领、培养创新发展源头、完善科技创新平台、成体系提升企业科技创新能力等思路和方法实现科技创新，在安防、空管、气象三大重点行业有卓越建树。结合自身发展经验，田耀斌对新科技产业发展提出了政策引领、机制创新、科技合作、金融支持以及成果转化等五个方面的重要建议：国家机关应进一步强化顶层设计，增强政策指导，完善政府、行业、企业一体化发展；应加大对科技研究的投入力度；重视体制机制创新；实现外交引领、金融支持、企业开拓协同发展；加大成果转化力度，加强人才、平台、技术、市场资金的结合与一体化协作。

上海眼控科技股份有限公司（以下简称"眼控科技"）董事长周康明介绍，聚焦智慧道路交通和智慧航空导向，眼控科技在通过人工智能技术为航空和民航、气象预报、城市应急提供微观的气象服务方面做出了可观成就。作为从代码算法到分析模型都拥有自主知识产权的科技创新企业，眼控科技基于现有民航领域信息化的系统，着力以 AI 技术算法处理数据，辅助提高塔台运行效率和质量，高效地将塔台通导、航空气象、机场地形等业务的运行转向 AI 自动化解决，推进了民航领域工作系统的智能化。在道路交通和道路气象领域，眼控科技同样通过发展和应用 AI 技术成功实现了创新。展望未来，眼控科技希望基于现有技术助力国家"十四五"规划，为建设陆空一体产业生态做出更多贡献。

中联云港数据科技股份有限公司（以下简称"中联数据"）副总裁刘晔介绍，作为排名前五的大数据中心以及行业内发展最快的供应商，中联数据目前正放眼产业、项目、客户等三个方面的高效对接合作，以进一步激活公司互联网大数据中心的深度潜能，为客户提供更高质量的数据服务。

鉴真防务技术（上海）有限公司（以下简称"鉴真防务"）CEO 帅博介绍，作为军民融合项目，以及 3000 米以下低空产业的隐形冠军企业，鉴真防务的技术和产品近年来逐渐得到市场的认可。在低空安全方面，鉴真防务掌握核心算法和自主知识产权，拥有产业竞争者中最尖端的产业模式与最优性价比，对产业模式具有完整的解决方案；在低空治理方面，鉴真防务高度重视与多行业结合以着力促进低空无人机发展；而在立体治理方面，鉴真防务以结合智慧城市发展为蓝图，正基于自身低空应用能力积极开展相关子系统的研发。

飞诺门阵（北京）科技有限公司董事长（以下简称"飞诺门阵"）沈寓实介绍，在边缘计算产业浪潮澎湃而起的时代背景下，飞诺门阵精准捕捉产业机遇，扎实切入产业尖端，面向城市级数据处理难点，在系统性理论基础上着力打造下一代网络构架。在构架边缘、异构设备管理边缘、数据中心结合等方面取得了显著成效，并在安防、交通和水利产业上收获了可观成果。作为工信部新创单位，飞诺门阵对边缘计算产业充满信心，在今后的发展规划中，飞诺门阵将实现更广阔、更优质的多场景拓展。

北京辰安科技股份有限公司（以下简称"辰安科技"）高级副总裁李陇

清介绍，当前，随着极端天气的增多，自然灾害突发频率越来越高，而随着城镇化的加强，城市所面临的自然灾害风险也越来越大。对此，作为公共安全应急技术领域的高新企业，辰安科技致力于平安中国的基础建设，正积极规划落实中国应急管理云、消防公共安全云的"两云两中心"发展目标，从而助力社会安全文化的提升。展望未来，辰安科技希望能更高效地"走出去"，进一步推进高端技术走向全球市场。

广西中科曙光云计算有限公司（以下简称"中科曙光"）高级副总裁、CTO梁明杰介绍，新型智慧城市的投资、建设和运营是中科曙光的核心技术研究方向。通过助力地方政府建立城市级数字经济平台，中科曙光在环保、应急、农业等领域中搭建了多样的产业行业场景化平台。展望未来，在当前国家战略政策指引下，中科曙光将更加注重业务落地能力和业务集成能力，进一步优化业务发展格局，助力政府提升资源统筹协调效能。

北京泰豪产业发展中心（以下简称"泰豪"）机场海外部负责人吕林介绍，作为高度国际化的民航产业隐形冠军企业，泰豪高度重视中国民航产业国际化发展过程中中国产品的适应性问题。泰豪的企业战略规划中高度关注资源整合与标准制定的相关工作，希望能助力产业"以点带面"，为今后发展打造有效机制。

中国气象局副局长于新文在发言中指出，气象产业的发展对当今国家发展具有重大意义和价值。当前，中国约70%的自然灾害以及约90%的衍生灾害直接来自气象，而气象产业本身亦有充裕可观的经济发展前景。由此可见，气象与生命安全、生产生活、生态良好、生活富裕皆息息相关。尤其是在"一带一路"建设以及新型全球化的宏伟蓝图中，气象产业的发展应着眼全球观测、全球预报、全球服务的大方向。气象产业有鲜明的技术特点，精密观测、精准预报、精细服务对气象产业的智慧化发展十分重要。大数据、人工智能、云计算、物联网，以及5G均是气象产业发展的重要技术因素。因此，气象产业相关企业在自身发展中应注重提升自身算力、算法与场景运用能力。未来，气象产业的应用场景将有两个方面的具体体现：一是"气象＋"，以智能化、互联化等形式实现产业链的一体化协作运营；二是"＋气象"，气象产业将作为重要联动对象被纳入更多的综合产业运筹协作中。信息技术与气象科学结合是气象产业当前发展的整体方向。中国气象局愿意加强与蓝迪国际智库平台的深度合作，对接平台企业，积极建设气象强国，争取在2035年前将中国气象产业打造成全球领先的国家产业。

赛迪研究院副院长乔标表示，当前中国科技创新与新兴产业高速发展，新科技产业发展课题意义重大。中国新科技产业快速孕育发展，技术交叉融合加快，很多产业已经步入大规模产业化和商业化时期。与此同时，数据已成为当今最关键的生产要素，互联网成为无论是工业发展还是人民生活都离不开的重要基础设施，智能化的生产、生活和消费已经成为主流，技术创新周期大幅缩短。同时，大国博弈愈趋激烈，在此背景下最有可能对国家发展造成限制的还是信息技术。为此，新科技产业的隐形冠军企业应牢牢把握新一轮产业竞争的主动权，实现产业集群化发展，突破技术材料设备的封锁。

惠华基金规划研究部总经理张珺表示，新基建，比如算法、算力，还有数据安全、网络安全，是应对未来机遇与挑战的重要因素，也是国家军民融合产业投资基金管理机构与惠华基金整体前瞻规划的重要对象。未来，需要高度重视新兴科技的与时俱进和领域拓展。

赵白鸽在总结中表示，对新科技产业的关注、研究与探讨在当前的时代背景中十分重要，与会企业以及产业、行业成员的积极建言献策对于促进我国新科技产业发展有着建设性作用。面向2035年，未来14年是我国从全面建成小康社会向基本实现社会主义现代化迈进的关键时期，也是实现跻身创新型国家前列目标的重要阶段，在中国实现经济转型升级的过程中，高新技术产业将成为有力支撑。蓝迪国际智库将充分发挥平台资源整合的力量，促进企业间的联动、企业和金融机构的联动，以及企业和重点政府部门的联动。此次会议为与会各方的互助联动搭建了平台，希望这种高效联动在今后成为常态，持续推动中国高新技术产业发展，共同为中国经济走向新辉煌而努力。

（二）污染治理 参与主办生态塑料产业发展专题研讨会

为深入贯彻习近平生态文明思想，引导社会各界牢固树立新发展理念，有力有序有效治理白色污染，助力建设美丽中国，2020年，国家发展改革委、生态环境部印发了《关于进一步加强塑料污染治理的意见》，为我国白色污染防治指明了方向。在此基础上，国家九部门又联合发布了《关于扎实推进塑料污染治理工作的通知》，系列政策的出台翻开了我国开展塑料污染治理行动的崭新篇章。

安徽省委省政府高度重视全球塑料治理与生态塑料产业发展问题，发掘和培育了地方政府在推进塑料污染治理方面的成功案例。宿州市作为安徽省生态塑料产业化示范基地，率先在这方面进行创新和实践。宿州拥有耕地面积860万亩，农用地膜覆盖面积已达115余万亩，每年地膜使用量6000吨。大量废弃地膜留在土壤中无法降解，污染了土壤，降低了耕地质量，造成农作物减产，危害农作物产品质量安全。为切实解决白色污染对农村生态环境的严重破坏，改善生态环境质量，实现农村经济的绿色可持续发展，宿州市委市政府将治理农村白色污染、修复农业生态功能纳入宿州市"十四五"发展规划内容。率先出台了《关于推进农业地膜等领域生态塑料产业发展的指导意见》及一系列配套措施，以宿马园区生态环保塑料产业园为抓手，在全省率先打响治理"白色污染"战役。两年来，共实现40万亩可降解生态地膜示范推广项目，取得了较好的效果，有效地解决了农业"白色污染"所带来的环保压力，残膜污染治理"宿州模式"已基本形成。

为推动我国环保产业发展，创新塑料污染治理模式，中国社会科学院"一带一路"国际智库、中国产学研合作促进会、中国基本建设优化研究会、蓝迪国际智库、中国生产力促进中心协会绿色生产力工作委员会于2021年1月16日在北京组织召开生态塑料产业发展专题研讨会。本次研讨会邀请了国家相关部门领导和专家学者参会，旨在探讨宿州市残膜污染治理技术的科学性和推广的可行性，研究宿州模式的成功经验和存在的问题，进一步从生态塑料产业发展及模式出发，形成对农村和农业政策的研究建议。本次会议由蓝迪国际智库专家委员会主席赵白鸽主持。国务院研究发展中心农村经济研究部原部长、中国基本建设优化研究会党委书记徐小青，重庆市原市长、蓝迪国际智库专家委员会联合主席黄奇帆在此次会议中做重要发言。

本次会议首先由宿州市委副书记余向东详细介绍了残膜污染治理的"宿州模式"。在此基础上，由中国环科院原副院长、总工程师，中国生物基材料及降解塑料专委会原主任委员夏青，十二届全国政协经济委员会副主任、全国政协参政议政人才库特聘专家、中国产学研合作促进会副会长石军，农业部信息专家组组长、博士生导师，中国农业科学院宏观研究室原主任梅方权，国家发展改革委农经司原副司长、清华大学农村发展研究院教授方言，国务院发展研究中心研究员、中国发展研究基金会副秘书长程会强，农业部全国农技推广总站原首席专家、中国农用塑料应用技术学会原会长张真和，中国农业大学原副校长张建华，中国塑料加工工业协会副会长曹俭等评审委员会专家围绕此技术展开分析与研讨。

余向东指出，中央文件明确提出全面实施秸秆综合利用和农膜、农药包装物回收行动，加强可降解农膜研发推广。在探索推进农业农村现代化进程中，抓农业既要靠产量更要看质量，既要算清当前的经济效益，更要考虑长远的生态效益。特别是在"种、肥、药、膜"四大农业要素中，传统地膜降解难、回收贵、污染大、危害久，影响农业的可持续发展。为此，宿州重点把培育推广生态塑料产业作为农业生产的先手棋、农村环境整治的切入口，不等不靠，先行先试，在全省率先打响治理白色污染战役，努力促进农业高质高效、乡村宜居宜业。其中的关键一环是 2018 年 6 月将蓝迪国际智库平台企业山东天壮环保科技有限公司引入宿马园区生态环保塑料产业园，生产厂区占地 7 万平方米，2019 年 12 月项目一期生产线运行，引进的是国内最先进的生态塑料生产线。项目达产后年总产能 30 万吨、销售收入 80 亿元，可满足华东地区生态地膜市场需求。

下一步宿州将重点抓好三个环节。一是聚焦研究环节。协助天壮等企业抓紧对接国内权威机构、权威专家，尽快完成生态地膜应用成果技术鉴定，重点对生态地膜降解后的土壤、残膜残留等进行全面检测和科学论证，为推广应用该项技术奠定坚实基础。二是聚焦生产环节。建立生态塑料产业项目库，加大宿马园区生态环保塑料产业园上下游配套，逐步扩大生态塑料制品门类，通过政府引导、基金支持、龙头企业带动，加快形成生态塑料全产业链。积极争取上级政策性资金，争取国家鼓励循环利用资源、绿色制造、绿色消费、绿色采购等优惠政策。三是聚焦推广环节，分行业、分种类、分阶段逐步扩大环保生态塑料制品的使用范围，帮助企业不断开拓市场。

对此，夏青表示宿州率先在国内开展残膜污染治理的先行先试极具创新性和执行魄力，他建议：第一，切实加大推广应用支持力度，全国可以成立生态塑料发展基金，着力支持生态塑料技术创新，选择 10 个甚至更多城市或园区复制宿州模式；第二，应尽快制定生态塑料国家标准，现在推行的可降解塑料袋运用的依然是欧洲的堆肥生态塑料系列标准，需要成立制定新的生态塑料标准的标委会，全面解决标准问题；第三，要进一步加强市场监管。

石军建议，第一，国家发展改革委、科技部等有关部门应该抓紧确认生态塑料技术的成熟性；第二，国家发展改革委等有关部委特别是农业农村部、工信部应抓紧确认生态塑料应用的成功性；第三，建议国家标准委等部委抓紧制定出台生态塑料的国家标准。

梅方权指出，一个新兴产业的发展，最重要的是抓住两点，即科技创新和金融支持。实现生态塑料产业科技创新突破，只靠宿州来做还不够，应该由国家主管部门大力推动，并制定相应的政策。实现金融支持不仅在于政府，而且要有市场化的金融支持。

方言认为，第一，要正确认识科技成果双刃剑的作用；第二，中国的农业没有完全成为商品经济，在这种情况下成本控制很重要，有了技术突破，有了方向，下一步就是要算好控制成本的经济账；第三，政府需要积极引导参与，加强农膜后期的使用管理；第四，要充分调动农业推广部门和农民本身的积极性；第五，对企业要实施适时适当的政策激励和资金激励，充分发挥企业作为市场主体的重要作用。

结合宿州政府的成功实践，程会强认为地方政府在新技术推广的市场战略中要抓三点：第一，在战略层面，要制定提升战略、延伸战略、品牌战略、替代战略；第二，土壤治理与粮食安全、耕地保障密切相关，应将其提升到国家战略规划高度来进行考虑；第三，加大基金扶持力度，如争取已有国家绿色发展基金、可再生能源发展基金等的支持，亦可建议国家设立塑料污染治理专项基金。

在国际市场的拓展方面，张陆彪表示生态塑料产业拥有潜力巨大的国际市场，塑料污染治理创新技术将得到世界人民的认可和支持，因此要注重国际市场的开发拓展。建立农业对外合作实验区，推动可降解生态地膜走向海外是宿州市政府可进一步思考和设计的战略。

在总结发言时，黄奇帆表示，塑料污染治理创新技术，是一个基础性、结构性、涉及面很广的国际研发前沿问题，是一个具有全球普遍意义的重要课题。在这个重大课题里，最重要的地区就是农村地区。中国农村有四个瓶颈问题：种子、肥料、农药和薄膜。薄膜应用不够，将使农产品产量增长受限，而薄膜用量过度将造成白色污染，因此生态塑料地膜具有十分重要的意义。而作为企业，最重要的功能一是科研创新、发明创造，这是自立自强核心竞争力的问题；二是科研成果产业化，形成批量、规模、生产基地；三是推广宣传；四是要经得起实践检验。在新兴技术成果转化落地的过程中，地方政府和国家部委要与企业协同联动，尽快推动制定国家生态塑料生产标准，同时由农业农村部牵头在全国范围内筛选宿州以外的其他试点城市，在全国范围内推开这一工作。

　　宿州市委书记史翔对专家精彩、细致的评审论证深表感谢，与会专家对宿州市政府和企业合作的理解、鼓励甚至包容为宿州市政府和企业带来了极大的信心和动力。研产可降解生态地膜是一个全新的事物，希望宿州能为这项技术的应用和成果转化提供平台，期待这项技术能以宿州为起点，走向世界、造福人类。

　　会议之后，蓝迪国际智库形成了《关于生态塑料产业发展专题研讨会的报告》，详细分析了"宿州模式"，即宿州市政府逐步形成了"七措并举"的推进方式：一是确立生态塑料产业发展目标；二是制定扶持政策和措施；三是筹建生态塑料研究院；四是建设产能基地；五是设立城乡"脱白"服务中心；六是搞好售后服务；七是整顿市场秩序。同时，宿州还初步建立了标准、研发、生产、销售、服务、监管等六套应用体系。该报告得到了中央有关领导的高度重视。

第四章　积极参与"一带一路"国际合作

在百年未有大变局之下，中国正前所未有地走近世界舞台的中央，国际变量与中国的互动也出现了前所未有的频繁态势。激烈的大国博弈决定了智库必须加强对外沟通，讲述中国故事，释放中国声音，讲清中国道理，进而为提升中国的国际话语权、参与全球治理、推动构建国际社会新格局贡献智库力量。

习近平总书记自 2013 年 4 月首次就建设中国特色新型智库做出重要批示以来，又数次强调智库对增强我国国际影响力、提升国际话语权的重要作用。2015 年 1 月，中办、国办联合发布《关于加强中国特色新型智库建设的意见》，更是提出到 2020 年要"重点建设一批具有较大影响力和国际知名度的高端智库"的总体目标。然而，目前中国智库尚未形成走出国门的全球组织力、国际感召力、影响国际进程的话语塑造力以及参与国际组织的人才输送力。建设国际知名智库，中国仍任重道远。

智库人需要敢为人先，勇于解放思想，大胆地在知识生产、建言献策上走在决策者之先，走在国际博弈与解决全球困局的思想前沿。自成立以来，我们以"一带一路"倡议为载体，积极建构全球国际网络，不断提升自身的全球资源组织力、国际话语权影响力，不断拓展世界优秀人才库，力争站在全球层面上思考与互动，从而为中国参与全球治理，为国家深化改革营造有利的国外环境。"一带一路"建设是构建新型国际关系和实现人类命运共同体的载体，2021 年是中国和巴基斯坦建交 70 周年，我们深度参与了中巴建交 70 周年系列活动；在大国关系方面，我们积极追踪国际热点前沿资讯，完成《理解美中脱钩》《非对称竞争》《克制战略》等重要文件的翻译和应对策略分析；与此同时，蓝迪也通过与斯里兰卡驻华大使科霍纳的会谈、出席阿富汗纳乌鲁兹节庆祝活动等，不断推进新的国际合作关系的建立。

一　中国—巴基斯坦建交 70 周年系列活动

（一）盛事启动　出席中国—巴基斯坦建交 70 周年庆祝活动启动仪式

在中国与巴基斯坦建交 70 周年这一具有重要历史意义的关键时间节点，为进一步加强中巴全天候战略合作伙伴关系，推进中巴经济走廊高质量建设，打造新时代更加紧密的中巴命运共同体，2021 年 3 月 2 日，由中华人民共和国外交部、巴基斯坦驻华大使馆共同主办的中巴建交 70 周年庆祝活动启动仪式召开，中巴双方共同发布了庆祝活动徽标，拉开了 2021 年中巴建交系列活动的序幕。

王毅部长与莫因·哈克大使在活动中亲切交谈

巴基斯坦外交部部长沙哈·马哈茂德·库雷希（线上），中华人民共和国国务委员、国务院党组成员，外交部部长王毅，巴基斯坦驻华大使莫因·哈克阁下，中国驻巴基斯坦大使农融（线上），十二届全国人大外事委员会副主任委员、中国社会科学院"一带一路"国际智库专家委员会主席、蓝迪国际智库专家委员会主席赵白鸽，联合国前副秘书长、中巴友好协会会长、蓝迪国际智库专家委员会委员沙祖康，中国驻巴基斯坦前大使陆树林、周刚，巴基斯坦驻华使馆副馆长艾哈迈德·法鲁克，多位中央部委、军委军合办领导人，川、鄂、疆等省和自治区及央企领导人，巴基斯坦驻华大使馆代表、媒体代表受邀出席此次活动。

巴基斯坦驻华使馆政治参赞玛利亚姆、公使衔参赞艾哈迈德·法鲁克，
蓝迪国际智库专家委员会委员沙祖康、赵白鸽主任、巴基斯坦驻华使馆
一等秘书穆瑞于启动仪式现场合影留念

在此次启动仪式中，中华人民共和国外交部部长王毅、巴基斯坦外交部部长沙哈·马哈茂德·库雷希作为主宾发表致辞。

王毅表示，中巴要坚持互利共赢，坚定推进中巴经济走廊建设，打造合作新增长点，让中巴合作发展成果更好惠及两国人民。双方要传承世代友

外交部新闻发言人赵立坚、赵白鸽主任与巴基斯坦驻华使馆
国防公使沙希德·阿夫萨于启动仪式现场合影留念

好，推动两国社会各界尤其是青年一代，更加踊跃地参与中巴友好交流活动，不断增进两国人民的了解和友谊，不断壮大传承中巴友好的新兴力量。双方要践行多边主义，坚定地为解决地区热点问题，推进国际反恐合作，乃至构建人类命运共同体做出新的贡献。

库雷希盛赞中国发展成就和巴中合作丰硕成果，表示中国创造了经济和社会发展奇迹，8 亿多人成功脱贫，这是人类历史上前所未有的壮举。70 年来，巴中战略和政治合作愈加紧密，务实合作、人文交流不断深化。巴中全天候战略合作伙伴关系已成为地区和平、稳定与发展的"压舱石"。巴方坚定奉行一个中国政策，坚定支持"一带一路"倡议，坚定相信中巴经济走廊必将成为"一带一路"高质量发展的示范项目。之后，双方外长与中国驻巴基斯坦大使农融，巴基斯坦驻华大使莫因·哈克携手按下象征着中巴友谊纯洁、坚韧的水晶球，共同发布庆祝活动徽标。

在新型全球化与"一带一路"倡议背景下，中国社会科学院"一带一路"国际智库、蓝迪国际智库汇聚中巴两国政府智库、学界及企业等各领域专家学者的力量，聚焦中巴经济走廊建设所涉及的国际热点和关切议题，充分发挥咨政建言、理论创新、舆论引导、社会服务、公共外交等重要功能，积极组织开展高层交往、智库研讨、能力建设和专题研究，向中央建言献策，并对中国企业开拓巴基斯坦市场起到了指导作用。与此同时，我们高度重视创新中巴对话协商机制，充分发挥智库在国际战略合作中联系政、产、学、研，便于信息沟通和思路引导的优势，秉持"共商、共建、共享"重大原则，搭建起了新疆克拉玛依论坛和中巴经济走廊高峰论坛两大创新务实合作平台，充分整合了中巴两国信息、资金、人力、项目、公共关系等资源，建立起了跨区域、跨部门、跨领域的专业化团队和机制，最大限度地推动各类项目的成果转化、效果提升和价值实现。

作为新型应用型智库，蓝迪始终牢牢把握中巴企业合作对促进巴方经济社会发展、强化双边互信、提升中巴合作承载能力和配合能力的重要性，践行中央—地方互动的有效机制，深化政府—企业联动的建设思路，探索政府—市场—社会—智库相结合的服务模式，整合多方资源，建立了完整的法律、培训、标准等服务体系，切实解决企业在"走出去"过程中遇到的实际困难，成功引导和助推了中国企业参与中巴经济走廊建设。

2021年，蓝迪国际智库持续拓展中巴项目合作，以点带线、以线带面，深挖中巴合作更大潜能，助力两国经贸合作在新发展阶段获得更充分的优质资源以及更多样化的发展机会，与蓝迪平台企业和合作机构整合共享资源，发展智库平台优势，讲好中巴故事，助力中巴"民心相通"核心工程效能最大化。

（二）深入企业　蓝迪团队与巴基斯坦驻华大使莫因·哈克共同调研武汉企业

在中巴建交70周年之际，2021年4月6日，受巴基斯坦驻华大使馆的邀请，中国社会科学院"一带一路"国际智库、蓝迪国际智库专家委员会主席赵白鸽与巴基斯坦驻华大使莫因·哈克一行共同调研湖北武汉中国能建葛洲坝集团。中国能建葛洲坝集团董事长陈晓华、副总经理邓银启陪同调研。

赵白鸽主任与巴基斯坦驻华大使莫因·哈克、葛洲坝集团董事长陈晓华
合影留念

中国能建葛洲坝集团是中国能源建设集团的核心企业，因建设葛洲坝水利水电枢纽工程而得名，因建设三峡工程而扬名。经过50年发展，公司由一家传统建筑施工企业发展成为承包投资双轮驱动、国际国内协调发展、工业制造转型升级、金融贸易行稳致远的具有较强国际竞争力的企业集团。

在调研座谈中，陈晓华董事长首先对莫因·哈克阁下、赵白鸽主任一行来访表示热烈欢迎，并介绍了中国能建葛洲坝集团的基本情况和在巴业务发展情况。他表示，中国能建葛洲坝集团因兴建万里长江第一坝葛洲坝而诞生，是举世瞩目的长江三峡工程建设的主力军。公司具有40多年国际从业经验，海外业务形成了以国际公司引领统筹，工程承包、投资、贸易和管理咨询四大业务协同发展的"1＋4"战略格局。建立了六大海外区域总部，在全球设有 99 个海外分支机构，业务遍及 142 个国家和地区。

　　陈晓华表示，中巴两国山水相依，两国人民友谊源远流长。自 2003 年进入巴基斯坦以来，中国能建葛洲坝集团建设了包括 NJ 水电站、SK 水电站、吉姆普尔风电等一批有影响力的项目，巴基斯坦已成为中国能建葛洲坝集团重要的战略市场。陈晓华感谢巴方为中方企业和员工在巴发展提供便利。作为中方参与国际产能合作的领军企业，中国能建葛洲坝集团愿担当两国人民友谊的使者，充分发挥投融建营一体化和全产业链协同优势，深度融入中巴两国合作大局，积极拓展合作领域，为巴基斯坦经济社会发展和民生改善做出新的更大贡献。

　　莫因·哈克阁下对英雄的湖北人民、武汉人民表示敬意，对中国能建葛洲坝集团为巴基斯坦发展做出的突出贡献表示感谢。他表示，为推动国民经济发展，改善民生福祉，巴基斯坦正在进行进出口、工业化、金融体系等一系列改革，重点聚焦农业、环保、住房、旅游四大领域，全力推进实施农业专业化、生态环保建设、住房改善、旅游开发，持续推进中巴经济走廊建设，为包括中国能建葛洲坝集团在内的中方企业提供了新的机遇。巴中两国是守望相助、患难与共的全天候战略合作伙伴。中国能建葛洲坝集团投资建设的一大批重要项目，对推动巴基斯坦经济发展、促进就业发挥了重要作用。期待中国能建葛洲坝集团继续深度参与中巴经济走廊建设，为巴中友谊续写新的篇章。

　　赵白鸽主任在座谈中表示，巴基斯坦是共建"一带一路"的重要节点国家，长期以来面临电力短缺的难题，制约了经济社会的发展。中国能建葛洲坝集团以巴基斯坦水电站项目建设为契机，为巴基斯坦开发水利水电、发展清洁能源、改善当地民生发挥了积极作用，为中巴互联互通做出了重大的贡献。在未来发展过程中，要注重研究、分析巴基斯坦近几年宏观经济形势的发展趋势，总结研判电力行业发展的新形势、新特点，从而为中国能建葛洲坝集团工程承包和投资提供参考依据。与此同时，赵白鸽主任表示，节能环保是巴基斯坦政府高度关注的领域之一。中能建葛洲坝集团可充分发挥自身

赵白鸽主任与巴基斯坦驻华大使莫因·哈克在调研期间
与中国能建葛洲坝集团有关领导举行会谈

优势在水环境治理与土壤修复、环保装备制造、垃圾回收发电等方面发挥作用。

中巴经济走廊建设已进入高质量发展的新阶段，加强中巴两国医疗卫生领域的交流合作对于推进中巴命运共同体和卫生健康共同体建设具有重要意义。2021年4月7日，莫因·哈克大使与赵白鸽一行专程到访蓝迪平台企业武汉兰丁智能医学股份有限公司，就武汉兰丁人工智能宫颈癌筛查技术进行深入考察，并围绕"中巴经济走廊人工智能宫颈癌筛查项目国际合作"召开专题研讨会。

在兰丁公司孙小蓉董事长的陪同下，莫因·哈克阁下首先参观了武汉兰丁人工智能宫颈癌筛查实验室。孙小蓉董事长在介绍中表示，20年来，兰丁公司一直致力于高发肿瘤细胞早期检测，尤其专注于宫颈癌筛查，在检验分析诊断技术研发、设备仪器研制、服务应用管理等领域做出了一系列原创性创新。得到中国CFDA、美国FDA、欧洲CE等权威机构认证，在国内29个省市及印度尼西亚、马来西亚等国广泛应用，积累了上千万例宫颈细胞病理

巴基斯坦驻华大使莫因·哈克、蓝迪国际智库专家委员会主席赵白鸽一行
考察蓝迪国际智库平台企业武汉兰丁公司

样本产生的万亿级的海量数据和城乡筛查的丰富经验，兰丁人工智能宫颈癌筛查云诊断平台每天都在为国内外妇女宫颈癌筛查提供高标准的诊断服务，年检测诊断量超过 200 万例。目前，兰丁公司全速构建数字化细胞病理诊断全覆盖平台，着力实现细胞病理人工智能诊断云端化、显微扫描物联化、数据传输 5G 化、初级诊断 AI 化、专家复诊互联网化、质控管理云平台化，为大规模、高效率、低成本筛查细胞病理创新一条可行的路径。

蓝迪国际智库专家委员会主席赵白鸽在主持研讨会时表示，兰丁公司的技术和产品在国内外的成功应用和实践与以下要素密不可分：一是武汉兰丁公司的人工智能宫颈癌筛查技术实现了全流程数字化，基于大数据研发的人工智能云诊断平台解决了基层宫颈癌筛查缺技术、缺人才和项目执行能力差的难题，开创了在基层进行低成本、高质量宫颈癌筛查服务的实践；二是湖北省委省政府高度关注妇女民生，重视贫困妇女健康，大力实施贫困妇女宫颈癌和乳腺癌筛查项目，并在资金、政策上予以大力支持，积极将人工智能、云诊断、大数据等新兴技术运用到宫颈癌检查项目中，解决基层筛查缺乏细胞病理专业人才的问题，提高了检测质量和工作效率；三是建立紧密高

中巴经济走廊人工智能宫颈癌筛查项目国际合作专题研讨会现场

效的"政府＋企业＋社会组织"的协调合作机制，实现了政企联动、分工合作、相互配合、共同实施，开创了具有湖北省特色的"两癌"检查模式。

蓝迪国际智库专家委员会主席赵白鸽主持座谈会

莫因·哈克大使表示，在兰丁公司的参观让人印象深刻，他看到了兰丁公司为改善妇女健康所做出的努力和取得的非凡成就，也看到了中国政府对于妇女健康事业的巨大投入，以及湖北省妇联、省卫健委卓有成效的工作。莫因·哈克大使表示，在"两癌"筛查方面缺少专业技术人员和专业实验室，是很多发展中国家面临的问题，中国先进的人工智能宫颈癌筛查技术将对解决这一难题起到巨大作用。巴基斯坦政府非常关注妇女健康事业，十分支持人工智能宫颈癌筛查项目的实施，该项目将为促进巴基斯坦女性健康提供重要帮助，尤其是对于贫困地区。大使馆将指定专门机构和联络人与兰丁公司对接，并积极与巴基斯坦各方面进行联络，以最快的速度协调巴基斯坦最优秀的医院和专家资源落实这一项目，为项目顺利推进提供全力支持。

莫因·哈克大使对兰丁公司人工智能宫颈癌筛查技术表示赞许

蓝迪国际智库自成立以来，通过建立法律服务、政策研究、技术标准、信息服务、金融支持、文化与品牌、能力建设七大专业服务组，引领企业抱团出海，为平台企业参与中巴经济走廊建设提供了大量系统性的服务和支持。

（三）庆祝建交　出席中国—巴基斯坦建交70周年招待会

1951年5月21日，中巴两国正式建立外交关系。巴基斯坦是最早承认新中国的国家之一，也是首个同新中国建立外交关系的伊斯兰国家。2021年恰逢中国与巴基斯坦建交70周年，5月21日，中国人民对外友好协会与巴基斯坦驻华大使馆在钓鱼台国宾馆共同举办庆祝中国—巴基斯坦建交70周年招待会。中华人民共和国副主席王岐山出席招待会并致辞。中国人民对外友协林松添会长主持招待会。十三届全国人大宪法和法律委员会主任委员、全国中巴友好小组组长李飞，国家国际发展合作署署长罗照辉，中联部副部长陈洲，商务部副部长张向晨，外交部部长助理吴江浩，中央军委军合办副主任张保群等与巴基斯坦驻华大使莫因·哈克以及其他国家驻华使节代表240余人出席。

中华人民共和国副主席王岐山出席招待会并致辞

值此具有重要意义的历史性时刻，中国社会科学院"一带一路"国际智库、蓝迪国际智库专家委员会主席赵白鸽，蓝迪国际智库专家委员会委员、中巴友好协会会长、联合国前副秘书长沙祖康和中国华夏文化遗产基金会会长耿莹，以及蓝迪国际智库平台企业葛洲坝国际公司董事长吕泽翔、中国土木工程集团有限公司总经理陈思昌、中国电科总经理田耀斌、中国基本建设优化研究会会长孙晓洲、中国土木工程集团巴基斯坦公司总经理王超柱、广联达科技股份有限公司高级副总裁刘谦、中国经济网总编辑崔军受邀出席此次建交招待会，共庆中巴友谊万古长青。

中国社会科学院"一带一路"国际智库、蓝迪国际智库在参与高质量共

参加中巴建交 70 周年的中外代表：赵白鸽主任、陈思昌总经理、
孙晓洲秘书长、刘谦副总裁、田耀斌总经理、吕泽翔董事长
与巴基斯坦驻华大使莫因·哈克合影留念

建"一带一路"的过程中高度关注产业、企业和项目的对接合作，对第四次
工业革命过程中涌现出来的新兴技术企业和隐形冠军企业进行了"挖掘、培
育、推介"等系列工作，经过多年积累，目前蓝迪平台企业已覆盖人工智
能、智能制造、智慧城市、基建与新基建、能源与新能源、医疗健康、环
保、教育、农业及食品加工、文旅等高新技术产业和民生产业，同时，智库
建立了与中联部"一带一路"国际智库合作联盟、中国人民对外友好协会、
中国国际商会等国内机构，以及与欧盟、上合组织、中东欧"17＋1"、
RCEP 成员国的国际合作机构和各国驻华使馆的密切联系，通过组织国内外
政府、企业、投资机构和智库的交流活动，为平台企业寻求"一带一路"共
建机遇和市场，并为有效防控国际业务风险及建立可持续发展的国际合作关
系提供智力支持。

在探寻与企业合作的最佳路径过程中，蓝迪企业平台已形成由法律服
务、政策研究、技术标准、信息服务、金融支持、文化与品牌、能力建设七
大核心要素组成的企业服务体系，极大地助力企业的资源优化配置和能力建

设，帮助企业开展产业链协同和跨界融合，支持企业融入国家发展战略，参与各地方的产业优化升级，协助更多企业获得资金、技术和市场空间，引导更多企业参与"一带一路"建设，为我国双循环格局构建、重大科技创新和产业升级、区域经济发展和高质量共建"一带一路"等做出贡献。

（四）妇女赋能　出席促进妇女减贫赋能　深化中巴友谊合作中巴妇女论坛

2021 年，中国和巴基斯坦迎来了建交 70 周年的历史性时刻。回顾 70 年间中巴两国友好交往的历史，离不开两国历代国家领导人的远见卓识和精心关怀，也得益于两国政府和人民之间持之以恒的信任和支持。正是在这种继承和发扬中，在友好合作的共识氛围里，两国人民始终相互理解、相互尊重、相互支持，树立了国际合作的标杆与典范。

蓝迪国际智库专家委员会主席赵白鸽与巴基斯坦驻华大使莫因·哈克，
民建中央副主席、云南省主委，云南省政协副主席高峰于会前交流讨论

5月25日，以"促进妇女减贫赋能 深化中巴友谊合作"为主题的中巴妇女论坛在昆明以线上线下相结合的形式举行。论坛由中华全国妇女联合会、全巴基斯坦妇女协会主办，云南省妇女联合会、巴基斯坦驻华大使馆承办，旨在庆贺中巴建交70周年，深化中巴传统友谊，推动云南省与巴基斯坦的交流合作，特别是妇女事业合作，促进妇女在减贫和发展中发挥更大作用。全国妇联副主席、书记处书记夏杰，云南省政协副主席高峰，巴基斯坦驻华大使莫因·哈克出席活动并致辞。全巴基斯坦妇女协会主席希达悦杜拉、巴基斯坦人权部部长希琳·玛扎里在线上为活动致辞。

中国社会科学院"一带一路"国际智库、蓝迪国际智库专家委员主席赵白鸽受邀在论坛现场发表题为"加强中巴妇女减贫赋能合作 筑牢新时代中巴命运共同体"的主旨演讲。

赵白鸽指出，在21世纪，如果女性能够真正从社会、经济、政治、法律及个人发展各个层面获得权利、尊重和力量，能够自主地从自身利益角度做出选择和决定，那么就是整个时代和全人类超越历史的重大进步。妇女全面赋权的要义是生存和经济发展权，而在14亿人口大国所实施的扶贫战略是对妇女全面赋权的重要实践。放眼全球，男女性别不平等的问题仍然深深植根于很多国家和地区，妇女无法获得体面的工作，面临职业隔离和同工不同酬的困难，甚至在很多情况下，无法获得基础教育和医疗保健。如果女性得不到来自国际社会、各国政府充足的关爱和重视，女性的生存状态得不到提升和改善，整个经济社会的可持续发展与跨越性进步就无从谈起。中国政府扶贫脱贫全面胜利的关键就在于坚持以人民为中心，一切为了人民，一切依靠人民，发展为了人民，发展成果由人民共享，这其中女性就是极为重要的一支力量。

赵白鸽表示，要真正实现女性赋能，第一，就要对女性在社会、经济、政治、法律及个人发展权利方面予以政策的支持，确保妇女能全面有效参与各级政治、经济和公共社会的决策，并享有能够进入各层级决策领导层的平等机会。第二，要将妇女能力的提高与创业、就业结合起来，在能力提高的基础上创业或就业，在创业、就业的过程中进一步提高专业能力，二者相辅相成，在鼓励妇女创业、就业的过程中既要关注传统的优势产业，如农业、纺织业、渔业、农产品加工业等，更要高度关注第四次工业革命中涌现的新兴技术产业。第三，帮助中巴两国妇女提升专业能力从而适应社会发展需要的根本途径是教育，这其中包括：一是实现教育公平，保障女性平等受教育的权利；二是优化教育环境，完善从幼儿园到义务教育，从职业技能学校到高校的教育体系；三是有针对性地开展专业技术培训和联合技能培训。第四，中巴双方要互相关注、探索对方城市和地区的历史文化、民族宗教及自然多样性，挖掘"小而美"的特色产业以带动周边贫困妇女脱贫致富。

为进一步促进妇女减贫赋能，深化中巴友谊合作，赵白鸽提出以下三点建议。第一，要建立云南省与巴基斯坦政府机构、妇联组织的对话合作机制，结合重点合作领域成立专项工作小组，打造一批具有鲜明特色的妇女扶贫品牌项目和扶贫赋能平台，深化双方在经济贸易、项目投资等领域的合作。第二，以云南为基地，以"消除贫困与妇女经济赋权"国际妇女研修班为重要抓手，联合培养巴方潜在的优秀女性青年，尤其是"80后""90后"的年轻一代，以及巴基斯坦女性精英领袖、女企业家，为中巴妇女减贫合作储备人力资源，加强人员往来。第三，重视引导中巴双方的民营企业参与妇女减贫合作，拓宽商业化渠道，充分发挥民营企业，尤其是科技创新型企业在减少妇女因病致贫、促进妇女就业脱贫、增进妇女生活福祉方面的重要作用。

习近平总书记大力倡导的"人类命运共同体"理念是实现"每一个人自由而全面的发展"。在这一发展过程中，女性绝不能掉队，更不能缺席。中国的脱贫成绩属于中国，也属于全人类。中国社会科学院"一带一路"国际智库、蓝迪国际智库作为新型应用型智库，一方面可以充分发挥"思想库"的职能，以召开中巴妇女扶贫减贫研讨会、组织巴方人员实地考察调研等方式，与巴基斯坦分享中国治国理政、扶贫减贫的成功案例，结合巴基斯坦实际，总结出有针对性、可复制推广的重要经验；另一方面可以充分调动平台内优秀的民企资源，推动中巴之间 B2B 的多领域合作，以项目对接带动妇女就业脱贫。

在总结时赵白鸽指出，中国社会科学院"一带一路"国际智库、蓝迪国际智库将发挥桥梁纽带作用，为消除贫困、实现联合国 2030 年可持续发展目标提供力所能及的帮助，为各国人民过上更美好的生活、推动世界人权进步做出自己的贡献。

（五）产业合作　主办中巴经济走廊产业合作与产业园区建设专题研讨会

2021 年 7 月 2 日，中国社会科学院"一带一路"国际智库、蓝迪国际智库在北京主办中巴经济走廊产业合作与产业园区建设专题研讨会，与会嘉宾围绕中巴经济走廊发展重点、项目建设、产业合作等领域展开讨论。与会嘉宾普遍认为，中巴产业合作前景广阔，但亟须搭建沟通交流的平台，帮助中国企业解决投资过程中遇到的问题，推动更多产业项目在巴基斯坦落地。

此次研讨会以"需求导向""问题导向""项目导向""结果导向"为原则，邀请了巴基斯坦驻华大使和使馆参赞、国家发展和改革委员会国际合作司、推进"一带一路"建设工作领导小组办公室对外事务协调推进组有关领导，以及涉及基础设施建设、高端装配制造、新材料、新能源等领域的企业代表参加，旨在促进中巴双方展开深入交流，梳理彼此需求，找准契合领域，研究具体项目，尽快推动相关合作项目落地生根，助推巴基斯坦国家工业发展水平提升和经济产业结构转型，深化中巴经济贸易合作。

赵白鸽表示，近年来，在中巴两国政府的关注和支持下，中巴经济走廊建设取得了实质性成果。当前，中巴经济走廊已步入高质量发展的新阶段，产业合作与产业园区建设将为中巴经济走廊的可持续发展注入新的动力。下一步，应打造产业集群，培养产业技术人才，实现经济跨越式发展。蓝迪国

应雄出席此次会议并做发言

际智库能够整合专家、企业资源，对接产业项目，为中巴经济走廊建设提供
智力支持。

巴基斯坦驻华大使莫因·哈克为会议致辞

巴基斯坦驻华大使莫因·哈克在致辞中表示，中国是巴基斯坦最大的贸
易伙伴和最大的直接外商投资来源国，中巴经济走廊也是"一带一路"建设

中的重大项目。巴基斯坦地理位置优越，人口红利巨大，中产阶级不断壮大，消费市场不断繁荣，各行各业充满发展机遇，是一个极佳的投资目的国。巴基斯坦高度重视中巴经济走廊发展，非常欢迎中国企业和投资者到巴投资兴业。莫因·哈克表示，巴基斯坦目前完成了基础设施、能源、港口等方面的基本建设，下一阶段将关注产业集群建设、科技发展与职业教育等方面的问题。未来，巴基斯坦将继续维护中国企业和投资者在巴基斯坦的合法权益，学习中国现代化经验，谱写中巴关系新篇章。

新冠肺炎疫情发生后，面对前所未有的挑战，中巴员工同心协力、众志成城，中巴经济走廊逆势飘红，成为共建"一带一路"的一面旗帜。谈到全面开启中巴产业合作的新局面，与会嘉宾建议：一是产业合作要坚持市场化、商业化原则，巴基斯坦要不断优化营商环境；二是巴方应制定一个招商引资的政策清单，为投资企业提供政策指引；三是成立中巴经济走廊企业联盟，发挥平台力量，解决企业投资经营过程中遇到的问题。

巴基斯坦驻华使馆参赞巴达尔·乌·扎满曼详细介绍
中巴经济走廊发展重点与发展需求

巴基斯坦驻华使馆参赞巴达尔·乌·扎满曼详细介绍了中巴经济走廊建

设中纺织、钢铁、能源、电子等产业的发展重点与发展需求，并表示将把企业提出的问题反馈至巴政府，推动相关问题得到解决。

此外，来自中国土木工程集团、中国电子科技集团、广联达科技股份有限公司、浙江华章科技有限公司、中基香港东时公司、道明光学股份有限公司、山东五征集团有限公司、海尔集团、中车资阳公司的代表也分别介绍了在巴基斯坦的建设项目，并提出相关建议，如加大税收优惠力度，优化结汇、物流等服务，加强人身财产安全保障与自然灾害防范等。

中国土木工程集团总经理陈思昌在会上发言

中国土木工程集团有限公司（中土集团）总经理、党委副书记陈思昌表示，当前，中巴经济走廊建设重点已转向产业、产能方面的合作。中土集团希望能够进一步发挥集团在海外自贸区和产业园区投资和建设的丰富经验，深度参与中巴产业园区的合作项目。陈思昌建议，在产业园区规划上，结合第四次工业革命和巴基斯坦资源禀赋统筹规划，进行差异性定位。同时巴政府应在宏观层面根据发展需要对园区开发节奏进行调控，避免重复建设和招商恶性竞争。同时他还表示，希望在具体项目上获得中巴双方政府在资金融通、可持续经营等方面的支持。

中国电科集团国际公司总经理田耀斌在会上发言

中国电科总经理田耀斌介绍，中国电科成立 20 多年，是目前国内电子信息领域的国有大型科技集团，也是全国唯一覆盖电子信息全领域的科技集团，目前中国电科在全球 110 多个国家开展业务。中国电科在巴基斯坦建设的实验室基本上覆盖了电子信息领域各个行业，同时还开展了大量人员培训。未来，中国电科将全力推进中巴经济走廊安全系统建设，包括沿线的重要城市、工业园区、自贸区、电站等的安全系统建设领域。

广联达科技股份有限公司高级副总裁刘谦表示，巴基斯坦在推动产业发展方面，除了需要技术支撑还要有人才体系的支撑，特别是在基础建设领域和工程建设领域，更需要具备数字化管理人才的支持。广联达有开发数字产业化平台的能力，不仅可以为巴基斯坦输出产品，更重要的是还能输出技术平台，为巴基斯坦的发展提供相应支持。

浙江华章科技控股有限公司总裁宫静建议，对于瓜达尔港项目建设，各方可以共同成立项目筹备推进组，选派精兵强将到瓜达尔港一线实地调研营商环境，整合资源，解决制约因素，快速推进规划测算。"只要齐心合力，办法总比困难多；只要国家支持，我们就不怕困难重重。在海外投资建设绿色低碳循环发展国际示范园，我们华章科技是认真的、务实的。"

广联达科技股份有限公司高级副总裁刘谦在会上发言

浙江华章科技控股有限公司总裁宫静在会上发言。

中基香港东时公司董事长杨万胜表示，当前，中巴经济走廊已经进入充实拓展的高质量发展新阶段，面对新任务和新要求，作为走廊重点领域的能源项目合作不可或缺。应该在此前取得重大成就基础上更上一层楼，进一步开拓上下游产业，实现更深层次、更广范围的综合开发。

中基香港东时公司董事长杨万胜在会上发言

海尔集团南亚区总经理孙欣三在会上发言

此外，海尔集团南亚区总经理孙欣三、道明光学股份有限公司营销总监王帅、山东五征集团国际合作部部长张西文介绍了各自公司在巴基斯坦投资的情况。中车资阳公司副总经理周莉和杭州海兴电力科技股份有限公司总经理助理毕佳希望积极参与巴基斯坦铁路领域的相关项目，持续深化与巴基斯坦的合作，推动巴基斯坦铁路机车的技术升级和本地化建设。

道明光学股份有限公司营销总监王帅在会上发言

山东五征集团国际合作部部长张西文在会上发言

（六）应对挑战　受邀参加"印太（四方）协议和美国反'一带一路'对华遏制政策：中巴经济走廊对地区发展、和平与安全的战略重要性"网络研讨会

2021年7月30日，"印太（四方）协议和美国反'一带一路'对华遏制政策：中巴经济走廊对地区发展、和平与安全的战略重要性"网络研讨会由金环经济论坛（GREF）和管理科技大学研究、创新和商业化办公室

（ORIC-UMT）联合举办召开。金环经济论坛主席哈斯纳英·瑞扎·米尔扎，金环经济论坛会长西坎德尔·阿夫扎尔中将，中国社会科学院"一带一路"国际智库、蓝迪国际智库专家委员会主席赵白鸽，国际事务研究所所长王一伟教授、巴基斯坦前驻华大使纳格马纳·阿拉姆吉尔·哈什米等来自巴基斯坦和中国的政要、专家参加会议，就地区安全形势、美国对华遏制政策、"一带一路"建设和中巴经济走廊面临的威胁展开讨论，并就如何共同应对这些威胁提出了建议。

在题为"释放巴基斯坦地缘经济潜力，打造新时代中巴命运共同体"的主旨发言中，赵白鸽表示，不管国际政治经济形势如何变幻，中国与巴基斯坦的全天候战略伙伴关系始终不可动摇、不容置疑。尤其是在当前特殊的国际大环境之下，逆全球化浪潮暗流涌动，但中国与巴基斯坦始终肝胆相照、风雨同舟。中国是一个追求互利合作、和平发展的国家，巴基斯坦是一个有着急迫发展需求和发展意愿的转型经济体。巴基斯坦伊姆兰·汗政府提出了"新巴基斯坦"的发展愿景，其核心支柱在于"地缘经济"，致力于充分调动巴基斯坦地缘经济区位优势和迅速增长的 2.2 亿人口红利，通过发展国际伙伴关系、促进互联互通和维护区域和平，将巴基斯坦转型升级为一个经济充满活力的国家，进而成为全球新兴经济增长中心。

赵白鸽强调，目前中国已经是巴基斯坦最大的贸易伙伴，也是巴基斯坦最大的外商投资来源国，中巴自贸协定第二阶段议定书于 2020 年 1 月 1 日正式实施，进一步扩大了双边贸易自由化产品覆盖范围。贸易与投资已成为两国无法切割、无法破坏的坚韧纽带。在此基础上，为充分释放巴基斯坦地缘经济的发展潜力，以中巴经济走廊为引领，形塑南亚区域价值链，中巴双方在走廊建设"1.0 阶段"开展的能源、交通、基建、瓜达尔港建设等领域合作依然重要，并要持续保持高水平向前推进，加强区域互联互通。对于巴基斯坦来说，基础设施领域的需求依然巨大，重要铁路、公路主干线之间缺少打通"最后一公里"的"链接性"枢纽，与此同时，巴基斯坦很多的港口和城市也广泛存在房地产需求，当前，伊姆兰·汗政府计划建设500万套新住房，这就意味着巴基斯坦将大力吸引本地和外地投资者对房地产市场进行投资建设，巴基斯坦也正在建立房地产投资的信托基金，以更好地保障外商投资者的利益。

赵白鸽进一步指出，在第四次工业革命的时代背景下，新兴产业方兴未艾，中国将助力巴基斯坦抓住科技革命的浪潮"换道超车"，实现跨越式发展。尤其是在推动中巴经济走廊产业合作与产业园区建设的过程中，要牢牢把握科技创新引领经济发展的机遇，积极应用新技术，开展节能环保、电子通信、生物产业、新能源、高端装备制造业和新材料等新兴产业合作，从而实现中巴经济走廊建设的"数字化"与"绿色化"转型。中巴经济走廊建设要坚持以两国人民为中心，以改善社会民生、增进人民福祉为重点和方向。

首先，更加关注以"人"为核心的民生产业合作，如农业、教育、医疗、旅游等，这对于增进两国人民的民心相通，提高对中巴经济走廊建设成果的认可度和获得感具有"四两拨千斤"的作用。其次，加强人才交流与培训，人力资源是国家竞争力的重要组成部分，中巴两国加强人力资源合作，不仅是促进两国民心相通的重要载体，也是双方未来产业集群发展和现代化转型的重要基础和储备。就领土面积而言，巴基斯坦为全球第六大国家，人口红利巨大，并且非常年轻、朝气蓬勃。60%的巴基斯坦人都处于25～35岁，年龄的人口中位数是23岁，而中国的人口中位数是38岁。巴基斯坦的消费商业不断繁荣，中产阶级力量也在不断壮大，所以拥有非常优质的人力资源基础。尤其是在巴投资的中资企业，在帮助巴基斯坦本土劳动力提升劳动技能的同时，也将为自身的可持续发展注入源源不断的动力。

赵白鸽指出，在中巴经济走廊建设发展中要充分发挥产业对工业化的引领作用，促进产业集群的发展，紧扣"1＋4"合作布局，把产业合作作为重中之重。巴基斯坦的纺织业、钢铁制造产业、炼化产业、电子信息化产业、汽车产业、水泥产业、金属加工产业有着巨大的发展潜力，中巴产业合作要坚持"市场化""商业化"的原则，积极谋划重大产业项目落户，加速推进拉沙卡伊特别经济区、瓜达尔自由区的建设和招商引资工作。中巴企业尤其是民营企业间的合作是中巴经济走廊的灵魂和主体。建议设立中巴经济走廊企业联盟，为未来巴基斯坦总体产业导入发挥重要作用。中巴双方应加强政策沟通，就如何合作改善巴基斯坦整体投资环境和营商环境，切实解决中国投资者遇到的问题展开务实、诚恳的沟通。充分发挥中巴经济走廊联委会和产业联委会的协调作用，为中国企业争取更优惠的政策支持、更大力度的融资支持，打造更好的营商环境。

在发言的最后，赵白鸽介绍说，作为旨在推动"一带一路"倡议的研究与实践的中国新型应用型智库中的范例，中国社会科学院"一带一路"国际智库、蓝迪国际智库自运行以来，以问题导向、需求导向、项目导向和结果导向为原则，在智库研究、国际合作以及促进中巴经济走廊建设等方面做了大量工作。在"一带一路"倡议框架下，蓝迪国际智库汇聚了中巴两国专业智库、学界及企业等各领域专家学者的力量，聚焦中巴经济走廊所涉及的国际热点和关切议题，充分发挥咨政建言、理论创新、舆论引导、社会服务、公共外交等重要功能，积极组织开展高层交往、智库研讨、能力建设和专题研究，向中央建言献策，并对中国企业开拓巴基斯坦市场起到了指导作用。蓝迪国际智库将践行中央—地方互动的有效机制，深化政府、企业联动的建设思路，探索政府—市场—社会—智库相结合的服务模式，整合多方资源，建立完整的法律、资信、培训、标准等服务体系，切实解决企业在"走出去"中遇到的实际困难，引导和助推优秀中国企业参与中巴经济走廊的建设。

二　积极开展与"一带一路"共建国家的友好交往

（一）放眼南亚　与斯里兰卡驻华大使科霍纳举行会谈

2021年10月25日，中国社会科学院"一带一路"国际智库、蓝迪国际

赵白鸽主任一行与斯里兰卡驻华大使科霍纳合影

智库专家委员会主席赵白鸽主任一行在斯里兰卡驻华大使馆与斯驻华大使科霍纳（Palitha T. B. Kohona）举行会谈。此次会谈为后期中国社会科学院"一带一路"国际智库、蓝迪国际智库开展"一带一路"对斯合作项目奠定了基础。

会谈中，赵白鸽介绍了中国社会科学院"一带一路"国际智库、蓝迪国际智库过去几年间在斯里兰卡法显村开展灾后重建和人道主义救援的情况，以及中国社会科学院"一带一路"国际智库、蓝迪国际智库与斯里兰卡政府交往合作的情况。关于中斯经贸合作，赵白鸽主任建议中斯之间应更侧重两国中小企业的商贸活动，加强民营企业的对接合作，形成可持续的商业发展模式，尤其需要关注新兴产业业态，包括跨境电商、数字经济等。科霍纳大使对赵白鸽主任的建议表示高度认可和赞同，他表示非常重视中斯的产业合作，希望未来能够引入中国对斯里兰卡的投资项目，比如在农业、渔业、纺织业、清洁能源和生物医药等领域的合作，同时也希望在中国加大对斯里兰卡旅游业的宣传和推广。

在农业和贸易方面，科霍纳大使提出希望加强香料、红茶、杧果等农产品的农贸合作，希望与中国公司合作引入适应斯里兰卡地形特征的小型耕种和收割农业机械；在渔业方面，斯里兰卡拥有大面积的经济捕捞区，但缺乏加工能力；纺织业是斯里兰卡的支柱产业，有良好的技术工人和产业基础，但没有行业或产业链的整合力和向外推广自主品牌的能力，因此希望能与中国在渔业和纺织业领域开展合作，以此助推斯里兰卡本土的产业链优化升级。

在清洁能源方面，斯里兰卡电力资源匮乏，同时注重环境保护，因此清洁能源项目是斯里兰卡当前希望得到中国投资的重点项目。同时，斯里兰卡矿产资源丰富，如锰、钛、铁矿都是当地特色产业；在医疗健康领域，斯里兰卡目前大部分使用的是灭活疫苗，基因疫苗的临床试验和销售尚有较大空间；在人道主义援助和发展慈善事业方面，中斯目前开展了常规援助和当地高等教育的援助项目，如斯里兰卡将在中国的帮助下建设一所主要针对农业和信息科技方面的高等培训学院。

就投资便利度而言，目前主要由斯里兰卡投资贸易局（BOI）为中国企业投资斯里兰卡提供一站式服务。中国在斯里兰卡投资建设的汉班托塔港和科伦坡港口城目前正在全球招商引资中。斯里兰卡的最大优势是拥有丰富的自然资源，相对于其他国家来说，人口密度非常大，且人口受教育程度较高，培养技术工人成本相对较低。此外，斯里兰卡还希望能够依托技术工人的海外输出，为斯里兰卡带来更多的外汇收入。斯里兰卡驻华大使科霍纳指出，旅游是斯里兰卡长盛不衰的拳头产品。2018~2019年，斯里兰卡吸引了26万名中国游客赴斯旅游，希望在疫情平稳之后能够恢复这个数字，因为旅游行业的收入对于斯里兰卡来说至关重要。此外，斯里兰卡还有两个比较有优势的传统产品——珠宝和茶叶，在国际上都非常受欢迎。

斯里兰卡是"一带一路"建设在南亚的重要节点国家，与斯里兰卡驻华大使的会谈不仅为蓝迪国际智库正在推进的重要项目开辟了路径，更为"一带一路"国家与中国的合作项目落地与友好交往开启了新的路径。中国社会科学院"一带一路"国际智库、蓝迪国际智库始终聚焦"一带一路"节点国家、热点议题，紧跟国家战略布局，现已和南亚地区的巴基斯坦、斯里兰卡，中亚地区的哈萨克斯坦、乌兹别克斯坦等国家开展务实合作，为推进"一带一路"倡议框架下的国际合作贡献力量。

（二）融入上合　出席上合组织秘书处纳乌鲁兹节庆祝活动

2021年3月19日，时值纳乌鲁兹节，中国社会科学院"一带一路"国际智库、蓝迪国际智库代表团受邀出席上海合作组织（下称"上合组织"）秘书处举办的庆祝活动。上合组织时任秘书长弗拉基米尔·诺罗夫，中华人民共和国外交部副部长乐玉成，塔吉克斯坦共和国特命全权大使萨义德佐达·佐希尔到场致辞，联合国秘书长安东尼奥·古特雷斯及上合组织各成员国、观察员国及对话伙伴代表通过视频为活动致辞。上合组织首任秘书长张德广、多国驻华使节以及中外企业代表、外国留学生共同参与庆祝。

弗拉基米尔·诺罗夫表示，纳乌鲁兹节是和平、友谊、和谐、相互理解和相互尊重的象征。人们欢庆纳乌鲁兹节已有3000多年的历史，体现了人们对丰收、繁荣、幸福、和平的期盼。它的团结精神与"上海精神"具有内在一致性。上合组织成立20年来已成为一个具有国际影响力的多边组织，越来越多国家在积极寻求与上合组织的合作。

萨义德佐达·佐希尔大使表示，纳乌鲁兹节是古老而又美丽的节日，是一个包含着正义、原谅与和解的节日。上合组织大家庭欢聚一堂，共同庆祝这个寓意着善良、团结以及与自然和谐相处的美好节日。安东尼奥·古特雷斯表示，2020年庆贺纳乌鲁兹节时正值前所未有的新冠疫情全球大流行，2021年纳乌鲁兹节世代团结友好的精神比以往任何时候都显得更重要，在全世界仍在与新冠病毒做斗争的艰难时刻，纳乌鲁兹节成为一个坚忍顽强的象征。

弗拉基米尔·诺罗夫为庆祝活动致辞

活动期间，中国社会科学院"一带一路"国际智库、蓝迪国际智库平台企业新疆亚欧国际物资交易中心有限公司董事长张宏萍女士发起并组织了"一带一路"爱心光明行特别活动——"丝路心航 走向光明"，并在会场积极与参会各方互动沟通。蓝迪国际智库在推动"一带一路"倡议国际合作与研究的同时，也时刻关注"一带一路"公益行动，积极地促进与"一带一路"共建国家的民心相通。

长期以来，中国社会科学院"一带一路"国际智库、蓝迪国际智库一直是上合组织的密切合作伙伴。2020年，时任上合组织秘书长弗拉基米尔·诺罗夫与蓝迪国际智库专家委员会主席赵白鸽深度沟通了关于上合组织发展建设的相关问题，就蓝迪国际智库与上合组织开展多领域合作展开讨论，并达成了深度共识。诺罗夫高度评价中国社会科学院"一带一路"国际智库、蓝迪国际智库在推进"一带一路"共建项目上取得的成绩，他表示，2013年习近平主席在哈萨克斯坦首都首次提出的"丝绸之路经济带"倡议目前已经取得显著的成效，许多项目得以落地，例如铁路运输、物流通道建设和农业、

蓝迪国际智库平台企业发起特别活动——"丝路心航 走向光明"

旅游、数字技术等项目。将"一带一路"建设同上合组织成员国经济发展战略对接，符合上合组织的目标、宗旨和原则，也符合"上海精神"的要求。未来，上合组织将与蓝迪国际智库开展更加紧密而全面的合作，共同推进上合组织成员国之间的经贸合作，实现产业优势互补。

第五章　2021 年研究成果

　　中国特色新型智库以战略问题和公共政策为主要研究对象，以服务党和政府科学民主依法决策为宗旨。在开展智库研究工作时，中国社会科学院"一带一路"国际智库、蓝迪国际智库力争推出对战略和规划有影响的理论和政策建议，力争取得对决策有重大启发与参考意义并经得起历史检验的成果。自成立以来，智库始终秉持"问题导向"和"需求导向"原则，坚持思想的独立性，锚定国家战略，围绕"一带一路"倡议、新时代大国关系、区域开放政策等进行深入、系统的研究，形成了专业、客观和独立的研究成果，通过对政策进行充分的论证与评估，进而推动决策机制的科学化、民主化、社会化和公开化。

　　与此同时，智库的思想产品和智力成果不仅仅服务于国家决策，也同样服务于城市、产业和企业的发展。在全球经济新旧动能转换之际，谁能率先把准区域定位，树立产业标签，或打造产业品牌、产业标杆、产业名片、产业高地，谁就将在新一轮竞争中实现跨越式发展。因此，地方政府需要真正具有国际视野、资源脉络的新型高端智库，使其为城市准确把脉，助力城市快速完成政治先进性、产业先发性、文化先锋性的转变，而对于企业而言，缺乏政企高端对话和信息互通平台，不熟悉政府政绩评价机制和政府话语体系，已成为企业可持续、高质量发展的痛点和卡点。智库可以充分发挥其链接政产学研多方资源的优势，帮助企业了解国家政策走向，以及时调整和优化企业战略，预判规避风险，帮助企业跳出固有思维模式，抢抓重大政策机遇。

成立至今，中国社会科学院"一带一路"国际智库、蓝迪国际智库积极围绕党和政府决策急需的重大课题，聚焦新兴技术、公共卫生和大健康、节能环保、工业制造、企业发展等领域，开展前瞻性与现实性、战略性与政策性、综合性与专题性的重大战略研究工作，在深入调研的基础上形成了80篇高水平研究报告，得到高层领导批示和重视，相关报告均有效地转化为有关部委和地方政府的政策措施。

2021年，中国社会科学院"一带一路"国际智库、蓝迪国际智库在国家战略层面，完成了关于《实现适度生育水平亟须六管齐下构建生育支持体系》和《第四次工业革命背景下亟待加强中国科技外交》的报告；在区域发展方面，完成了《在双循环与对外开放新格局中高质量建设海南自由贸易港的有关建议》《嘉兴市数字经济产业发展报告（2021）》《关于横琴粤澳深度合作区建设的几点建议》；在产业发展方面，完成了《关于生态塑料产业发展研讨会的报告》《关于我国机器人产业发展的观察与建议》《关于推动我国工业母机产业高质量发展的思考和建议》；在中美关系问题上，与工信部赛迪研究院联合完成译著《理解美中脱钩》《非对称竞争》《实施克制》，对中美关系的及时研判提供了重要参考。

一　研究报告

（一）《关于生态塑料产业发展研讨会的报告》

治理塑料污染是国际社会面临的共同课题。从"限塑"到强化"禁限"，中国对塑料污染的治理有力、有序、有效。近年来，安徽省宿州市积极落实国家塑料污染治理的新规，以塑料制品生态化为目标，开拓政产学研协同创新生态塑料新领域，形成了应对"白色污染"的"宿州模式"，取得了很好的生态效益、社会效益和经济效益，为贯彻落实习近平生态文明思想做出了贡献。

中国产学研合作促进会、中国基本建设优化研究会、蓝迪国际智库、中国生产力促进中心协会绿色生产力工作委员会等长期关注"宿州模式"的发展，于 2021 年 1 月 16 日在北京组织召开了"生态塑料产业发展专题研讨会"，与会嘉宾共同探讨"宿州模式"的技术支撑、政策导向和生态福祉等关键问题，并形成了《关于生态塑料产业发展专题研讨会的报告》。

报告详细分析了"宿州模式"，即宿州市政府逐步形成的"七措并举"推进方式：一是确立生态塑料产业发展目标；二是制定扶持政策和措施；三是筹建生态塑料研究院；四是建设产能基地；五是设立城乡"脱白"服务中心；六是搞好售后服务；七是整顿市场秩序。同时，宿州市初步建立了标准、研发、生产、销售、服务、监管等六套应用体系。

报告认为"宿州模式"一是有国际领先的生态塑料创新技术支撑；二是有政府组织规模化实地使用和检验检测，可进行规模化推广；三是从用户角度说话，体现了以人民为中心，生态惠民。实践证明，"宿州模式"对于我国"塑料污染"治理、生态环境保护以及农业农村振兴都具有重要意义。报告得到了高层领导的批复和高度重视，为国家开展塑料污染全链条治理提供了可推广可复制的模式。

（二）《实现适度生育水平亟须六管齐下构建生育支持体系》

2021 年 5 月 31 日，中共中央政治局召开会议，听取"十四五"时期积极应对人口老龄化重大政策举措汇报，审议了《关于优化生育政策促进人口长期均衡发展的决定》。会议指出要"依法组织实施三孩生育政策，促进生育政策和相关经济社会政策配套衔接"。这个决定释放出要多措并举建立生育友好型社会，推动实现适度生育水平的积极信号。

生育政策调整的完善关系国家长远发展，关系亿万家庭福祉，是适应人口变动新形势、促进新时代高质量发展的重大战略决策。当前，要围绕我国人口新情况新变化，进一步统一思想认识，通过积极务实的综合举措，大力推动这项利国惠民的好政策落地见效，促进人口长期均衡发展。

民建中央、中国社会科学院、中国社会科学院"一带一路"国际智库、蓝迪国际智库共同形成了《实现适度生育水平亟须六管齐下构建生育支持体系》的研究报告。该报告指出要深入研判人口发展趋势，相机调整人口发展战略和政策。实施新的人口政策应坚持"放开"与"支持"相结合，重在支持，"六管齐下"构建生育支持体系：一要减轻子女教育中的经济和时间双重负担，让育龄家庭轻装上阵；二要构建生育友好型社会，帮助育龄人群平衡家庭与事业的关系；三要构建多层次住房供给体系，切实降低高房价带来的过高家庭养育成本；四要重视婚姻对生育的作用，培育实现适度生育的新型生育文化，营造良好的婚育环境；五要重视家庭建设，强化家庭代际支持，提倡构建和和美美的家庭生态；六要强化生育力保护，强化保障生殖健康和优生优育服务。该报告强调要重点完善建立健全国家层面的协调机制、建立生育支持政策评估体系、正向激励、社会参与四项机制，强化组织保障，从而为家庭配套支持体系提供有力保障。

报告得到了高层领导的批复和高度重视，为保障我国人口的健康发展提供了有价值的参考。

（三）《在双循环与对外开放新格局中高质量建设海南自由贸易港的有关建议》

2021 年 6 月，是海南自由贸易港建设 1 周年，海南自贸港项目建设全面铺开，并显现了更加开放、更加高质量的发展态势。然而，挑战与机遇并存，海南自贸港建设不仅面临千载难逢的历史机遇，同时也面临巨大的挑战。正如习近平总书记在"4·13"重要讲话中所强调的："海南推进新一轮改革的复杂程度、敏感程度、艰巨程度不亚于 40 年前。"为更准确把握在海南建设自由贸易港的方向、目标和要求，切实完成自贸港建设的重大任务，受海南省人民政府邀请，中国社会科学院、中国社会科学院亚太与全球战略研究院、中国社会科学院"一带一路"国际智库、蓝迪国际智库于 2021 年 6 月 23～24 日在海口成功组织召开了中国（海南）自由贸易港双循环与对外开放新格局高层咨询会。本次会议旨在立足海南自由贸易港的战略定位，助力海南充分发挥自然资源丰富、地理区位独特以及背靠超大规模国内市场和腹地经济等优势，抢抓全球新一轮科技革命和产业变革重要机遇，加快培育具有海南特色的合作竞争新优势，为将海南建设成为具有较强国际影响力的中国特色高水平自由贸易港提供智力支持。

本次高层咨询会汇集了国内顶级专家学者、优秀企业家代表，结合世界上一些先进自贸港的发展经验，分析海南自贸港建设面临的各种机遇与挑战，并提出相应的对策建议。一是要认真贯彻中央意图，深刻认识自贸港重要意义，全面把握海南自贸港政策制度体系优势；紧扣"六个自由"建设高水平自贸港；充分发挥自贸港税收优惠政策；解决"四个短板"，打造国际国内双循环枢纽。二是要把握国际形势变化，实现自贸港高质量开放安全发展。充分考虑后疫情时代国际形势对自贸港的影响，抓住 RCEP 机遇，打造面向东盟的区域枢纽；促进军民融合，形成自贸港安全发展基础。三是对标世界一流自贸港，持续优化营商环境。重在抓落实，强化市场主体获得感；加强政府数字化、法治化建设，提供一流"软环境"。四是要不断优化自贸港区域经济和产业结构。系统谋划海南自贸港区域经济布局，多措并举加快现代旅游业发展；加速金融业开放与交易场所打造；支持各类现代服务业加快发展；支持高新技术产业发展，实现"双碳"目标；增强热带特色高效农业国际竞争力，利用自身优势支持制造业高质量发展。本次高层咨询会的召开受到了海南省委省政府的高度重视，海南省委书记沈晓明同志亲自与参会专家学者面对面地深度交流，海南省委副书记、省长冯飞同志出席大会并致辞，海南省各厅局、各地市相关领导 400 多人出席会议。该会议的圆满召开受到了新华社、《人民日报》、中新社、中央广播电视总台及海南省地方媒体的高度关注与广泛报道。会后形成的智库报告为海南省自由贸易港高质量发展提供了智力支持。

(四)《第四次工业革命背景下亟待加强中国科技外交》

科技进步正在加速推动人类社会的发展与变革,深刻重构人类社会的生产方式、经济结构、政治格局、文化形态等。人类社会正经历着以人工智能、物联网、区块链、生命科学、量子物理、新能源、新材料、虚拟现实等一系列创新技术为引领并高度融合的第四次工业革命,它使人类生产方式发生根本性变革,彻底改变原有技术和生产体系,重构世界产业链与供应链,颠覆性创新几乎所有行业的产品和服务,改变经济和社会资源的配置方式和使用效率,甚至改变世界经济秩序与政治格局。因此,世界科技制高点的争夺将成为大国竞争的焦点,科技外交成为大国外交的重点领域。

中国具有开展科技外交的独特优势和丰富资源。中国社会科学院"一带一路"国际智库和蓝迪国际智库在开展科技外交方面做出了有益探索,共同形成了《第四次工业革命背景下亟待加强中国科技外交》研究报告。报告首先从国际政经形势的角度分析得出"第四次工业革命背景下科技外交成为大国外交重点"这一重要观点,进而分析了中国科技外交拥有战胜严峻挑战的优势与机遇以及中国科技外交拥有巨大潜力和成功经验,最后提出了加强中国科技外交的几点建议:一是以科技外交宣传中国外交理念;二是以科技外交打破美国技术封锁;三是以科技外交推动"一带一路"共建;四是建立官民结合的科技外交体系。

报告得到了高层领导的批复和高度重视,为我国加强科技外交提供了重要参考。

(五)《关于我国机器人产业发展的观察与建议》

当今世界正处在新科技革命和产业变革的交汇点上,以机器人为代表的智能产业成为经济发展新引擎和技术本源,在工业、医疗、商业乃至日常生活各个领域得到了广泛应用。机器人被誉为"制造业皇冠顶端的明珠",其研发、制造、应用水平是衡量一个国家科技创新和高端制造业水平的重要标志。

浙江省是我国机器人产业和应用融合发展的标杆区域之一，在杭州、余姚等地已形成产业链集聚效应。目前，宁波重点建设以"机器人智谷小镇"为中心的余姚机器人生态圈，打造余姚工业机器人高端制造基地，现已初步形成机器人零部件、整机、系统集成于一体的产业链，在我国机器人产业发展中发挥着重要作用。

中国机器人峰会是国内规模最大、最具影响力的机器人盛会，自第三届开始，峰会永久落户余姚，成为余姚机器人产业创新发展的金名片。2021年7月，受余姚市委市政府邀请，中国社会科学院"一带一路"国际智库、蓝迪国际智库参与承办第七届机器人峰会，组织举办"蓝迪国际智库机器人企业专场对接会"，并积极参与人机共融智能机器人操作系统论坛、工业机器人产业发展论坛、人工智能机器人技术与新工科人才培养论坛等主题论坛，邀请了国内相关领域知名专家学者、优秀企业代表参会，聚焦机器人和人工智能、工业互联网、数字经济、智能经济，精准把握机器人及人工智能领域技术创新动态和产业发展趋势，为余姚机器人产业规划进行顶层设计并协助产业落地。

余姚机器人产业的发展，既代表了我国机器人产业发展的成果，也暴露出一些共同的问题和瓶颈。中国社会科学院"一带一路"国际智库、蓝迪国际智库、中国信息通信研究院华东分院结合对全球机器人产业发展现状的梳理，分析余姚机器人产业发展环境和发展情况，形成《关于我国机器人产业发展的观察与建议》报告。本报告由四部分主体内容和三个附件组成。主体内容：一是"机器人产业概述"，主要从机器人产业定义和分类、机器人产业链和国内外发展现状等角度，简要介绍机器人产业；二是"余姚市机器人产业发展环境"，阐述了余姚市机器人产业发展的政策支撑、经济基础、平台资源和技术优势；三是"余姚市机器人产业发展现状"，从发展规模、产业结构、空间分布等方面介绍余姚市机器人产业发展情况；四是"余姚市机器人产业发展趋势及建议"，结合余姚机器人产业发展情况，分析未来发展趋势，为加速余姚机器人产业发展提出建议。

该报告的附件一是"余姚市工业机器人产业"，针对焊接工业机器人、装配工业机器人和物流工业机器人三大类余姚重点工业机器人进行介绍；附件二是"余姚市服务机器人产业"，针对家庭服务机器人、医疗健康服务机器人和特种服务机器人三大类重点服务机器人进行介绍；附件三是"余姚市机器人产业代表企业"，简要介绍了余姚市具有代表性的机器人企业情况。本报告旨在以余姚为例，为我国加速产业智能化转型、加快机器人产业链协同创新发展提供智力支持。

该报告已获得中央领导的高度重视和批示。2021 年 10 月 10～12 日，根据中央批示精神，工信部装备一司以该报告为重要依据，对余姚机器人产业的代表企业智昌科技集团股份有限公司、宁波伟立机器人科技股份有限公司进行了实地考察调研，深入了解相关企业的发展现状及发展需求，并围绕"机器人产业发展和推广应用"召开企业座谈会，推动了我国机器人产业的发展。

（六）《嘉兴市数字经济产业发展报告（2021）》

世界正在经历百年未有之大变局，"万物互联"的数字化时代已然来临，数字经济正成为促进经济复苏、重塑竞争优势和提升治理能力的关键力量。2021 年 10 月 18 日，习近平总书记在中共中央政治局第三十四次集体学习时强调，要站在中华民族伟大复兴战略全局和世界百年未有之大变局的高度，统筹国内国际两个大局、发展安全两件大事，充分发挥海量数据和丰富应用场景优势，促进数字技术与实体经济深度融合，赋能传统产业转型升级，催生新产业新业态新模式，不断做强做优做大我国数字经济。

目前，嘉兴市正加快打造我国数字经济新高地，着力推进数字产业化、产业数字化，数字经济规模快速增长，产业化特色鲜明，已成为浙江省数字经济领先地区之一。然而，在全面实施数字赋能战略过程中，嘉兴市仍面临数字经济基础研究亟待加强、数字技术和实体经济融合深度不足、企业数字化转型人才培育体系不健全等问题。为进一步推动嘉兴数字经济新高地建设，受嘉兴市委、市政府邀请，中国社会科学院"一带一路"国际智库、蓝迪国际智库于 2021 年 10 月 18 日组织召开嘉兴数字经济发展论坛暨蓝迪国际智库高层咨询会，本次会议结合嘉兴实际，全面把脉问诊，对嘉兴全面融入长三角一体化、加速推进数字经济行业及相关领域发展提出观点建议，通过高质量的交流研讨，为加速科创要素流动集聚，培育现代产业创新能力，高水平建设新时代数字嘉兴提供了智力支持。

会后，在深入调研和充分讨论的基础上，蓝迪国际智库形成了《嘉兴市数字经济产业发展报告（2021）》。该报告论述了数字经济的概念，以及国内外数字经济总体发展现状与态势，进而从发展环境、数字产业化和产业数字化等方面介绍嘉兴市数字经济产业发展情况，总结其在数字经济核心产业、高能级平台、数字基础设施、产业链整合方面的创新亮点，并探究了嘉兴数字经济发展问题与瓶颈，分析了未来发展趋势，为嘉兴打造数字经济新高地提出建议。该报告旨在结合嘉兴实际，对嘉兴加速打造数字经济新高地、高水平建设新时代"数字嘉兴"提供借鉴和参考。

（七）《关于横琴粤澳深度合作区建设的几点建议》

建设横琴粤澳深度合作区是习近平总书记亲自谋划、亲自部署、亲自推动的重大决策。在党中央、国务院的关怀和支持下，粤澳双方精诚团结、共商共建，各项工作实现良好开局。目前，国家相关部委正研究推出《横琴粤澳深度合作区建设总体方案》（下称《横琴方案》）系列配套政策，其中有六项事关合作区长远发展的重要政策，特别需要中央政府的高度关注和大力支持。

在充分调研的基础上，蓝迪国际智库认真研阅了国家相关部委正在形成的《横琴方案》，听取了各方意见，撰写了《关于横琴粤澳深度合作区建设的几点建议》报告，内容涉及合作区的立法、税收、检验检疫、金融、外籍家政人员聘用等事宜，并提出了相关建议，主要包含：一是推动全国人大常委会制定《横琴粤澳深度合作区法》；二是对经"一线"进入合作区的免税货物在企业与个人间销售时免征增值税和消费税；三是在合作区开展检验检疫制度改革创新试点，推动在合作区与澳门的"一线"检验检疫功能后移至"二线"实施；四是充分联动港澳离岸金融市场，在合作区特定范围内建立金融自由市场，推动合作区金融市场率先高度开放；五是将有利于澳门经济适度多元发展的产业全部纳入合作区企业所得税优惠范围；六是允许在合作区居住就业的港澳居民及境内外高端紧缺人才自由聘雇外籍家政服务人员。该报告已获得中央领导的批示，推动了粤澳深合区的建设。

（八）《关于推动我国工业母机产业高质量发展的思考和建议》

工业母机作为"制器之器"，处于制造业价值链和产业链的核心环节，是支撑制造强国建设的战略性和基础性产业，是国际科技和产业竞争的焦点领域。目前，我国工业母机产业正处于不进则退的"半坡起步"阶段。进则可以争夺高端市场，退则失去战略发展机遇期，面临持久性的低端锁定局面。习近平总书记曾指出："我国科技在视野格局、创新能力、资源配置、体制政策等方面存在诸多不适应的地方。我国基础科学研究短板依然突出，企业对基础研究重视不够，重大原创性成果缺乏，底层基础技术、基础工艺能力不足，工业母机、高端芯片、基础软硬件、开发平台、基本算法、基础元器件、基础材料等瓶颈仍然突出，关键核心技术受制于人的局面没有得到根本性改变。"

因此，"十四五"时期实现工业母机产业高质量发展，事关国家产业安全和国防安全，对统筹推进产业基础高级化和产业链现代化，实现制造业质量变革、效率变革、动力变革具有重要意义。本报告论述了我国工业母机产业发展现状及与日德美等发达经济体之间的差距，在此基础上分析了我国发展工业母机产业的紧迫性和必要性，并系统提出有关举措建议，旨在为推动我国工业母机产业的高质量发展提供有益参考。该报告已获得中央领导的批示，并转工信部研阅。

二 译著

（一）《实施克制：美国地区安全政策的变化，走向实施现实主义的克制战略》

2021 年 1 月 21 日，美国兰德公司发布《实施克制：美国地区安全政策的变化，走向实施现实主义的克制战略》报告。《实施克制》并非建议美国政府采取克制战略，而是梳理和总结近年来美国主张克制战略学者的主要观点，为今后评估克制战略的可行性和取舍奠定基础。中国社会科学院"一带一路"国际智库、蓝迪国际智库与工信部赛迪研究院共同编译了此报告。

所谓"克制战略"是指冷战结束后美国国内一种主张采取不同于霸权战略的国家安全战略，其主张大幅度减少美国在海外的军事介入，限制使用武力，削减国防预算。如果美国政府果真采取这一主张，将意味着美国国家安全战略的重大转向，并将对全球政治、军事和经济都将产生根本性影响。《实施克制》分为六章：第一章导言阐述了克制战略的整体主张；第二至第五章全面评估了克制战略主张下美国在欧洲、亚太、中东和南亚四个区域采取的地区安全政策；第六章是兰德公司的评述，即在总结克制战略观点基础上提出了克制战略需要进一步明确和解决的问题。

我们针对美国现实主义克制战略的几点看法：一是克制战略与当前美国霸权战略差异较大，但为美国提供了可能的政策选择；二是克制战略下美对华"硬脱钩"概率较小，但美阻止中国在亚太地区获得主导性地位的实质并不会改变；三是面对美国政府更迭和遏制中国手段的不断变化，我国最好的应对策略就是以"不变应万变"，即坚定不移地搞好国内经济建设，坚定不移地做好改革开放，坚定不移地走和平发展道路。

（二）《非对称竞争：针对中国与技术的战略》

2021 年 2 月，美国智库中国战略组发布《非对称竞争：针对中国与技术的战略》报告。《非对称竞争》重点围绕"科技战场""功能能力""未来结构"三个方面为美国决策者提出了政策框架和建议，旨在重塑美国的科技竞争力，巩固关键科技优势。《非对称竞争》是谷歌前 CEO 埃里克·施密特领导的智库——"中国战略组"的最新研究成果，对研究中美科技竞争态势，以及美国科技和政策界对华科技战略具有较大参考价值。

《非对称竞争》分四部分：概述部分为全文设置了基调；科技战场部分针对关键技术和平台支配权提出了分析框架，确定美中科技竞争的主要战场；功能能力部分从情报战、人才战、供应链战三方面提出具体的政策建议；未来结构部分从国际多边合作和国内政府改革两方面提出遏制中国科技发展、巩固美国科技优势地位的建议。

拜登政府上台后，美国各机构不断发布关于中美科技竞争的报告，愈发担心中国在科技领域对美国全球领导地位的挑战。在《非对称竞争》发布一个月前，新美国安全中心发布《掌舵：迎接中国挑战的国家技术战略》，提出美国需要制定国家技术战略以应对中国的挑战。共和党参议员汤姆·卡顿也曾表示，美国电信基础设施、货币、关键技术制造等关键领域逐渐被侵蚀，未来应在半导体、电信、5G、关键矿产品、生物医药等领域与中国定向脱钩。近期，美国商务部部长吉娜表示将继续利用"实体清单"等工具，限制美国技术流向中国。上述论断均显示，未来美国将更加重视科技竞争，强化中美科技领域局部脱钩。

蓝迪针对此报告提出，我国应该从以下几个方面做好应对：一是借鉴美国"专家组"模式壮大研究力量，发挥智库作用，强化对美战略研究；二是加强关键技术环节攻关和国产化替代，确保我产业链供应链安全可控；三是以开放包容的态度加强国际合作，突破美国对我关键技术的封锁；四是加强引进国外优秀科技人才，培育本国制造业人才，夯实科技竞争基础。

（三）《理解美中脱钩：宏观趋势和行业影响报告》

2021 年 2 月，美国全国商会中国中心和荣鼎咨询集团联合发布《理解美中脱钩：宏观趋势和行业影响报告》，旨在评估中美脱钩对美国宏观经济以及美国航空制造、半导体、化工和医疗器械四个行业的潜在影响，为美国决策者提供参考。《理解美中脱钩》是美国众多智库和行业协会持续关注中美脱钩问题的又一重磅研究成果，有助于进一步了解美国政府和企业对中美脱钩的态度，研判中美脱钩的可能性和发展趋势，也启示我们应全面评估中美脱钩的可能性及脱钩对我宏观经济和相关行业的影响，做好"知己知彼、百战不殆"的准备。

《理解美中脱钩》包含四部分内容，第一部分是回顾美国认为的美中脱钩根源及其脱钩的领域和范围；第二部分是美中脱钩对美国宏观经济的整体影响；第三部分是美中脱钩对美国航空制造、半导体、化工、医疗器械四个行业的具体影响；第四部分是美国全国商会基于前述脱钩成本分析对美国政府提出的政策建议。

我们从《理解美中脱钩》中得到的启示和建议如下：一是拜登政府将继续推动与我科技和供应链脱钩；二是加强对中美问题脱钩的评估研究，分情景、分行业分析中美脱钩对我宏观经济和重点行业的影响；三是利用巨大市场优势吸引和稳定中美正常商业合作，加强与美国在气候变化、公共卫生等低敏感领域交流；四是积极开展与欧盟、日韩等非美国家在半导体、新能源汽车等领域合作，突破美国盟友防线；五是国际社会对中国"独立自主""内循环""新型举国体制"等存在一定误解和担忧，应通过进一步改革开放稳定全球经贸关系。

附录 中国社会科学院"一带一路"国际智库、蓝迪国际智库 2021 年研究成果

类别	序号	题目
研究报告	1	《关于生态塑料产业发展研讨会的报告》
	2	《实现适度生育水平亟须六管齐下构建生育支持体系》
	3	《在双循环与对外开放新格局中高质量建设海南自由贸易港的有关建议》
	4	《第四次工业革命背景下亟待加强中国科技外交》
	5	《关于我国机器人产业发展的观察与建议》
	6	《嘉兴市数字经济产业发展报告（2021）》
	7	《关于横琴粤澳深度合作区建设的几点建议》
	8	《关于推动我国工业母机产业高质量发展的思考和建议》
译著	9	《实施克制：美国地区安全政策的变化，走向实施现实主义的克制战略》
	10	《非对称竞争：针对中国与技术的战略》
	11	《理解美中脱钩：宏观趋势和行业影响报告》

第二部分

蓝迪国际智库合作机构

第六章 指导与合作机构

　　保障新型应用型智库的生机和活力，要不断加强与外部机构的沟通对接、信息互通、成果共享和互利共荣，积极拓展智库"朋友圈"，加快融入智库"生态圈"。我们高度重视整合外部资源，汲取外部力量，汇集外部智慧，从而形成内外融通的良性发展格局。

　　自 2015 年以来，我们在国家部委的指导和支持下，与各领域的相关机构建立起战略合作伙伴关系。通过与合作伙伴深入沟通对接，构建了一套灵活、高效、系统的合作机制；通过与合作伙伴共同对各领域资源进行重新配置，搭建了一个信息共享、互利共赢的合作平台；通过与合作伙伴共同贡献智慧和力量，构建了政策研究、法律服务、技术标准、信息服务、金融支持、文化与品牌、能力建设七大服务体系，以更好地发挥思想生产、决策咨询、理论阐释和话语构建等重要功能。

　　2021 年，我们在国家发展改革委推进"一带一路"建设工作领导小组的指导下，务实推进"一带一路"与中巴经济走廊建设；在中联部当代世界研究中心的统一组织下，参与世界马克思主义政党理论研讨会，深入研讨当代马克思主义实践发展和理论创新；在中国人民政治协商会议全国委员会民族和宗教委员会的指导下，深入探究国内外民族宗教领域重点、难点问题；在中国社会科学院的领导下，广泛深入开展"一带一路"相关调研、研究工作，积极参与"一带一路"国际交流与合作。

　　与此同时，我们积极与合作伙伴展开交流协作。合作伙伴包括新华社、中国经济信息社、国家发展改革委城市和小城镇改革发展中心、工业和信息化部赛迪研究院、中国基本建设优化研究会、中国标准化研究院、中国信息通信研究院华东分院、中国国际经济交流中心、中国人民对外友好协会、中国医药创新促进会、国浩律师事务所等国内机构，以及法国展望与创新基金会、埃及沙拉夫可持续发展基金会、鲁道夫沙尔平战略咨询交流股份公司、巴基斯坦中国学会、南非塞昆贾洛集团、巴基斯坦伊斯兰堡战略研究所等具有国际影响力的境外机构。

未来，我们将继续优化平台网络资源，建立智库平台生态链，以第四次工业革命为契机，充分联动并拓展国内外资源，与合作伙伴建立起"高度信任、利益共享、协同发展"的良性互动关系，从而在推进"一带一路"建设的进程中发挥越来越重要的作用。

一 指导与支持机构

（一）国家发展改革委推进"一带一路"建设工作领导小组

"一带一路"建设是一项宏大系统工程，涉及面广、跨越时间长、建设任务重，需要加强组织和领导，统筹做好对内、对外两方面工作。为此，中国政府成立了推进"一带一路"建设工作领导小组，指导和协调推进"一带一路"建设。中共中央政治局常委、国务院副总理韩正担任组长。推进"一带一路"建设工作领导小组办公室设在国家发展改革委，具体承担领导小组日常工作。国家发展改革委主任何立峰担任领导小组办公室主任，国家发展改革委副主任宁吉喆、商务部副部长钱克明、外交部部长助理张军担任领导小组办公室副主任。

蓝迪国际智库项目于2015年在国家发展改革委、财政部指导和支持下启动，8年来与国家发展改革委国际合作司、推进"一带一路"建设工作领导小组办公室围绕"一带一路"倡议，在研究报告、国际合作、会议组织等领域建立起了沟通对接机制，实现了信息互通与协调联动。

2021年6月8日，蓝迪国际智库专家委员会主席赵白鸽一行与推进"一带一路"建设工作领导小组办公室对外事务协调推进组组长应雄、国家发展改革委国际司相关领导举行会见会谈。双方就中巴经济走廊高质量发展新阶段的中巴产业合作、重大课题研究、企业项目对接等议题展开深入沟通，并确定了下一阶段双方合作的重点。

赵白鸽在此次会谈中重点强调了中巴两国在农业、医疗、高端装备制造等领域开展产业合作的重要意义；并指出，中方应助力巴方牢牢把握住数字经济时代和人工智能时代的发展机遇，大力发展跨境电商等新兴产业业态，为项目的对接和落地拓展更为广阔的平台。作为中国特色新型智库，蓝迪国际智库始终牢牢把握中巴企业间合作对于促进巴方经济社会发展的重要性，践行中央—地方互动的有效机制，深化政府—企业联动的建设思路，探索政府—市场—社会—智库相结合的服务模式。蓝迪国际智库期待在国家发展改革委的关注和指导下，为中巴经济走廊的高质量发展贡献力量。

应雄指出，中巴经济走廊作为"一带一路"倡议的标杆和旗舰项目，具有重要的示范意义。下一阶段，国家发展改革委和推进"一带一路"建设工作领导小组将会重点关注中巴产业合作、瓜达尔港招商引资和民营企业之间的项目对接，积极联动智库以及使馆、商会等各方资源，根据两国社会经济发展的实际需求，以"市场化"和"商业化"为根本指向，为两国开展产业和企业合作搭建桥梁，为合作项目释放出更大的经济和社会潜能提供国家政策和资金方面的支持。

2021年7月2日，中国社会科学院"一带一路"国际智库、蓝迪国际智库在北京举办"中巴经济走廊产业合作与产业园区建设"专题研讨会，与会嘉宾围绕中巴经济走廊发展重点、项目建设、产业合作等领域展开讨论。与会嘉宾普遍认为，中巴产业合作前景广阔，但亟须搭建沟通交流平台，帮助中国企业解决投资过程中遇到的问题，推动更多产业项目落地。此次研讨会以"需求导向""问题导向""项目导向""结果导向"为原则，邀请了巴基斯坦驻华大使和使馆参赞，国家发展改革委国际合作司、推进"一带一路"建设工作领导小组办公室对外事务协调推进组有关领导，以及涉及基础设施建设、高端装备制造、新材料、新能源等领域的企业，旨在促进中巴双方展开深入交流，梳理彼此需求，找准契合领域，研究具体项目，尽快推动相关合作项目落地生根，助推巴基斯坦国家工业发展水平提升和经济产业结构转型，深化中巴经济贸易合作。

2021年9月23日下午，中国社会科学院"一带一路"国际智库、蓝迪国际智库受国家发展改革委推进"一带一路"建设工作领导小组办公室邀请，出席中巴经济走廊联合合作委员会（以下简称"联委会"）第十次会议。联委会秘书处和远景规划、安保、能源、交通基础设施、瓜达尔港、产业合作、社会民生、农业、科技、国际合作协调等工作组分别就各自工作情况进行了汇报和充分交流，就在巴中方项目和人员的安全保障工作交换了意见，巴地方政府代表也就走廊合作做了发言，中巴双方达成一系列重要共识。会议宣布成立信息技术产业联合工作组。中巴双方签署了会议纪要等5份合作文件，并宣布签署了3份企业间合作协议。

未来，中国社会科学院"一带一路"国际智库、蓝迪国际智库与推进"一带一路"建设工作领导小组、国家发展改革委国际合作司将就以下方面的工作展开深入合作：（1）双方就涉及"一带一路"倡议、中巴经济走廊建设、国际政治经济局势等国际热点议题，联合开展重大国家课题项目研究。中国社会科学院"一带一路"国际智库、蓝迪国际智库将发挥自身联系政、产、学、研，便于信息沟通和思路引导的优势，积极咨政建言，实现理论创新。（2）双方坚持"商业化"和"市场化"导向，就瓜达尔港招商引资、高端装备制造、农业、医疗、住房等重点领域，开展深度调研和项目推介，引导和助推优秀的中巴企业共同参与走廊建设。（3）双方联合为中巴产业、企业对接合作搭建桥梁和平台。进一步探索政府—市场—社会—智库相结合的服务模式，携手促进中巴经济社会发展，强化双边互信合作关系，提升中巴合作承载能力和配合能力。

（二）中联部当代世界研究中心

中联部当代世界研究中心（以下简称"当研中心"）成立于 2010 年，是中联部直属智库，履行"一带一路"智库合作联盟（以下简称"智库联盟"）理事会秘书处职能，当研中心设有理事会，中联部副部长陈洲任理事会共同理事长，当研中心主任岳阳花任秘书长。

当研中心主要从事世界政党政治、国际关系、中国外交、国家发展模式比较等相关领域研究，长期关注"一带一路"倡议等重大议题。中心拥有众多国际关系、经济学、国际法等领域专家，聘任具有国际影响力的国内外政要、专家学者为特约顾问和研究员。中心与国内主要研究机构和高等院校保持密切合作，与 40 多个国家和地区的 120 多家智库和研究机构开展交流与合作。

2017 年 2 月，中国社会科学院"一带一路"国际智库、蓝迪国际智库入选智库联盟理事会，成为其重要的理事成员之一，在智库研究、国际合作以及促进"一带一路"建设等方面开展了大量工作，并一直致力于推动新科技产业在"一带一路"沿线国家和地区的发展。2019 年 12 月 26 日，中国社会科学院"一带一路"国际智库、蓝迪国际智库因出色举办中哈共建"一带一路"国际高级研修班而获得了智库联盟理事会评选出的年度优秀理事单位"品牌活动奖"。

2021 年 1 月 13 日，当研中心主任岳阳花一行到访中国社会科学院"一带一路"国际智库、蓝迪国际智库，与中国社会科学院"一带一路"国际智库专家委员会主席、蓝迪国际智库专家委员会主席赵白鸽举行会谈。双方交流了各自平台机构的发展情况以及未来发展规划，并就未来中联部与蓝迪国际智库合作的具体方向、中国的对外宣传政策、2021 年待完成的具体活动和任务等内容进行了深入探讨。

赵白鸽主任表示，在智库建设工作中，当研中心给予了中国社会科学院"一带一路"国际智库、蓝迪国际智库重要的指导和支持，作为智库联盟理事单位，我们将积极践行责任使命，落实指导方针。2020年在当研中心指导下举办的"后疫情时代中巴合作的新机遇与挑战云端论坛""疫情防控与国家治理比较研究国际学术研讨会"获得了国内外的高度评价与积极影响。

岳阳花主任对中国社会科学院"一带一路"国际智库、蓝迪国际智库的战略布局和取得的成绩表示了高度认可。她表示，自加入智库联盟以来，蓝迪国际智库高质量承接了中联部的相关活动项目，双方保持着良好合作势头。2021年是我国"十四五"的开局之年，亦是建党一百周年的重要年份，当研中心以服务好建党一百周年、讲好中国故事为重要抓手，开展重大课题研究及策划重大对外联络活动安排。

2021年5月27日，经中央批准，中联部以视频会议方式举行世界马克思主义政党理论研讨会。中共中央总书记、国家主席习近平向研讨会致贺信，老挝人民革命党中央总书记通伦等多国政党领导人通过书面或视频方式致贺。来自48个国家和地区的马克思主义政党领导人、中央和国家机关有关部门及高校负责同志以及智库学者共约200人参加。会议主题为"当代马克思主义实践发展和理论创新"，主要讨论了"以人民为中心与摆脱贫困""新发展理念与高质量发展""'一带一路'合作与人类命运共同体"等议题。中国社会科学院"一带一路"国际智库、蓝迪国际智库受邀出席，并邀请战略合作伙伴中国基本建设优化研究会参加研讨会。

2021年12月23日，蓝迪国际智库一行到访当研中心，与岳阳花主任一行交流2021年双方合作情况并梳理2022年合作重点。双方围绕联合开展课题研究、联合举办重大活动、联合组织对外传播等意向达成合作共识。

（三）中国人民政治协商会议全国委员会民族和宗教委员会

中国人民政治协商会议全国委员会民族和宗教委员会（以下简称"民宗委"）是中国人民政治协商会议全国委员会设置的专门委员会之一，负责组织委员就民族、宗教方面的问题开展调研及其他活动。

　　民宗委是中国宗教界和平委员会的业务主管单位，根据《中国人民政治协商会议章程》以及全国委员会全体会议和常务委员会提出的相关任务开展工作。在常务委员会和主席会议领导下，围绕团结、民主两大主题，组织委员就民族、宗教方面的问题开展调研及其他活动。主要任务是学习、宣传和贯彻中国特色社会主义理论和宣传国家有关改革开放的方针政策；密切联系少数民族、宗教界委员和代表人士，听取和反映他们的意见和建议；组织本委员会委员调查了解国家的民族宗教政策的贯彻执行情况，对民族宗教工作方面的重要问题进行调查研究，提出意见和建议；加强与国家民族宗教部门的联系；发挥民族宗教界人士在促进祖国统一、维护世界和平事业中的作用。

　　为落实好汪洋主席关于"建立富有政协特色的应用型智库"的指示精神，进一步探索实践政协应用型智库建设，做好政协民族宗教工作，提高政协履职工作水平，扩大人民政协的影响，促进"一带一路"建设与发展，更好地为国家发展大局服务，2019年7月，民宗委与蓝迪国际智库正式建立战略合作伙伴关系。2019～2021年，双方围绕公共外交、文化互鉴、提升国家软实力等重要议题，多次召开工作对接会议，并达成合作共识：一是专项调研"一带一路"国家，推动宗教公共外交，促进不同宗教之间的多元共存与和平包容；二是就"一带一路"共建国家和地区的民族、宗教问题形成高水准的研究报告和国别分析；三是组织"政协宗教文化论坛"和"民族与宗教文化研讨会"，集聚多方智慧共同探讨"一带一路"共建国家和地区处理民族宗教问题的做法和经验，为做好我国民族宗教工作提供借鉴。

　　2021年12月3～4日，全国宗教工作会议在北京召开。中共中央总书记、国家主席、中央军委主席习近平出席会议并发表重要讲话。继2016年后，时隔5年再次召开全国宗教工作会议，充分体现了以习近平同志为核心的党中央对宗教工作的高度重视。2021年12月20日，受民宗委邀请，中国社会科学院"一带一路"国际智库专家委员会主席、蓝迪国际智库专家委员会主席赵白鸽，中国社会科学院"一带一路"研究中心副主任、中国俄罗斯东欧中亚学会秘书长、研究员王晓泉赴全国政协参与宗教问题深度座谈，并就伊斯兰教和佛教问题分享意见建议。双方于 2022 年 1 月 13 日召开研讨会，共同探讨伊斯兰世界与阿富汗塔利班政权的关系，进而分析阿富汗塔利班政权的内外政策走向及对中国战略利益的影响。

未来，中国社会科学院"一带一路"国际智库、蓝迪国际智库将与民宗委注重围绕中心、服务大局，针对国家和地方经济社会发展以及民族宗教领域重点、难点问题，做务实调研，献发展良策，谋可行之计；始终聚焦铸牢中华民族共同体意识，坚持我国宗教中国化方向、积极引导宗教与社会主义社会相适应，选择不同的角度和切口开展深入调研和协商，形成一批议政建言成果。

（四）中国社会科学院

中国社会科学院是中国哲学社会科学研究的最高学术机构和综合研究中心，是党中央国务院重要的思想库和智囊团。2015 年，中国社会科学院党组研究决定启动蓝迪国际智库项目，依托国家级智库中国社会科学院雄厚的学术资源以及创新成果为蓝迪国际智库的发展提供支撑；为共建"一带一路"发展提供智力支持。蓝迪国际智库项目为期 3 年，于 2017 年底圆满结项。

在蓝迪国际智库项目前期的系统筹备和取得丰富成果的基础上，2017 年 5 月，经中国社会科学院党组研究决定正式成立中国社会科学院"一带一路"国际智库，隶属中国社会科学院亚太与全球战略研究院管理执行。该项目获得了国家发展改革委、财政部、工信部等国家部委的支持。

2018 年 5 月，中国社会科学院"一带一路"国际智库启动会在京召开。至此，由中国社会科学院"一带一路"国际智库、蓝迪国际智库联合形成的国家级智库创新平台，始终在中国社会科学院党组、"一带一路"国际智库理事会的领导下，在承接国家部委重要课题、服务区域经济发展、扩大机构合作网络、加强与国家部委的协调联动、助力智慧城市建设、开展"一带一路"国际合作、开展智库研究等方面积极探索。

中国社会科学院丰富、优质的学术资源、社会资源和国际资源为蓝迪国际智库的成功孕育和跨越式发展奠定了坚实的基础。依托于中国社会科学院各研究所、研究中心和专家团队的专业力量，蓝迪国际智库不断在智库研究工作和国际会议平台上实现新突破，获得新发展，取得新成就。

在智库研究方面，中国社会科学院积极推动前瞻性与现实性、战略性与政策性、综合性与专题性的重大课题研究。在服务区域经济发展方面，中国社会科学院积极发挥高端智库在助力地方经济社会发展中的智力支撑作用，为地方发展创新思想、集聚智慧、储备人才，着力提升我国地方政府决策的科学化、民主化和法治化水平。同时，积极开展城市综合经济研究和产业发展研究，力求为城市建设与产业发展寻求最佳解决方案；在国际合作与传播方面，中国社会科学院不断加强对外传播能力和话语体系建设，为"一带一路"的高质量发展营造了良好的国际舆论环境。

蓝迪国际智库将始终积极融入中国社会科学院这一国家级思想库与智囊团，充分发挥应用型智库的作用，与中国社会科学院在战略研究、学术交流、国际合作等方面进行密切深入合作，打造具有国际影响力的中国特色应用型高端智库品牌。

二　合作机构

（一）新华社、中国经济信息社

新华社是中国国家通讯社和世界性通讯社，久经时代考验，肩负着党和人民赋予的神圣使命，发挥喉舌、耳目、智库和信息总汇作用。新华社建立了覆盖全球的新闻信息采集网络，形成了多语种、多媒体、多渠道、多层次、多功能的新闻发布体系，集通讯社供稿业务、报刊业务、电视业务、经济信息业务、互联网和新媒体业务等于一体，向世界各类用户提供文字、图片、图表、音频、视频等各种新闻和信息产品。新华网是新华社主办的中国重点新闻网站，被称为"中国最有影响力网站"。新华社开通 31 个地方频道，承办中国政府网、中国平安网、中国文明网、振兴东北网等大型政府网站，形成了中国最大的国家级网站集群。

2021 年正值新华社建社 90 周年，新华社正全面推进战略转型，加快由以传统新闻产品生产为主向新时代多媒体新闻信息业态拓展、由以面向媒体为主向直接面向终端受众拓展、由以立足国内为主向有重点地更大范围参与国际竞争拓展。新华社的舆论引导能力和国际传播能力不断提升，在国际传媒领域的地位和影响力与日俱增。

作为中国特色社会主义世界性现代国家通讯社和国际一流的现代全媒体机构，新华社对中国社会科学院"一带一路"国际智库、蓝迪国际智库的发展发挥重大指导作用。2021 年 9 月 29 日，新华社社长、党组书记何平与中国社会科学院"一带一路"国际智库专家委员会主席、蓝迪国际智库专家委员会主席赵白鸽于新华社总部举行会见会谈，就双方"巩固合作基础、扩大合作范围、推动项目落地、增强合作成效"等重要问题交换意见。新华社副秘书长兼办公厅主任朱海黎、中国经济信息社董事长徐玉长、总编室副主任班玮、副总裁曹文忠、智库事业部总经理金雷，中国社会科学院"一带一路"研究中心秘书长、蓝迪国际智库专家委员会委员王晓泉，蓝迪国际智库副秘书长马融等陪同出席。

近年来，中国社会科学院"一带一路"国际智库、蓝迪国际智库与新华社在高层会议组织、智库报告、新闻传播等多方面的合作取得了重大成果，并逐步开展研究课题、区域和城市项目、新媒体传播合作、科技创新、国际交往等多领域、深层次合作。

中国社会科学院"一带一路"国际智库、蓝迪国际智库与新华社以及新华社智库体系展开深入全面的对接合作，加强良性互动与协同创新，实现"智库网络共建、智库资源互通，智库成果共享"；推动"研究先行、产业导入、项目落地",实现双方"智库 + 城市"服务网络的互融互通;中国社会科学院"一带一路"国际智库、蓝迪国际智库积极融入由新华社发起成立的"一带一路"国际智库合作委员会,加强对外传播能力和话语体系建设,促进"一带一路"国际项目合作落地见效。

面向未来,中国社会科学院"一带一路"国际智库、蓝迪国际智库将充分发挥自身特色和优势,聚焦发展,打造新一代高端应用型智库典范。与此同时,蓝迪国际智库也将本着坚守初心、合作共赢的发展理念,与新华社携手,逐步探索与市场经济成功对接、多元运营体制并存的事业发展新路子,紧密围绕党和国家战略发展目标,开展注重实效、卓有成效的研究与合作。

智库和媒体都是十分重要的国家智力资源,智库与媒体的融合发展能充分发挥媒体的渠道优势和传播优势,补智库理论产品发布渠道之"短"。同时,借智库深度剖析与科学建言能力,补媒体研究能力缺乏之"短",可实现真正意义上的优势互补和融合发展。

中国经济信息社(以下简称"中经社")是新华社直属机构,成立于1989 年,2016 年 4 月 26 日重组改制并挂牌运行,全面负责新华社经济信息采集、产品生产、市场营销和用户服务等。发展经济信息、服务国家战略是中经社的使命。依托新华社遍布全球的采编网络和资源优势,中经社初步建起了覆盖各领域的经济信息采集、加工、分析、营销、服务体系,开发了动态资讯、深度分析、数据查询、即时行情、交易撮合等产品和服务,可向用户提供线上实时查询服务,也可提供线下智库咨询服务;现已成为国内规模最大、服务领域最广、产品种类最全的经济信息服务机构。

为促进中国社会科学院"一带一路"国际智库、蓝迪国际智库与中经社进行资源整合、提升经济信息服务国家战略能力,双方积极展开专业化、全面化合作。2020 年,双方合作硕果累累。中经社积极参与了"推动京津冀协同发展,建设现代化保定"高级咨询会、"打造农业三产融合,推动智慧社区新发展"研讨会、"创新智能制造推动长株潭一体化协同发展"蓝迪高层咨询会、"青海黄河流域生态保护和高质量发展"座谈会暨蓝迪国际智库专家咨询会、"中国海南自由贸易港双循环与对外开放新格局"高层咨询会、第三届十字门金融周及"后疫情时代中巴合作的机遇与挑战"（云端论坛）等一系列国内外重要活动，共同发布了《中国城市数字治理报告（2020）》《青海特色农业产业发展报告》《践行"两山"理论多措并举建设三江源国家公园》等智库报告，取得良好反响。

2021年，为深入贯彻新发展理念，深化市场化改革，中国社会科学院"一带一路"国际智库、蓝迪国际智库与中经社共同举办"打造海南自贸港国际一流营商环境与高质量发展专题研讨会"，邀请海南省政府相关领导、专家学者和企业代表围绕如何以法治化、国际化、便利化营商环境为着力点引领自贸港经济高质量发展展开研讨，解读海南营商环境相关政策，对标世界一流营商环境的地区剖析海南营商存在的突出问题，并提出打造海南自贸港国际一流营商环境与高质量发展的可实现路径。

与此同时，中经社利用旗下新华财经、新华信用、新华丝路等国家级信息平台提供了权威全面的报道支持，为中国社会科学院"一带一路"国际智库、蓝迪国际智库系列活动的成功举办和影响力传播做出巨大贡献。

未来，合作双方将在资源、研究、标准、数据、产品等层面互通互享，推进以下重点工作：一是共同组织开展以金融科技、数字货币等为主题的综合性、应用性研究，整合双方资源力量；二是在"一带一路"共建国家加强信息数据采集和课题研究，提升经济信息服务国家战略能力；三是围绕建设互联互通的国际营商环境合作平台，开展智库研究和高端咨询合作，为地方营商环境建设进行国际化赋能，共同打造重点示范项目和产品；四是在智慧城市领域，挖掘和整合5G、区块链、大数据、云计算、边缘计算、人工智能、物联网等领域的先进技术和企业，聚焦电子商务先进制造、创新生态等领域，为政府和企业数字化转型提供智力支持。

（二）国家发展改革委城市和小城镇改革发展中心

国家发展改革委城市和小城镇改革发展中心（以下简称"城市和小城镇改革发展中心"）是国家发展改革委直属事业单位，成立于1998年，主要承担城镇化、城市发展、城乡融合及相关领域的政策研究和决策咨询工作，为党中央、国务院相关政策文件制定和规划编制提供研究支撑，为全国城市和小城镇发展提供政策咨询服务，为全国城市和小城镇发展编制各类规划，为城市间国际合作、智慧城市建设、城镇化新媒体宣传推广、文化体育交流、城市多样化融资搭建专门平台，是专注于城镇化、城市发展和城市规划问题的高端智库。

城市和小城镇改革发展中心是中国社会科学院"一带一路"国际智库、蓝迪国际智库的紧密合作机构，近年来双方在智库研究、活动组织、技术推广、城市赋能、国际合作等领域积极开展各项合作。2018年，在城市和小城镇改革发展中心主任史育龙（时任）、学术委秘书长冯奎的指导和支持下，蓝迪国际智库与城市和小城镇改革发展中心共同完成了《"一带一路"年度发展报告（2018）》，该报告是一份高质量的智库成果，对"一带一路"发展具有重要的借鉴价值，并体现出重要的预见性和前瞻性。

2019年，双方聚焦"绿色发展"与"智慧城市"两大主题，携手推动新型智慧城市高质量与可持续发展，共同主办了以"共建绿色和智慧的未来城市"为主题的"第五届中国智慧城市国际博览会"、"2019中欧绿色智慧城市峰会"以及"2019广西壮族自治区开放发展高层咨询会"。相关会议聚集中国及欧盟各国城市代表、专家学者、企业负责人等就绿色智慧城市的发展现状和前景，以及如何推动政企间交流合作等问题进行了深入探讨。

2020年，双方共同组织完成《"一带一路"城市合作发展研究》课题报告，该报告总结了"一带一路"城市合作的优势和问题，展望了"一带一路"城市合作的愿景，并提出了要高举可持续发展的旗帜，用好城市这个最优载体，在中国国际城市发展联盟的基础上筹建"一带一路"可持续城市联盟，该报告荣获 2020 年度"国家发展和改革委员会优秀研究成果奖"。

在新型全球化和第四次工业革命浪潮下，中国社会科学院"一带一路"国际智库、蓝迪国际智库与城市和小城镇改革发展中心将为国家新型城镇化发展、城市发展战略、产业转型升级以及基本政策的制定及实施提供理论与技术支撑；共同宣传推介智慧城市建设优秀案例与成果，加强国内外智慧城市交流，搭建智慧城市国内外合作的重要平台。与此同时，双方将以实现"双碳"战略目标为核心，在节能环保、降碳减排等新兴技术的挖掘、推广方面紧密合作，加强"绿色生产力赋能智慧城市建设"领域的联合研究，积极推动国内外优秀企业广泛参与绿色智慧城市建设。

（三）工业和信息化部赛迪研究院

工业和信息化部赛迪研究院是直属于工业和信息化部的一类科研事业单位。成立 20 多年来，赛迪研究院支撑制造强国和网络强国建设，聚焦两化融合、智能制造、数字经济、军民融合等重点领域，逐步形成了研究咨询、评测认证、科技服务、媒体会展、军工业务、产业金融六大业务布局。下设 18 个研究所、中国软件评测中心和赛迪集团等 20 余家控股企业，在重庆、广东、江苏、山东等地设有分支机构，累计为 20 余个国家部委、400 余个地方政府、5000 余个行业企业提供服务。

赛迪研究院一直是中国社会科学院"一带一路"国际智库、蓝迪国际智库重要的战略合作伙伴。双方聚焦四大领域合作。一是加强交流研讨，实现优势互补。赛迪研究院的专家学者积极参与蓝迪国际智库在青海、湘潭等省市召开的系列高层咨询会活动，助力智库在产业规划与投资咨询、企业管理顾问、电子政务咨询和市场策略咨询等领域的专业咨询服务能力，提供科技载体落地、科技产业支撑及孵化、产业 IP 资源培育及品牌塑造等专业服务与技术支持。二是共同"挖掘、培育、推介"人工智能、机器人、智能制造、数字经济等领域的"隐形冠军"企业。通过搭建企业交流合作的桥梁，双方聚集国内外创新企业资源，开发与推广第四次工业革命技术，为推动中国未来科技的创新发展而搭建新兴产业孵化平台。同时，双方组织了一系列"新科技产业研讨会"，对第四次工业革命高新技术企业、"隐形冠军"技术进行深入调研及科学性评估，为企业提升科研能力及实现可持续发展提供了重要建议。三是加强前瞻性研究。双方在产业规划、产业转型升级、企业技术评估与战略规划、第四次工业革命技术等方面紧密开展联合研究，形成了《抓住机遇，超全布局，加快推进军民融合新兴技术创新突破》《5G 发展中必须面对的若干问题》等高质量报告，合力赋能政企抢先布局产业的黄金赛道，赢得发展先机。四是组织重要信息发布。双方共同编译了《中国与国际秩序》《特朗普对阵中国：美国所面临的最大威胁》《乔·拜登：生平、参选和现在重要的事》《美中脱钩》《非对称竞争》《克制战略》等外文书籍，将涉及中美关系等重要信息及时呈送给政府高层，从而为对美外交政策及战略决策提供智力支持。

　　未来，双方将共同聚焦地方与企业发展过程中的战略性、引领性、重大基础共性需求，突出重点领域，集中优势资源，着力解决制约产业链升级的关键"瓶颈"；通过开展产业规划、园区建设、招商引资、创新技术评估与认证、研究报告、专家评审、国际交流，帮助地方政府强化产业共性技术的支撑能力，为企业全面数字化转型护航。

（四）中国基本建设优化研究会

　　中国基本建设优化研究会（以下简称"中基会"）创建于 1978 年，是国家一级学会，现由中国科协主管。中基会长期承担中央层面政策研究、建言献策和政治经济体制及产业机构的优化发展任务，承载中央和有关职能部门委托的重大课题的顶层设计和实践探索；肩负宏观经济和区域经济发展的使命。研究领域涵盖农业、林业、水利、能源、科技、环保、文化、金融等多个方面，是具有跨学科、跨领域、跨行业、跨地区特点的国家智库。

　　目前，中基会已形成"四大板块"。一是国家智库板块，其作用是充分发挥"国家队"作用，为各级政府出谋划策，为区域经济发展提供咨询、规划、设计、产业调整服务；二是政商学研服务板块，其作用是充分发挥桥梁和纽带作用，在政商学研对接、资源调配、策略运用方面进行优化；三是金融运作服务板块，其职能是充分开展在金融产品开发、PPP 模式、金融价值链建设等方面的有益探索，围绕工商资本、社会资本、金融资本进行优化，为企业提供包括信贷、基金、证券、保险在内的多方位现代金融创新服务；四是科技文创服务板块，其作用是充分整合科技文化创意资源，积极实施科技孵化项目和文化产业项目，为科技文化创意产业人才和科技文化资源提供优化发展空间。

自 2020 年 12 月起，中基会与中国社会科学院"一带一路"国际智库、蓝迪国际智库建立了战略合作伙伴关系，双方以智库研究、政企服务、城市网络以及国际网络为核心，在落实国家战略、提升区域经济发展动力、搭建产业发展基础平台，以及"一带一路"、营商环境、智慧城市、金融安全等领域开展深入合作。双方携手推动国际医协体建设和发展，共同积极参与我国医疗卫生事业改革发展的实践与探索，推动我国公共卫生基础平台搭建，为区域经济和健康产业发展助力。

2021 年 2 月 22 日，受中基会邀请，中国社会科学院"一带一路"国际智库专家委员会主席、蓝迪国际智库专家委员会主席赵白鸽一行与中基会领导、国际医协体项目负责人围绕"国际医疗协作项目""国际医疗旅游产业发展"等重要问题举行会谈；2021 年 6 月 24 日，双方联合主办"中国（海南）自由贸易港双循环与对外开放新格局"高层咨询会下设的"海南数字医疗发展战略"专题研讨会，会议围绕如何利用数字化技术，开展国际医疗协作、电子病历交换、健康科普宣教等项目，推动海南医疗健康产业的建设与发展进行了探讨；2021 年 10 月 15 日，智库专家受邀出席中基会数字健康分会成立暨首届新型医疗卫生基本建设优化发展论坛。中国社会科学院"一带一路"国际智库、蓝迪国际智库平台紧密协同中基会，发挥资源整合优势，以原始要素累积叠加为基础，以创新元素多维导入为支撑，通过医工融合、医金融合、医服融合等"智库＋N"高质量合作，推进数字健康经济格局形成，促进国家经济社会的优化发展、高质量发展。利用好平台的公益性，强化公信力，推动数字健康分会项目成为国家社会化服务重点示范项目。

未来，两大智库团队将以服务国家发展大局为核心，充分发挥高端智库的资源优势，共同为政企提供政策咨询、顶层设计、产业升级、科技孵化及资源对接服务，总结推广第四次工业革命技术创新以及新基建的建设和发展经验，推动产业经济和区域经济优化发展，为构建国内国际"双循环"新发展格局贡献力量。

（五）中国标准化研究院

中国标准化研究院（以下简称"中标院"），隶属于国家质量监督检验检疫总局，是唯一的国家级社会公益类标准化研究基地；经过 50 多年的发展，形成了科学研究、标准研制、实验验证、支撑政府、信息服务和成果转化六大业务板块。作为国家质量基础设施（NQI）体系中标准化工作的理论基地和技术支撑，中标院围绕"一带一路"倡议的实施，先后建立了全国最大的国家标准文献共享服务平台，承担了国家"十三五"重大科技研发计划 NQI 标准专项和中国标准"走出去"适用性研究，支撑质检总局和标准委研究起草标准，联通"一带一路"行动计划和国际合作产能规划，为地方、行业和众多企业提供了全方位的标准化服务和人员培训。中标院总计获得国家级科技奖励 6 项、省部级奖励 300 余项，取得专利 120 余项，发表科技论文 2100 余篇，出版著作 510 余部；承担 46 个全国标准化（分）技术委员会，以第一起草单位身份研制国家标准 1326 项。同时积极参与国际标准化活动，对接 ISO 国内技术对口单位 63 个，主导制定 ISO 国际标准 49 项，标准科研能力和水平正在从国内一流向国际一流迈进。

中国社会科学院"一带一路"国际智库、蓝迪国际智库高度重视标准化问题，积极支持中标院承担相关领域的标准化科学实验研究、验证、测试评价、开发及科研成果应用工作。双方密切合作，成功举办了企业参与的 NQI

标准培训班，辅导并帮助企业完成相关标准制定，为平台企业走向市场、走向世界，参与"一带一路"建设提供服务和支持。

在 2016 年 11 月 15 日举办的"一带一路"中国—印度尼西亚合作发展国际研讨会上，双方明确了在服务中国与印尼企业间质量管理、标准互认、国际质量管理体系对接等方面展开深入合作，促进行业标准国际互认，实现标准领域互联互通。2017 年 11 月 6 日，由中国社会科学院蓝迪国际智库项目主办，农业部农产品质量安全中心、中标院共同承办"一带一路"企业能力建设培训班，三方结合农业、工业大数据和国际通用的 NQI 理念，为我国企业如何提升"走出去"应对能力提供了强有力的支撑和引导。2018 年 10 月 23 日，双方共同努力完成了《新疆亚欧国际物资交易中心有限公司企业标准》的制定。该标准帮助企业实现在"一带一路"国家及上海合作组织成员国间开展跨境电商大宗商品交易活动并成立交易所。目前，双方共同制定的《跨境电子商务大宗商品交易指南》国家标准，已向国家标准委申请立项。2019 年 1 月 22 日，双方共赴山东天壮环保本部实地考察并成功召开生态塑料技术标准研讨会，就企业如何建立健全生态塑料技术标准体系及企业遇到的技术瓶颈提出实质性建议。

2021 年 10 月 27 日，双方共同完成江苏欧尔润生物科技有限公司《厨余垃圾微生物降解技术企业标准》《厨余垃圾微生物降解菌剂技术要求企业标准》的制定，现正积极筹备团体标准的建设工作，以期紧抓碳中和发展新机遇，帮助实现企业高速、高质量发展。

未来，中国社会科学院"一带一路"国际智库、蓝迪国际智库将充分发挥新型智库的资源整合优势，在加强科研技术成果转化等方面与中标院深化合作，共同探讨企业在企标、团标、行标、国标以及参与国际标准制定的路径，畅通国内外企业标准化研究和信息查询途径，联合开展企业标准化能力建设和服务，共同促进企业标准人才培养，加速实现中国标准的世界认同。

（六）中国信息通信研究院华东分院

中国信息通信研究院（以下简称"中国信通院"）华东分院（以下简称"华东分院"）成立于2010年9月，是由中国信通院、上海市经济和信息化委员会等共建的地方政府智库和研发创新平台。当前业务领域涵盖电信、互联网、两化融合与信息化应用，在人工智能与大数据、数字经济、智慧城市等专业方向进行前瞻性布局，向政府与企业提供决策支撑、咨询规划、项目实施、标准规范、试验验证、测试评估等服务与解决方案。华东分院深入贯彻党的十九大"互联网、大数据、人工智能与实体经济深度融合"总体思想，在长三角地区开展"网络强国、制造强国、数字中国、智慧社会"的探索与实践，支持长三角一体化发展国家战略，助力上海打造卓越的全球城市。

立足国家高端专业智库和产业创新发展平台，华东分院在电信、互联网、两化融合、信息化应用四个领域，数字化转型、数字经济、智慧城市、人工智能、大数据和5G五大专业方向，向政府、行业、企业提供战略、规划、咨询、技术、培训等服务。在数字化转型方面，华东分院全面支撑上海市数字化转型；在数字经济方面，持续聚焦5G、大数据、人工智能等新一代信息技术与实体经济深度融合，开展数字经济基础研究课题、数字经济白皮书、数字产业规划、数字经济发展报告等一系列数字经济相关咨询研究，同时参与和举办与数字经济相关的论坛会议，已形成一定品牌影响力；在智慧城市方面，制定符合城市或区域发展需求的新型智慧城市架构，业务服务包含总体规划与行动计划、主题研究与标准制定、项目策划与咨询设计、项目管理与项目评估；在人工智能方面，承担上海市医疗人工智能公共训练平台建设，以人工智能新技术为引领，共同打造汇聚人工智能科研院所、人工智能企业、医疗机构及用户的多方资源集聚平台；在大数据方面，着重开展大数据产业服务平台建设，为政企客户开展智慧政府、智能金融、智能客服等产业化项目合作和咨询服务；在5G方面，基于5G等基础研究与技术能力，紧密结合政府和市场双重导向，推动智慧政务、智慧医疗、无人驾驶、城市治理、智慧园区等领域基础平台建设与创新应用实施。

2021 年，中国社会科学院"一带一路"国际智库、蓝迪国际智库与华东分院在产业分析、区域规划、政策咨询等方面深入交流合作。2021 年 7 月 14～16 日，为优化余姚机器人产业规划顶层设计并指导产业落地，加快余姚机器人产业链协同创新发展和特色机器人产业集群培育，蓝迪国际智库参与承办第七届中国机器人峰会暨智能经济人才峰会，会后联合华东分院在深入调研的基础上对余姚机器人产业情况进行了梳理，形成了《关于我国机器人产业发展的建议》，为加速余姚产业智能化转型、加快余姚机器人产业链协同创新发展提供了智力支持，该报告获得了中央领导的高度重视。

2021 年 10 月 10～12 日，根据中央批示精神，工信部装备一司、华东分院、蓝迪国际智库共同对余姚机器人产业的代表企业智昌科技集团股份有限公司、宁波伟立机器人科技股份有限公司进行实地考察调研，深入了解相关企业的发展现状及发展需求，并在余姚市政府领导、余姚市经信局、余姚市科技局、余姚经济开发区的支持和组织下，围绕"机器人产业发展和推广应用"召开企业座谈会。

2021 年 10 月 18 日，华东分院院长张雪丽受邀出席嘉兴数字经济发展论坛暨蓝迪国际智库高层咨询会并针对嘉兴数字经济发展提出了相关建议。会后，在深入调研和充分讨论的基础上，蓝迪国际智库与华东分院共同形成了《嘉兴市数字经济产业发展报告（2021）》，该报告论述了数字经济的概念以及国内外数字经济总体发展现状与态势，进而从发展环境、数字产业化和产业数字化等方面介绍嘉兴市数字经济产业发展情况，总结其在传统产业转型、高能级平台、产业链整合、数字基础设施方面的创新亮点，并探究了嘉兴数字经济发展问题瓶颈，分析了未来发展趋势，为嘉兴打造数字经济新高地提出建议，该报告获中央领导重视与批示。

未来，中国社会科学院"一带一路"国际智库、蓝迪国际智库与华东分院将共同聚焦新兴产业，在数字经济、智慧社会、人工智能等产业领域深入探索与实践；与此同时，加强在会议组织、国家合作等方面的信息互通，充分发挥华东分院"世界人工智能大会"承办方、"工信部五大涉外培训基地之一"的独特优势，实现双方品牌赋能与优势互补。

（七）中国国际经济交流中心

中国国际经济交流中心（以下简称"国经中心"）成立于2009年3月20日，是经民政部批复成立的社团组织，主管部门为国家发展和改革委员会。2015年底，国经中心入选首批国家高端智库建设试点单位。中心理事长由国务院前副总理曾培炎出任。

国经中心的业务范围包括以下几个方面。（1）战略问题研究。根据国家发展需要开展涉及国家利益和安全的前瞻性、战略性、全局性问题研究，提供对国家发展环境的评估和战略规划、决策方案及政策设计建议。（2）经济问题研究。开展国际国内经济、贸易、金融、投资等领域研究；国家宏观经济政策、产业发展、结构调整、体制改革等领域研究；对国内外经济变动趋势、重大热点、难点问题的持续研究。（3）经济交流合作。与国（境）外政府、企业、研究机构、高等院校、社会团体及国际组织开展合作；围绕重大经济社会问题、双边多边合作、国际公共政策、全球治理等进行交流；组织国内外智库举办论坛、研讨会等活动；为国内外研究机构、企业和政府开展经济合作，交流信息、成果与经验提供渠道与平台。（4）政策咨询服务。为政府编制经济和社会发展规划、研究制定经济政策等提供分析报告和建议；为地方政府制定区域发展规划、行业组织制定产业发展规划等提供智力支持；为企业战略规划、经营决策、海内外投资与重组、技术创新及市场开拓提供信息、政策等咨询服务。

2021年4月13日，由国经中心、美国哥伦比亚大学、阿里研究院与飞利浦（中国）投资有限公司共同组成的《中国可持续发展评价报告》课题组在京豫经济文化交流中心举办"后疫情时代的可持续发展问题"研讨会暨课题顾问聘请仪式。国经中心副理事长、秘书长、蓝迪国际智库专家委员会委员张大卫，环境保护部原副部长周建，国务院参事、住房和城乡建设部原副部长、蓝迪国际智库专家委员会委员仇保兴，中国社会科学院"一带一路"智库专家委员会主席、蓝迪国际智库专家委员会主席赵白鸽，国家统计局原副局长、党组成员许宪春以及来自多家智库、企业、媒体的数十位代表出席本次活动。活动中，赵白鸽发表了《新冠疫情后公共卫生可持续发展的建议》的演讲。

2021 年 7 月 14 ~ 16 日，由工业和信息化部、科技部（国家外国专家局）指导，浙江省人民政府主办，宁波市人民政府、科技部高技术研究发展中心、中国社会科学院"一带一路"国际智库、蓝迪国际智库等机构参与承办的第七届中国机器人峰会暨智能经济人才峰会于浙江省余姚市召开。国经中心副理事长兼秘书长、河南省人民政府原副省长、蓝迪国际智库专家委员会委员张大卫受邀出席"星火计划：人机共融智能机器人操作系统论坛"，并做题为《智能经济时代：技术、就业与教育问题》的主旨发言。

2021 年 12 月 21 日，国经中心、美国哥伦比亚大学地球研究院、阿里研究院、飞利浦（中国）投资有限公司与社会科学文献出版社共同发布了《可持续发展蓝皮书：中国可持续发展评价报告（2021）》。报告指出，2015 ~ 2019 年，中国可持续发展总体状况得到稳步改善，并公布了 100 座大中城市可持续发展指标体系数据验证排名结果。中国社会科学院"一带一路"智库专家委员会主席、蓝迪国际智库专家委员会主席赵白鸽受邀出席并致辞。

未来，中国社会科学院"一带一路"国际智库、蓝迪国际智库与国经中心将以服务国家发展、增进人民福祉、促进国际交流与合作为宗旨，坚持以中国特色社会主义理论为指导，秉承"创新、求实、睿智、兼容"的理念，积极开展国际国内重大理论问题、战略问题、热点问题和全局性问题的研究，努力建设高水平和有国际影响力的中国特色新型智库，汇集社会智力资源，为国家、地方和企业决策提供智力支持与咨询服务，为增强国家软实力做贡献。

（八）中国人民对外友好协会

中国人民对外友好协会（以下简称"全国对外友协"）是从事民间外交事业的全国性人民团体，以增进人民友谊、推动国际合作、维护世界和平、促进共同发展为宗旨，秉持人类命运共同体理念，充分发挥"民间外交引领作用、公共外交骨干作用、中外地方政府交流桥梁作用"，代表中国人民广交深交世界朋友，服务中国和平发展与国家统一大业，致力于促进人类友谊、合作、和平、发展事业。全国对外友协成立60多年来，在中国共产党和政府的坚强领导和中国人民的大力支持下，全面贯彻独立自主的和平外交政策，为增进人民友谊深耕细作，为促进国家友好铺路架桥，为推动国际合作穿针引线，为新中国站起来、富起来、强起来做出了独特贡献，充分展现了中国特色、中国风格、中国气派的民间外交。

2020年12月29日，中国社会科学院"一带一路"国际智库专家委员会主席、蓝迪国际智库专家委员会主席赵白鸽一行与全国对外友协会长林松添举行会见会谈。双方围绕打造民间外交新格局、高质量共建"一带一路"、加强智库与民间友好团体合作、引导企业"抱团出海"等议题展开讨论，并就2021年双方深度对接各领域优势资源、加强协调联动、促进合作共赢达成共识。2021年2月5日，全国对外友协与蓝迪国际智库正式建立战略合作伙伴关系，双方将深度对接各领域优势资源，通过国别研究、城市研究、产业研究等方式，共同开展促进民间友好往来，夯实中外密切友好国际合作的相关活动。

2021年是中国—巴基斯坦建交70周年，在这一具有重要历史意义的关键时间节点，为进一步加强中巴全天候战略合作伙伴关系，推进中巴经济走廊高质量建设，打造新时代更加紧密的中巴命运共同体，中国社会科学院"一带一路"国际智库、蓝迪国际智库与全国对外友协共同组织了中国—巴基斯坦建交70周年招待会。中华人民共和国副主席王岐山出席招待会并致辞。林松添会长主持招待会。十三届全国人大宪法和法律委员会主任委员、全国中巴友好小组组长李飞，国家国际发展合作署署长罗照辉，中联部副部长陈洲，商务部副部长张向晨，外交部部长助理吴江浩，中央军委军合办副主任张保群等与巴基斯坦驻华大使莫因·哈克以及其他国家驻华使节代表240余人出席。

中国社会科学院"一带一路"国际智库、蓝迪国际智库将与全国对外友协共同高举和平、发展、合作、共赢的旗帜，秉持相互尊重、平等相待、友好合作、共同发展的原则，坚守初心、牢记使命，同世界各国人民交朋友、结伙伴，致力于民相亲、心相通，促进国际广泛交流与合作，服务民族复兴、世界共赢，为推动构建新型国际关系和人类命运共同体贡献民间外交力量。

（九）中国医药创新促进会

中国医药创新促进会（以下简称"中国药促会"）成立于1988年，是经民政部登记注册的非营利性全国性4A级社会组织。中国药促会秉承"创新、产业化、国际化"的宗旨，以临床需求为导向，长期致力于"产学研用资"紧密结合，促进医药行业创新发展，已经成为集医药创新研发型企业、科研机构、临床研究机构、创新服务机构和医药投资机构于一体的医药创新产业化促进平台，目前有会员单位167家。中国药促会已成立了药物研发、药物临床试验研究、医药政策、医药创新投资等专业委员会，形成了以创新为核心、以促进创新为目标的涵盖药物研发、生产、使用以及投融资的全链条组织架构，并作为国际药品制造商协会联合会（IFPMA）的成员继续拓展国际交流渠道。

中国药促会工作内容主要包括：（1）开展医药政策研究，为我国医改事业、完善药物政策和医药产业发展建言献策；（2）通过举办各种论坛、发布会、大型会议等活动，促进会员单位乃至整个医药产业的相互交流、创新发展；（3）通过与国内外医药行业协会、企业、科研机构和外国驻华使馆合作，推动国际医药产业的多方位、多维度合作交流，为会员单位搭建国际交流平台；（4）践行国家创新驱动发展战略指导精神，为会员单位拓宽医药创新投融资渠道、搭建合作平台，推动社会资本加大对初创及研发型企业自主创新项目的投入，营造更有吸引力的医药创新投资环境；（5）为会员单位提供医药信息搜集、整理、评价服务。

2019年8月21日，中国药促会执行会长宋瑞霖受邀参加由中国社会科学院"一带一路"国际智库、蓝迪国际智库主办的第二届十字门金融周中国医药产业投资峰会，宋瑞霖给金融周举办地横琴开出了"药方"：第一，横琴要利用澳门与葡语系国家的连接助力中国药品通过"一带一路"走出去。同时建立中国与欧盟之间的药品认证平台，让葡萄牙成为中国药企通向欧洲的转折点。第二，横琴可建立中国药品与欧洲药品相互申报与服务贸易的平台，成为中欧药品交易的通道，实现转口贸易和离岸贸易。第三，建立国际药品知识产权评估和交易中心。第四，横琴要加快建成天然药物的标准和评价中心。2020年11月16~18日，宋瑞霖会长第二次出席十字门金融周。在他看来，横琴把中医药作为重点扶持的产业，任务艰巨。中医药作为我国的文化瑰宝，基础深厚，为国人的健康做出了重大贡献；但同时也要认识到，将传统的中医药与现代医学紧密结合面临一定的挑战。中医药现代化发展应做到"传承精华，守正创新"。

2021年9月25日，中国社会科学院"一带一路"国际智库、蓝迪国际智库专家委员会主席赵白鸽在出席由中国医药创新促进会主办的第六届中国医药创新与投资大会开幕式时指出，在第四次工业革命和数字经济的时代背景下，加快我国医药产业创新发展对于构建人类命运共同体、合作共建"一带一路"健康医疗生态圈具有重要意义。赵白鸽认为，医药行业要实现国际化发展，不仅是技术的国际化，还包括技术的引进、终端产品的引进输出以及境外的投资布局等。制药企业要系统地制定国际化的发展战略，以开放心态积极参与全球竞争。

中国社会科学院"一带一路"国际智库、蓝迪国际智库与中国药促会携手深入分析基础研究、政策、市场、资金等要素对提升我国医药创新能力的影响，找出现阶段全产业链条中存在的薄弱环节和面临的挑战，从多维度提出具有实质意义的建设性意见，促进中国医药创新高质量发展，以期建设面向国际、适合中国生物医药创新可持续发展的生态环境，为我国成功转型医药创新强国做出积极贡献。

（十）国浩律师事务所

在推进"一带一路"建设的过程中，中国社会科学院"一带一路"国际智库、蓝迪企业平台积极与法律机构进行合作，为企业提供法律咨询服务，解答企业管理的法律问题，并针对涉法问题进行分析、指导，帮助企业做好防控和排除法律风险，深入企业开展"法律体检""法企对接"等专项法律活动，扎实了解企业法律需求，提供精准法律服务，确保企业的合法权益以及商业价值不受侵犯。

在成立之初，蓝迪国际智库与中华全国律师协会建立了良好的战略合作伙伴关系，中华全国律师协会副会长吕红兵是蓝迪国际智库专家委员会委员。在过去的合作中，中华全国律师协会充分汇聚了全国律师事务所的高端律师人才资源，为蓝迪国际智库在国内外法律政策研究方面的工作提供了巨大支持，并为蓝迪平台企业"一带一路""走出去"开展国际贸易和商务合作，提供了优质法律服务，降低和规避企业在投资运营过程中可能遇到的风险。同时，国浩律师事务所（以下简称"国浩"）作为最早投身"一带一路"建设的法律服务机构之一，凭借丰富的涉外法律服务经验，先后参与了大量与"一带一路"国家相关的重大投资并购项目，成立了多个"一带一路"相关法律研究中心，并举办了一系列"一带一路"主题论坛。

2016 年至今，国浩持续发布《国浩·蓝迪"一带一路"投资法律资讯》和《国浩·蓝迪"一带一路"周讯》，这两份资讯的长期发布为参与"一带一路"建设的企业提供了有价值的信息和具针对性的商业投资指导。自 2017

年"一带一路"法律服务协作体系成立以来，国浩与蓝迪国际智库一如既往地积极投入"一带一路"法律服务建设，进一步加强与"一带一路"沿线国家及其法律服务机构的交流与联系，获得了政府、企业的高度认可，以及各成员单位的大力支持。2019 年底，巴黎"一带一路"三大洲法律论坛成功召开，经由蓝迪国际智库专家委员会成员、全国律师协会副会长、国浩律师事务所首席执行合伙人吕红兵推荐，孙涛律师代表国浩和蓝迪国际智库以中国和法国律师的双重身份发言。2020 年 10 月 24 日，英国汤逊路透出版的 *International Business Law Journal*（《国际商法杂志》）刊登了巴黎办代表蓝迪国际智库、国浩的发言。

双方合作将重点聚焦企业的法律服务需求，包括市场准入、直接投资、国际金融交易、知识产权保护、劳动、环境。同时，双方将继续充分发挥各自资源优势，加强法律服务机构的对接、服务内容的对接和服务载体的对接，完善法律服务开放措施，探索新的合作领域，并在培养高素质涉外律师人才和加强对涉外律师人才的推荐、使用上共同努力，为中国企业"走出去"做出更多的贡献。

（十一）法国展望与创新基金会

法国展望与创新基金会是由法国前参议员雷诺·莫诺力与欧莱雅前总裁佛朗斯瓦·达雷在 1989 年创办的公益组织，目前由法国前总理、2019 年中华人民共和国"友谊勋章"获得者拉法兰先生担任主席。基金会创立的主旨在于促进对当今世界根本变化的认知、展望与思考，以帮助法国决策层、政府、企业了解时事并做出反应。法国展望与创新基金会始终致力于为战略性议题带来国际视角，为法国青年与发展中国家青年建立联系，依托企业力量，特别是中小企业力量，力求进入新兴市场。为此，基金会汇聚各领域专家和企业负责人、知识分子、政治及行政决策者给予有效的咨询建议。法国展望与创新基金会的重点研究方向主要有以下三方面：（1）理解、评估当今世界发展现状，特别是中国及非洲的发展状况；（2）激发企业特别是中小企业的竞争力，给予其引导和扶持；（3）参与构建新型全球化的治理。

中国社会科学院"一带一路"国际智库、蓝迪国际智库和法国展望与创新基金会已建立多年战略合作伙伴关系。赵白鸽于 2019 年 8 月应拉法兰先生邀请，赴法国普瓦捷市出席了基金会第十三次年会，并召开双边专题会议，就共同举办"2019 中欧智慧城市论坛"相关事宜进行了讨论，就会议内容的顶层设计交换意见并达成共识；同时，确认双方团队之间建立双边工作小组以便更好地推进"绿色丝绸之路"框架下的各个项目及其未来给中法双方的企业、地方政府及协会等带来的潜在合作机会。

2019 年 9 月 26 日，拉法兰先生组织欧盟智慧城市领域的知名学者、专家支持中国社会科学院"一带一路"国际智库、蓝迪国际智库在广西南宁举办的 2019 中欧绿色智慧城市峰会。峰会论坛主要分为两场，即"未来已来"和"走进民生"，嘉宾们从国际规则、国内法制、政策规制和技术要素等多角度阐述了绿色智慧城市的构建与发展，并提出第四次工业革命的科技创新会带来物理空间、网络空间和生物空间三者的融合，科技创新是打造智慧城市的必要手段。

2019 年 11 月 7 日，双方首次在京召开"绿色丝绸之路"工作研讨会。中国社会科学院"一带一路"国际智库专家委员会主席、蓝迪国际智库专家委员会主席赵白鸽带领智库工作团队和法国展望与创新基金会秘书长塞尔日·德加莱先生团队，就未来开展"绿色丝绸之路"框架下的合作机遇交换了意见，并就双方在加强区域合作、促进新型科学技术互通、推进项目对接、实现多双边可持续绿色发展等重要议题达成一致意见。

双方明确新型科学技术的互学互鉴是中法未来合作的重要方向。蓝迪国际智库拥有丰富的高科技企业资源，如科大讯飞、天壮、推想、兰丁等，中方可以借鉴法国优秀的绿色智慧城市建设经验，利用第四次工业革命新型创新科技打造智慧城市，为双方需求形成良好配置，实现可持续发展。未来，双方将共同促进两国企业和技术的务实对接，深度挖掘合作需求，搭建项目对接平台，通过更加高效的协同工作，推进"绿色丝绸之路"框架下中法、中欧极具发展潜力的项目落地。

未来，双方将通过专项工作小组保持机制性沟通，积极参与到多双边、跨区域合作机制当中来，充分挖掘多边合作组织和地方经贸合作示范区的资源，如上合组织成员国、RCEP 国家、中东欧国家等，以及青岛上合示范区、RCEP 青岛经贸合作先行创新试验基地，宁波中东欧国家经贸合作示范区、粤澳深度合作示范区等国内重大开放平台，加强双方以绿色智慧城市为载体，在"一带一路"框架下，在环保、健康医疗、人工智能等多领域的合作，促进互惠互利，实现共同发展。

（十二）埃及沙拉夫可持续发展基金会

埃及沙拉夫可持续发展基金会是一个非营利性、非政府组织，其宗旨是为埃及实现可持续发展和经济增长而不断奋斗。自 2015 年成立以来，埃及沙拉夫可持续发展基金会已成功与各类国家组织和国际组织建立起合作伙伴关系。该基金会坚信多样化的合作伙伴会带来各种优势和资源，应保持开放的态度，实现知识共享和能力提升，以确保多方面可持续发展目标的顺利实现。该基金会非常重视与合作伙伴在教育、创新与科研、环境与气候变化、新能源与可再生能源以及知识技术转化等方面开展相关合作，并尽一切努力帮助埃及实现可持续发展。

2019 年，中国社会科学院"一带一路"国际智库、蓝迪国际智库与埃及沙拉夫可持续发展基金会在充分互相理解和互信的基础上，建立了合作伙伴关系。双方承诺将在两国文化和科技创新层面开展广泛交流和实质性的合作。

未来，双方将重点关注医疗、教育、住房、新能源及高新技术应用领域的项目合作问题；通过政府、智库、企业三方协同，搭建资源平台，进一步推动埃及经济社会发展，尤其是塔达经济区、新开罗工业园区等重点区域的经济发展，创建良好的商业环境，切实推进优秀科研成果转化项目的顺利落地，实现"共商共建共享"。

（十三）沙尔平战略咨询交流股份公司

沙尔平战略咨询交流股份公司于 2003 年在德国法兰克福设立，并于 2012 年在北京设立分支机构。公司董事长鲁道夫·沙尔平先生曾就任德国国防部部长、社会民主党主席、莱茵兰－普法尔茨州州长。公司自成立至今，一直致力于为政府、企业、学术及科研机构等提供全面、专业的咨询服务，服务对象来自汽车、机械制造、化工、医疗健康、食品与化妆品、能源环保、贸易与物流、法律与金融、人工智能、互联网及大数据、教育与技能培训、体育、城市及园区设计规划、园区配套服务等多个领域。截至目前，公司累计完成各类咨询项目，得到了客户的普遍认可。公司致力于为中德企业以及中国各级地方政府搭建中德经济交流与合作的高端平台，在品牌、产品、技术、服务、专家和资金等领域提供咨询服务，涵盖战略制定与实施、资源整合和项目对接、流程管理、公司并购重组等。业务主要包括：（1）区域战略发展咨询。服务于中国各级地方政府及产业园区，通过医疗、教育、科研、环保等配套设施的搭建，结合城市及产业特点对接德国特色资源，促进当地企业与德国资源的交流与合作，创建对德高端资源交流的窗口，形成中德互动机制，推进地方政府的国际化城市建设。（2）企业与机构的业务合作咨询。服务于大型及上市企业、中小型企业、各类机构。为中德两国企业及机构筛选对口合作伙伴和项目，提供定制化解决方案，整合资源，全程参与、跟踪并协调解决双方在文化、商务习惯、两国政策解读和落实方面的冲突与问题。（3）搭建对接平台。定期开展大型会议、研讨会、企业沙龙、代表团参观考察等多种形式的中德交流活动，提供中德高端互动平台。

沙尔平战略咨询交流股份公司拥有丰富的德国科技创新、贸易金融等产业资源、项目资源，具备完善的品牌、产品、技术等方面的咨询服务能力，这些在推动地方城市、产业园区进行产业培育、产业导入、产业升级等方面价值巨大。蓝迪国际智库将携手该公司联合开展区域战略发展咨询、中德高端沙龙、科创项目对接等，助力中德经贸合作与产业交流。其中，青岛市在"一带一路"及上合示范区、RCEP 先行创新试验基地、自贸区等多区位优势叠加下，在跨国贸易、科技创新等方面需求强烈、政策完备，蓝迪国际智库将联合该公司促使在青岛的中德合作项目落地。

（十四）巴基斯坦中国学会

2009 年 10 月 1 日，在巴基斯坦参议员穆沙希德·侯赛因·萨义德的主持下，巴基斯坦中国学会（以下简称"巴中学会"）正式成立。巴中学会是非政府、无党派、非政治的智库，也是首个促进中国和巴基斯坦两国在国防、外交、教育、能源、经济和环境等领域联系的智库。巴中学会依托中巴经济走廊和"一带一路"倡议，采取了一系列有效举措来促进中国与巴基斯坦两国关系进一步向前发展。

近些年，巴中学会得到了中国和巴基斯坦国内专家学者、政府领导高层的高度认可和广泛关注。通过广泛调动两国资源，巴中学会建立了中巴经济走廊信息收集和核查综合机制，为中巴经济走廊的利益相关方参与该机制提供了途径，促进相关方增进对中巴双边合作的了解，加强互动，为实现共建、共赢做出了重要贡献。

随着"一带一路"倡议的推进，中巴经济走廊作为"一带一路"倡议的旗舰项目，为"一带一路"沿线国家树立了标杆与样板。2020 年 5 月 21 日，巴中学会、中国社会科学院"一带一路"国际智库、蓝迪国际智库联合主办"中巴经济走廊新时代和新冠肺炎疫情下的中巴关系"云端研讨会，中巴两国专家学者就新型全球化与疫情后的中巴合作展开深度研讨。2020 年 7 月 22 日，由巴基斯坦可持续发展政策研究所、蓝迪国际智库联合主办，巴中学会承办的"后疫情时代中巴合作的机遇与挑战"云端论坛顺利召开。巴基斯坦参议院参议员、巴中学会会长、蓝迪国际智库专家委员会委员穆沙希德·侯赛因·萨义德指出，新冠病毒是人类共同的敌人，需要各国合力应对。中国上下同心同德，为世界树立了抗疫榜样。

未来，中国社会科学院"一带一路"国际智库、蓝迪国际智库与巴中学会将继续深化合作，重点聚焦以中巴经济走廊为核心的区域发展和产业政策研究，扩大企业合作平台，服务重点行业，以促进中巴经济实现共同发展、共同繁荣。

（十五）南非塞昆贾洛（Sekunjalo）集团

1997 年，南非总统纳尔逊·曼德拉发起"为广泛的黑人经济赋权"的号召。为响应此号召，其亲近的私人医生伊克巴尔·苏尔韦博士发起成立塞昆贾洛集团。该集团秉承社会公正、广泛的经济参与和包容精神，在南非的开普敦设立了一家新兴的跨国公司，并在瑞士、毛里求斯、迪拜设有办事处，开展投资组合等业务。

塞昆贾洛集团被广泛认为是非洲极为成功的投资控股公司和成功案例之一，在不到 20 年的发展中，从最初只有种子资本 2 万美元，一跃成为投资综合价值达 40 亿美元的大型跨国集团公司。塞昆贾洛集团注重可持续性发展、人权、教育、音乐、艺术和文化、创业等领域的投资。塞昆贾洛集团的核心精神和宗旨是"以社会良知赢利"，并注意社区和环境，通过业务拓展和支持慈善基金会的举措来减轻气候变化的影响。塞昆贾洛集团的愿景是寻求利用对非洲人民产生最大积极社会影响的市场政策，为非洲大陆的经济增长和发展做出贡献。

有"彩虹之国"美誉的南非位于非洲大陆的最南端，也是海上丝绸之路的另一个端点，中国作为南非连续多年的最大贸易伙伴、出口市场和进口来源地，"一带一路"倡议使南非成为未来 10 年里 5 个重点获益国家之一。

未来，中国社会科学院"一带一路"国际智库、蓝迪国际智库将与塞昆贾洛集团开展深度合作，加快推动中国与南非在贸易投资、文化旅游、基础设施建设等领域的合作。

（十六）巴基斯坦伊斯兰堡战略研究所

巴基斯坦伊斯兰堡战略研究所成立于 1973 年，是一家自主非营利性研究机构，致力于针对影响国际和平与安全的地区性及全球性战略问题提供深度见解和客观分析，并促进公众对影响巴基斯坦和整个国际社会的重大问题的广泛理解。

巴基斯坦伊斯兰堡战略研究所旨在基于公开信息和情报开展调研、讨论和研究分析，通过回顾历史和展望未来为学者、专家搭建一个对巴基斯坦和国际社会产生重要战略影响的问题研究平台，其研究内容涉及和平、安全以及国家实力的各种要素。研究所定期举行研讨会，始终与全球其他地区的类似机构建立并保持合作关系，并代表巴基斯坦参加国际战略会议。截至目前，研究所已与全球各类研究机构签署了30余份谅解备忘录。

2019年6月20~21日，"中巴经济走廊高峰论坛（2019）"在伊斯兰堡隆重召开。本次论坛由中国社会科学院"一带一路"国际智库、蓝迪国际智库与巴基斯坦伊斯兰堡战略研究所、泽米尔基金会共同组织。中国社会科学院副院长蔡昉，中国社会科学院"一带一路"国际智库专家委员会主席、蓝迪国际智库专家委员会主席赵白鸽，巴基斯坦外交部部长库雷希，巴基斯坦计划部部长巴赫蒂亚尔，巴基斯坦参议院副主席萨利姆·曼德维瓦拉，巴基斯坦参议院外事委员会主席穆沙希德等参会并发表重要讲话，中巴两国学者、智库代表、企业家等参加有关活动并参与讨论，实现中巴参会代表的务实交流与合作。此次中巴经济走廊高峰论坛富有建设性的高端对话和后续具有务实性的项目对接，标志着"蓝迪国际智库模式"的务实效应国际化，这是蓝迪国际智库与巴基斯坦伊斯兰堡战略研究所有效双边合作的成功范例。

未来，双方将共同挖掘两国合作潜力，聚焦中巴在农业、海洋经济及第四次工业革命新型科技等产业及社会民生领域的合作，增强政府、智库和企业在促进中巴经济走廊建设中的协同联动作用，为切实实现区域合作和产业对接提出系统性的建设性建议，落实以人民为中心的发展理念，确保中巴经济走廊合作行稳致远。

第三部分

专家委员会及秘书处成员

第七章　专家委员会及秘书处成员

　　智库是专家的载体，专家是智库的灵魂。优秀的智库专家也是国家的宝贵财富和智力资源。我国的智库专家扎根中国大地，咨政启民是其担负的使命与责任，只有具备家国情怀、执着与坚守、专业能力与专业精神，才能成为知识与政策的桥梁、民众与政府的纽带。

　　作为新型智库的创新代表，中国社会科学院"一带一路"国际智库、蓝迪国际智库从问题和需求出发，建立起灵活、完善、多元的智库网络和专家人才库，针对研究课题精准匹配特定的优秀专家。中国社会科学院"一带一路"国际智库、蓝迪国际智库不断吸引掌握国内外发展趋势、具有丰富从政经验和决策影响力的政府人才及各行各业领军人物参与智库建设、加入专家队伍；鼓励新型智库专家人才参与各级政府的决策咨询，促进决策部门与智库之间、专业领域团队与智库之间的沟通交流；灵活采用平台组合、项目协同等多种运作方式，创新了智库研究人才资源的挖掘、整合和利用路径。

　　蓝迪国际智库专家委员会充分发挥新时代应用型智库咨政建言、理论创新、舆论引导、社会服务、公共外交等重要功能，研究全球、国家、地方、产业、企业发展的核心和热点问题，积极参与智库研讨、地方调研和专题研究等交流研究活动，推动智库人才交流，提升智库的政策引导力、话语体系建设水平和全球影响力。目前，专家委员会由十三届全国政协副主席、"一带一路"国际合作香港中心主席梁振英，全国政协民族和宗教委员会主任、中国社会科学院原院长、党组书记王伟光担任名誉主席。十二届全国人大外事委员会副主任委员、中国社会科学院"一带一路"国际智库专家委员会主席赵白鸽担任专家委员会主席，十二届全国人大财经委员会副主任委员、重庆市原市长黄奇帆以及十三届全国人大农业与农村委员会副主任委员、中国社会科学院国家高端智库首席专家蔡昉担任专家委员会联合主席。

截至 2021 年，蓝迪国际智库已形成了拥有 108 名核心成员的专家团队，成员主要包括宏观经济与区域规划、金融产业与数字经济、国防安全与地缘政治、双碳战略与可持续发展、新闻传播与话语体系建构、"一带一路"与国际合作、公共卫生与医疗健康、工业信息与科技创新、文化旅游与宗教研究、智库研究与专业咨询、基础设施与传统产业、法律、标准与知识产权保护等领域的专家以及专家型企业家。

与此同时，中国社会科学院"一带一路"国际智库、蓝迪国际智库高度重视"80 后""90 后""00 后"年轻一代的创造力和执行力，打造了一支坚持正确政治方向、德才兼备、富有创新精神、具有超强学习能力和资源整合能力的青年执行团队；以智库为平台和载体不断启发年轻人的智慧、激发年轻人的潜能，支撑年轻人的梦想、锻炼年轻人的能力、发挥年轻人的价值，为我国的智库工作储备了一批杰出的年轻力量。

一　专家委员会

梁振英（专家委员会名誉主席）

十三届全国政协副主席
"一带一路"国际合作香港中心主席

　　梁振英，1974 年获英国布里斯托理工学院测量及物业管理学士学位。之后先后获得英国 University of the West of England 荣誉商业管理博士、香港理工大学荣誉商业管理博士以及香港测量师学会资深会员。1977 年返港加入仲量行，历任副经理、经理；1983 年成为合伙人，后创办梁振英测量师行。

　　梁振英曾任英国测量师协会（香港）主席、香港测量师学会会长、香港房屋委员会委员，上海浦东开发领导小组顾问、上海土地使用制度改革领导小组顾问、深圳土地使用制度改革领导小组顾问等；1985 年任香港特别行政区基本法咨询委员会委员；1988 年任香港特别行政区基本法咨询委员会秘书长；1992 年被国务院港澳办及新华社香港分社聘为港事顾问；1993 年担任香港特别行政区筹备委员会预备工作委员会委员、政务小组港方组长；1995 年任香港特别行政区筹备委员会副主任委员；1996 年 12 月当选香港特别行政区临时立法会议员；1997～2011 年，连续担任三届行政会议召集人；2012 年 3 月在香港特别行政区第四任行政长官选举中获选，并被国务院任命为香港特别行政区第四任行政长官，于 2012 年 7 月就职。

　　2017 年 3 月 13 日，中国人民政治协商会议第十二届全国委员会第五次会议增选梁振英为政协第十二届全国委员会副主席，2018 年连任全国政协第十三届全国委员会副主席。

王伟光（专家委员会名誉主席）

全国政协民族和宗教委员会主任
中国社会科学院原院长、党组书记

王伟光，博士，教授，博士生导师。1992 年，被批准享受国务院政府特殊津贴；1993 年，被评为教授；1996 年，被评为博士生导师。历任中央党校校委委员、教务部主任，中央党校副校长，中国社会科学院党组副书记、副院长、学部主席团主席；2013～2017 年，任中国社会科学院院长、党组书记；2017～2018 年，任中国社会科学院院长、党组书记，中国社会科学院大学校长。自 2018 年 3 月始，任全国政协民族和宗教委员会主任。

主要研究领域为马克思主义哲学和马克思主义基本理论、马克思主义中国化和党的理论创新、中国特色社会主义重大理论与实践研究等。出版学术专著 30 余部，主要有《社会矛盾论》《利益论》《科学发展观基本问题》《社会主义和谐社会理论基本问题》《王伟光自选集》《王伟光论文集》《党校工作规律研究》《王伟光讲习录》《中国道路与马克思主义中国化》等。主编的著作主要有《马克思主义基本问题》《"三个代表"重要思想概论》《"三个代表"重要思想研究》《科学发展观概论》《建设社会主义新农村的理论与实践》《社会主义通史》（八卷本）。

赵白鸽（专家委员会主席）

十二届全国人大外事委员会副主任委员
中国社会科学院"一带一路"国际智库专家委员会主席
蓝迪国际智库专家委员会主席

　　赵白鸽，十二届全国人大外事委员会副主任委员、中国社会科学院"一带一路"国际智库专家委员会主席、蓝迪国际智库专家委员会主席。她致力于"一带一路"倡议的有效实施，积极向党中央、国务院建言献策，组建了由政府、智库、企业共同组成的"一带一路"平台，为中国参与新型全球化建设发挥了重要的作用。她积极参与促进中外国际交流，推动中欧绿色和智慧城市交流合作与模式创新，为城市发展寻找新方向。获巴基斯坦政府授予的国家级荣誉勋章"卓越新月勋章"，2020 年受聘为全国政协参政议政人才库特聘专家。

　　赵白鸽任职全国人大常委会委员、外事委员会副主任委员期间，担任中英议会交流机制主席、中国—南非议会交流机制常务副主席，是全国人大对欧洲 8 国、对非洲 15 国的双边友好小组组长，主要通过开展与外国议员交流，促进全国人大与各国议会的交流。2015 年，赵白鸽当选亚洲议会大会经济委员会主席。

　　赵白鸽积极参与国际人道主义事业。2011～2014 年，赵白鸽担任中国红十字会常务副会长，并于 2013 年当选红十字会与红新月会国际联合会副主席。

　　赵白鸽是第三届国家气候变化专家委员会委员，在 2009 年、2011 年分别参与哥本哈根气候变化大会及德班气候变化大会并做发言。

　　赵白鸽积极推动人口与发展领域的工作。2003～2011 年，在担任国家人口计生委副主任并兼任国际人口方案管理委员会主席及世界家庭联盟亚太区副主席等职务期间，积极参与制定国家人口发展战略，推进人口领域改革和计划生育政策的调整完善，为中国人口政策转型做出贡献。

赵白鸽在医药科技领域有重要影响。1988 年，赵白鸽获英国剑桥大学生物医学博士学位；1989～1994 年，担任上海市计划生育科学研究所所长，在此期间组织完成了一系列新药研究与开发工作；1994～1998 年，赵白鸽担任中国国家科委生命科学技术发展中心（美国）主任，成功地完成海外专家委员会的建立，以及国家中医药现代化重大项目的国际推介、融资、注册等工作，推动了中国医药企业走向国际。

黄奇帆（专家委员会联合主席）

重庆市原市长
蓝迪国际智库专家委员会联合主席
复旦大学特聘教授

黄奇帆，研究员，复旦大学特聘教授，中国金融四十人论坛学术顾问，国际金融论坛学术委员会主任，国家创新与发展战略研究会学术委员会常务副主任，重庆市原市长。

1968 年参加工作，在上海工作了 33 年，先后在上海焦化厂、上海市经委、浦东新区等单位任职，为浦东开发做出重要贡献。2001 年 10 月，由上海市政府副秘书长调任重庆市副市长，次年 5 月进入市委常委班子。2009 年，开始代理市长，次年 1 月当选重庆市市长。2013 年 1 月，再次当选重庆市市长。在任期间，他主管财政、金融、工业领域。

黄奇帆对经济体系的运行机制以及"一般均衡"具有深入的理论思考和丰富的实践经验。对中国金融市场、地票制度、房地产市场的分析鞭辟入里，击中要害，在学界、业界备受推崇，广为流传。其著有《结构性改革——中国经济的问题与对策》《分析与思考——黄奇帆的复旦经济课》《谈浦东开发的战略、政策及其管理》等著作。对资本市场、金融市场、房地产市场、数字经济、城市发展、产业结构转型升级、支柱产业集群化发展、城乡地票制度、国际贸易格局等方面有深入的研究。

蔡　昉（专家委员会联合主席）

十三届全国人大农业与农村委员会副主任委员
中国社会科学院国家高端智库首席专家

蔡昉曾获 1998 年度国家级"有突出贡献的中青年专家"称号。2003 年被 7 部委授予"出国留学人员杰出成就奖"，曾是"第四届中国发展百人奖"获得者、"第四届中国农村发展研究奖"获得者，并被评选为"影响新中国 60 年经济建设的 100 位经济学家"之一。

1998 年，蔡昉出任中国社会科学院人口与劳动经济研究所所长，就我国的人口、就业问题做了长足深远的研究。

2006 年，针对我国部分地区出现"民工荒"这一前所未有的情况，蔡昉提出我国的劳动力供给正面临"刘易斯拐点"的到来，享受了 20 多年"人口红利"的经济增长面临着由这种红利即将消失而带来的发展模式转型的需求。

除了在劳动人口学领域的重要地位，蔡昉在宏观经济改革方面的研究著作也被奉为经典，许多重要学术成果具有标志性意义。著有《中国的二元经济与劳动力转移——理论分析与政策建议》《十字路口的抉择——深化农业经济体制改革的思考》《穷人的经济学》《中国劳动力市场发育与转型》等书。合著《中国的奇迹：发展战略与经济改革》和《中国经济》等，主编《中国人口与劳动问题报告》《中国经济转型30年》等书。

出版于20世纪90年代的《中国的奇迹：发展战略与经济改革》（蔡昉、林毅夫、李周合著）一书引起强烈反响。该书大胆预测，按PPP计算中国的经济规模会在2015年赶上美国，按当时的市场汇率计算，中国则会在2030年赶上美国。本书的另一位作者，著名经济学家林毅夫也对该书给予了极高的评价，他认为，这本书对未来中国20多年经济增长的预测同中国经济实际的表现高度一致，对20年来中国从计划经济向市场经济转型中所出现的问题和根除问题的思路的相关论断也和中国经济转型的实际进程基本吻合。

近年来，蔡昉及其研究团队所提出的"就业优先战略""户籍制度改革分类实施"等政策建议被写入中央文件。无论是农业、农村问题的研究，还是探讨中国奇迹之谜，再转向贫富差距和劳动力转移及城市就业问题研究，再到后来提出"刘易斯拐点"和"人口红利"观点，蔡昉均做出了重大贡献。

（一）宏观经济与区域规划

张大卫

中国国际经济交流中心副理事长兼秘书长
河南省原副省长、河南省人大常委会原副主任

张大卫曾先后就任河南省计经委工业处副处长，河南省计经委、计委工业处处长，河南省轻工总会副会长、党委委员，河南省发展计划委员会副主

任、党组成员和主任、党组书记，河南省发展和改革委员会主任、党组
书记。

2006 年 1 月，张大卫任河南省副省长、省政府党组成员；2013 年 1 月，
任河南省人大常委会副主任；2013 年 6 月至 2016 年 1 月，任河南省人大常
委会副主任、省总工会主席，第七届、八届河南省委委员，十届全国人大代
表。在河南省任职期间，张大卫主导改革和发展规划工作，在实践中积累了
大量的相关理论和实战经验。

在进入中国国际经济交流中心任副理事长兼秘书长后，张大卫积极研究
各省区市的经济发展和建设现状，为各省区市的发展规划出谋划策，发挥智
囊作用；他还积极加强中国与其他国家国际经济规划中心的合作和交流。

张大卫特别关注在新型全球化大背景下中国"一带一路"建设的发展。
他认为，中国要融入全球供应链，需要建设中原城市群，发展新商业文明，
使中国的企业为全球供应链服务，同时也获得全球供应链的服务。一个国家
或地区的实力，今后主要看它是否通过地理互联、经济互联、数字互联而深
度参与全球资源、资本、数据、人才和其他有价值的资产流。中国构建了
"网上丝绸之路""空中丝绸之路""陆上丝绸之路"。网上、空中、陆上几
条路径组合好、利用好、发挥好市场、人力资源、综合交通、产业等方面的
优势，把人才、资本、技术引进来，把现代农业、制造业和服务业的产品作
为流动的"丝绸"输出去。用现代技术改造传统产业，引导企业更加注重新
工业革命的动向，抓紧利用互联网、物联网等技术发展新模式、新业态，用
数字经济、智慧物流、智能制造等技术或理念来促进产业变革，促进企业顺
应定制化生产、个性化消费、分享经济发展的趋势，优化供应链，形成新的
产业生态体系，让更多的企业和城市融入全球供应链中。

鲁 昕

十三届全国政协委员

中国职业技术教育学会会长

教育部原副部长

鲁昕，经济学家、教授、博士生导师、教育部原副部长。现任十三届全国政协委员、中国职业技术教育学会会长、国务院参事室特约研究员。历任辽宁省抚顺市财政局局长、副市长，辽宁省财政厅厅长、副省长，教育部党组成员、副部长，中央新疆工作协调小组办公室副主任。

研究领域涉及马克思主义政治经济学、财政理论与政策、金融理论与政策、产业经济理论与政策、宏观经济理论与政策、教育经济、职业教育等。著有《准预算管理论》《体制转换中的财经问题与对策》《技能促进增长——英国国家技能战略》《新时代教育》《职业教育强国战略》（上、中、下）等著作20余部；发表《教育·经济·财政》《论职业教育公益性及其实现形式》《结构调整中的财政政策》等论文100多篇。

先后被清华大学、中国人民大学、上海交通大学、南开大学、中央财经大学、华东师范大学、东北大学等高校聘为财政学、金融学、国民经济学、教育学、马克思主义政治经济学等学科博士生导师、教授。现已培养毕业和在读博士近百人，指导优秀博士论文30余篇，为我国财政、金融、投资、教育等领域实践提供了重要参考。

在辽宁工作期间，参与制定了金融、国土资源、教育、劳动保障等领域主要政策文件，创建了准预算管理论、开发性金融理论。关于非税收入纳入政府预算管理、辽宁社保试点、零就业家庭就业援助等政策建议被国家采纳，义务教育均衡发展、普惠制就业培训、股权分置改革、金融风险处置、农村信用社改革、矿产资源交易平台建设等工作取得创新性成果，尤其是财政改革政策、金融风险治理、社会保障改革等成为全国典型经验、国家改革实践案例，为试点推广提供了基础。

在教育部工作期间，提出职业教育强国战略和职业教育公益性本质论，并基于此发展与完善了职业教育的国家战略、国家体系和国家政策，主持制定了建立现代职业教育体系、实施贫困地区营养餐计划、推进校舍安全工程建设、加强民族地区教育、落实教育扶贫、地方本科院校转型发展、儿童健康发展纲要、老年教育发展纲要等领域的主要政策文件。

受教育部委托，担任新版专业《职业教育专业目录》（2021 年版）研制工作总顾问。

仇保兴

国务院参事
十二届全国政协人口资源环境委员会副主任
住房和城乡建设部原副部长、党组成员

仇保兴，国务院推进政府职能转变和"放管服"改革协调小组专家组副组长、国务院参事、国际水协（IWA）中国委员会主席、中国城市科学研究会理事长、国家气候变化专家委员会委员（第三届）、国际欧亚科学院院士。毕业于复旦大学、同济大学，获经济学、城市规划学博士学位。曾在浙江省先后任乐清、金华和杭州三个城市党政主要负责人近 18 年。曾作为访问学者赴哈佛大学参与有关项目研究。在任住建部副部长期间，分管建筑科技、城市规划、建设工作 13 年，同期兼任国务院汶川地震灾后重建协调小组副组长、国家水体污染治理重大专项第一行政责任人。40 多篇咨询报告获得国务院总理批示。多次获得联合国教科文组织、国际绿色建筑协会和国际水协奖项。多部著作被英、德、意大利等国出版社翻译出版发行。

在 2015 年巴西圣保罗市召开的世界绿色建筑协会会议上，仇保兴被授予
"世界绿色建筑协会主席奖"。该奖是全球唯一绿色建筑奖，授予在绿色建筑
行业内取得重大成果并为推动全球绿色建筑做出卓越贡献的个人。仇保兴还
为推动中国新型城镇化发展以及中国节能减排（绿色低碳）型智慧城市建设
做出巨大贡献。出版《追求繁荣与舒适——中国典型城市规划、建设与管理
的策略》《应对机遇与挑战——中国城镇化战略研究主要问题与对策》等多
部城市规划、城市化方面的著作。其中《和谐与创新——快速城镇化进程中
的问题、危机与对策》已被翻译成英文在欧盟出版发行。另著有《华夏文明
振兴之路》等。

牛仁亮

中国生产力学会会长
山西省原副省长
山西省资源型经济转型促进会总顾问

牛仁亮，中国社会科学院经济学博士。自 1999 年起，先后担任山西省委
副秘书长兼省委政策研究室主任、山西省发展计划委员会主任、副省长、省
人大常委会副主任等职。任职期间，主持并起草了山西省"十五"计划、
"十一五"规划和"十二五"规划文件。其中，2000 年主持研究并执笔起草
的山西省"十五"计划文件，在全国率先系统提出并部署了山西产业结构的
全面调整，受到国家高度重视，并作为唯一典型在全国发展计划系统会上做
了经验介绍。

2002～2017 年任山西省副省长及人大常委会副主任期间，主要研究领域

是社会保障、资本市场、产业结构和生态环保。其主笔撰写的《焦炭价格研究》获第五届"薛暮桥价格研究奖";《企业冗员与企业效率》获"中国第八届图书奖";《资源型经济转型研究》获"山西省2012年度科技进步一等奖"。

2019年1月27日,当选中国生产力学会会长。中国生产力学会成立于20世纪80年代初,主要研究社会生产力在国民经济管理系统、教育系统、科学技术系统、信息系统的组成要素、组合形式、关联结构和运动规律;在综合研究企业生产力、产业生产力、区域生产力、社会生产力和世界生产力的同时,顺应西部大开发和WTO时代潮流,把握创新和可持续发展的时代主题。

贾　康

十三届全国政协委员、政协经济委员会委员
中国国际经济交流中心常务理事
华夏新供给经济学研究院院长

贾康,十三届全国政协委员、政协经济委员会委员,华夏新供给经济学研究院院长,中国国际经济交流中心、中国税务学会、中国城市金融学会和中国改革研究会常务理事,中国财政学会顾问,北京市、上海市人民政府特聘专家,福建省、安徽省、甘肃省人民政府顾问,西藏自治区和广西壮族自治区人民政府咨询委员,北京大学、中国人民大学、国家行政学院、南开大学、武汉大学、厦门大学、安徽大学、天津财经大学、江西财经大学、西南财经大学、西南交通大学、广东商学院、首都经贸大学等高校特聘教授。

1995年,享受国务院政府特殊津贴;1997年,被评为国家百千万人才工程高层次学术带头人;1988年,曾入选亨氏基金项目,赴美国匹兹堡大学做访问学者一年；多次参加国家经济政策制定的研究工作，主持或参与国内外多项课题，撰写和出版多部专著和数百篇论文、数千篇财经文稿。多次受朱镕基、温家宝、胡锦涛和李克强等中央领导同志之邀座谈经济工作（被媒体称为"中南海问策"）；2010年1月8日中央政治局第18次集体学习"财税体制改革"专题的讲解人之一。"孙冶方经济科学学奖""黄达－蒙代尔经济学奖""中国软科学奖"获得者。国家"十一五""十二五""十三五"规划专家委员会委员。

曾长期担任财政部财政科学研究所所长。2013年，发起成立"华夏新供给经济学研究院"和"新供给经济学50人论坛"（任院长、秘书长），并积极推动"PPP研究院"（任院长）等的交流活动，致力于建设有中国特色的智库和跨界、跨部门学术交流平台。

陈文玲

中国国际经济交流中心总经济师
国务院研究室综合司原司长、研究员

陈文玲，毕业于中国社会科学院研究生院，获经济学博士学位。大学毕业后长期在各级政府流通部门从事研究工作，现为中国国际经济交流中心总经济师，曾任国务院研究室综合司司长，兼任中国商业经济学会副会长、中国社会科学院经济学博士发展研究中心副主任、中国物流与采购联合会常务理事。

多年来参与了中央、国务院重大文件起草。1999～2007年，连续9年参与中央经济工作会议总理讲话和每年全国两会的《政府工作报告》的起草工作。先后参与"十五""十一五""十二五"相关（计）规划的研究或评审。

针对我国经济社会发展中的重大、重点和难点问题，深入实际进行调查研究，撰写向中央、国务院领导呈报的《送阅件》《决策参考》《研究报告》《室内通讯》和专送报告 170 多期（份），其中近 100 件得到国务院领导批示和表扬，80 多件得到国家有关部门和地方领导批示，推动了相关方面的工作。

2009 年，获得中国市场学会、中国商业经济学会、中国社会科学院财贸所、中国人民大学商学院、中国流通竞争力中心联合评选的"建国 60 年中国流通领域有突出成就人物"称号，著作《现代流通基础理论原创研究》被评为"流通领域有影响力的十大著作"之一。获得中国商业联合会、中国商报社联合评选的"中国商业服务业改革开放 30 年卓越人物"称号；2011 年，被聘为国务院深化医药卫生体制改革专家咨询委员会第一届委员。

迟福林

中国（海南）改革发展研究院院长
中国经济体制改革研究会副会长

迟福林，现任中国（海南）改革发展研究院院长，首席研究员，博士生导师。兼任中国经济体制改革研究会副会长、中国行政体制改革研究会副会长。海南省人民政府咨询顾问、上海市人民政府决策咨询特聘专家。国家行政学院、中国井冈山干部学院、北京大学、浙江大学、东北大学等多所高等院校特聘教授，第十一届、十二届全国政协委员。

1968～1976 年，任沈阳军区技术侦察支队宣传干事；1977～1984 年，任国防大学政治部宣传干事、马列主义基础教研室教员，其中，1978～1979 年在北京大学国际政治系学习；1984～1986 年，在中央党校理论部攻读硕士学位；1986～1987年，在中央政治体制改革研讨小组办公室工作；1988～1993年，任海南省委政策研究室和海南省体制改革办公室主要负责人，全面主持两个机构的工作；1991年至今，历任中国（海南）改革发展研究院常务副院长、执行院长、院长。

多年来致力于经济转轨理论与实践研究，围绕我国改革开放进程中的重大经济、社会问题，在政府转型和基本公共服务均等化等方面进行深入研究。在上述研究领域，共出版《转型抉择》《市场决定》《改革红利》《第二次改革》等中英文专著40余本，公开发表学术论文800余篇，主笔或主持研究形成研究报告70余本，提交了大量政策建议报告，在决策和实践层面产生了积极影响。

曾获得"五个一工程奖""孙冶方经济科学奖""中国发展研究奖"等，享受国务院政府特殊津贴。2002年被中组部、中宣部、人事部和科学技术部联合授予"全国杰出专业技术人才"荣誉称号；2009年入选"影响新中国60年经济建设的100位经济学家"名单。

徐　林

中美绿色基金董事长
国家发展和改革委员会发展规划司原司长

徐林，毕业于南开大学，获经济学硕士学位。求学期间，曾获美国政府汉弗莱奖学金，并在美利坚大学学习；获新加坡政府李光耀奖学金，后在新加坡国立大学李光耀公共政策学院和哈佛大学肯尼迪政府学院学习，获公共管理硕士学位。

1989 年，徐林毕业后入职国家计划委员会长期规划司预测处；先后任国家发展和改革委员会财政金融司司长、发展规划司司长；曾参与中国经济社会发展多个五年计划（规划）的编制，参与区域发展规划和国家新型城市化规划、国家产业政策的制定；参与财政金融领域重大改革方案的制定以及资本市场特别是债券市场、私募股权投资的发展和监管；曾任三届中国证监会发审委委员；曾参与中国加入世界贸易组织谈判、负责产业政策和工业补贴的谈判。

史育龙

国家发展改革委习近平经济思想研究中心主任
国家发展改革委宏观经济研究院科研管理部副主任、研究员

史育龙，1988 年毕业于兰州大学并获得学士学位，1991 年毕业于北京大学并获得硕士学位。

1996～2007 年，史育龙在国家发展改革委国土开发与地区经济研究所从事城市化与区域开发、可持续发展等领域的研究工作，先后主持、参加国家和部委、地方政府委托课题，"863"攻关项目，"十一五"科技支撑计划项目以及国际合作课题 40 多项，多次参与起草重大规划和文件。其研究成果共获省部级二等奖 3 项，国家发展改革委机关优秀研究成果三等奖 1 项，宏观经济研究院优秀研究成果二等奖 3 项、三等奖 1 项，宏观经济研究院年度优秀调研报告三等奖 2 项，中国可持续发展研究会优秀论文一等奖 1 项；主编学术著作 2 本，在国内外学术刊物发表学术论文 50 多篇。

同时担任中国地理学会城市地理专业委员会委员、国家自然科学基金管理科学部评议专家、《城市发展研究》《中国城市化》等学术期刊编委职务。

冯 奎

国家发展和改革委员会城市和小城镇改革发展中心
学术委员会秘书长、研究员
民盟中央经济委员会副主任

冯奎，现任国家发展和改革委员会城市和小城镇改革发展中心学术委员会秘书长、研究员，民盟中央经济委员会副主任。兼任中国企业管理研究会副理事长、北京交通大学博士生导师、中央电视台财经特约评论员等，是全国多个城市发展顾问。参与了国家区域经济、新型城镇化、都市圈发展等政策的研究，主持或参与起草了一批重要的政策报告，提出了高质量的政策建议，多次获得党中央、国务院、全国人大等方面领导批示。冯奎积极推动城市的国际合作，组织策划的活动包括中欧城市博览会，与法国前总理让－皮埃尔·拉法兰担任主席的法国展望与创新基金会一起，策划举办中欧绿色智慧城市论坛活动。

著有《中国城镇化转型研究》《都市圈与中小城市发展战略》等。主编《中国新城新区发展报告》（年度出版）、《中国特色小镇发展报告》、《中欧智慧城市发展报告》等。

冯奎是国内较有影响力的研究城镇化问题的专家，对新型城镇化发展发表了重要意见。参与国家重要规划的编写或评估，经常为中央主流媒体撰写新型城镇化文章。近年来，重点关注京津冀协同发展、新城新区建设、城市群发展、长江经济发展战略等重大城镇化问题。

冯奎深度参与地方城镇化创新实践，提出多元复合转型的县域城镇化转型理论与模型，获得国家发展改革委优秀成果奖，并用此理论指导实践。冯奎应邀担任南昌、合肥、阜阳、四平、眉山、安顺、石狮、阆中等20个市（县、区）的战略顾问，开展市、县城镇化的调研与培训活动。

孙晓洲

中国基本建设优化研究会会长

　　孙晓洲，研究员，国家财政项目评审专家。先后毕业于东北林业大学、对外经济贸易大学、伦敦政治经济学院，工商管理硕士。曾在中央党校及北京大学高级管理研修班学习。长期在国家部委、中央直属企业及国家级社会组织工作。在区域经济发展和"三农"、金融、科技创新以及文化创意等领域的政策研究与优化设计方面，具有丰富的经验和深刻见解。现任中国基本建设优化研究会会长、中国科协委员。

　　孙晓洲积极推动社会组织为党和国家发挥重要作用。在中基会任职期间，他积极倡导发挥社会组织平台作用，自我赋能，服务国家战略，服务产业经济，服务区域经济优化发展。在长期的工作实践中，孙晓洲总结出"企业＋社会组织＋政府"的"ENG"模式，并围绕新形势下社会经济刚性需求，提出了"医养健"、"教科文"以及"三农"新"三驾马车"的概念，通过融合创新与落地实践相结合，探索优化社会发展中的复杂问题，为中央决策及政府、企业的优化发展提供思路及样板。

　　孙晓洲致力于"三农"问题的研究探索和优化发展。2012～2020年，他全程参与并主持了"全国三农优化实验区"示范工程的设计及建设工作。该工作得到了中央主要领导同志及10余个省的省委省政府的支持。该项目已在广东、四川、湖南等多地落地。通过科技扶持、金融创新以及企业家精神塑造等方式，该项目为国家"乡村振兴"战略提供了新思路，并于2019年被列入中国社会化公共服务产品目录，获得重点推介。

　　孙晓洲在破解经济社会热点问题和重点领域方面具有创新经验。2019

年，他主持成立了中基会国民经济优化发展中心，并启动了"国企民企联合发展工程"。在充分沟通的基础上，中基会与中信集团、国家开发银行、中国邮政储蓄银行、平安银行以及中国铁塔、中商集团、中林集团等20余家央企及金融机构签署了战略合作协议，携手推动经济社会优化发展。同时，结合经济社会热点问题，他主持了"城市更新与创新发展""以共享经济模式推动5G基础设施建设""国际医疗联合体工程""国家海洋产品战略储备"等项目或课题的设计与实施。

孙晓洲积极参与国际交流活动并取得务实成果。他于2017年作为中国社会组织代表受邀参加联合国"2030人类可持续发展大会"，2018年带领团队发起并主办了"芦笋大健康亚洲发展论坛"，2019年与国际园艺协会签署国际组织合作协议。他通过民间交往支持国家战略的工作获得各界好评与认可。

刘殿勋

商务部投资促进事务局党委书记、局长

刘殿勋，毕业于广州对外贸易学院经济系国际贸易专业。1989～1996年，任外经贸部交际司干部；1996～1997年，任外经贸部交际司联络处副处长；1997～2001年，任中国驻英国大使馆经商参处二秘；2001～2003年，任外经贸部交际司护照签证处、联络处处长；2003～2005年，任商务部外事司联络处、接待处处长；2005～2009年，任商务部外事司副司长；2009～2011年，任商务部外事司司长；2011～2015年，任商务部投资促进事务局局长；2015年至今，任商务部投资促进事务局党委书记、局长。

刘殿勋所领导的商务部投资促进事务局专注于"引进来"与"走出去"

双向投资促进工作，研究跨国公司在中国新形势下的投资需求，提供更贴近中国产业、地方和跨国公司需求的务实的平台。

刘殿勋积极探索投资促进工作新格局，构建了以产业为主线，以需求为导向，服务地方、服务企业的工作模式，并进一步整合资源网络、完善服务体系，重点开展跨境产业投资促进平台建设，为国内外政府、企业、机构搭建务实、高效、专业的投资促进主渠道。

为合力打造中美间重点产业的跨境投资促进平台，刘殿勋积极与美国各州驻华协会加强联系、建立机制性交流，务实探寻双方需求和企业诉求，推进高质量合作。

刘殿勋在中德技术、资本、人才、市场的对接联动中做出了巨大贡献，推动了企业与企业、资金与项目、科技与产业的合作共赢。

（二）金融与数字经济

肖　钢

十三届全国政协经济委员会委员
中国证券监督管理委员会原主席、党委书记

肖钢，曾为中国人民银行原行长吕培俭的秘书。曾任中国证券监督管理委员会主席、党委书记。中共十七大代表，中共第十七届中央候补委员、第十八届中央委员。第十三届全国政协经济委员会委员。

1981 年，本科毕业于湖南财经学院（2000 年并入湖南大学）；1981 年开始在中国人民银行工作；1989～1994 年，任中国人民银行政策研究室副主任、主任；1994～1995 年，任中国外汇交易中心总经理；1995～1996 年，任中国人民银行计划资金司司长（央行系统内最年轻的正局级干部）；1996 年，获中国人民大学法学院法学硕士学位；1996～1998 年，任中国人民银行行长助理；1998～2003 年，任中国人民银行副行长，长期分管信托业务，央行货币政策委员会委员；2003～2004 年，任中国银行董事长、党委书记、行长兼东方资产管理公司党委书记，其间，兼任中国银行业协会会长；2004～2013 年，任中国银行股份有限公司董事长、党委书记、执行董事、董事会战略发展委员会主席，兼任东方资产管理公司党委书记；2013～2016 年，任中国证券监督管理委员会主席、党委书记。

罗 熹

中国人民保险集团股份有限公司党委书记、董事长

罗熹，高级经济师，中国人民银行研究生部经济学硕士。1987～1994 年，先后担任中国农业银行办公室秘书、副处级秘书、国际业务部副处长及处长；1994～1996 年，担任中国农业银行海南省分行行长助理，兼任中国农业银行海南省信托投资公司总经理、法人代表；1996～2002 年，担任中国农业银行海南省分行副行长、党组成员，中国农业银行福建省分行副行长、党组成员，中国农业银行资产保全部、资产风险监管部总经理，中国农业银行国际业务部总经理，兼任香港农银国际财务有限公司董事长、海南国际财务有限公司董事长；2002～2004 年，担任中国农业银行行长助理兼国际业务部总经理，随后担任中国农业银行副行长、党委委员；2009 年，担任中国农业银

行股份有限公司执行董事、副行长、党委委员；2009～2013年，担任中国工商银行股份有限公司副行长、党委委员，兼任中国工商银行（莫斯科）股份公司、中国工商银行（加拿大）股份公司董事长；2013～2016年，担任中国出口信用保险公司总经理、副董事长、党委副书记；2018年至今，担任中国人民保险集团股份有限公司党委书记、董事长。

李礼辉

十二届全国人大财经委员会委员
中国银行原行长
中国互联网金融协会区块链工作组组长

　　李礼辉，中国资深银行家与金融学者，经济学博士，研究员。1977年毕业于厦门大学财政金融专业。

　　1984年，任中国人民银行福建省分行办公室副主任；1989年，任中国工商银行福建省分行副行长、党委委员；1994年，任中国工商银行副行长；2002年9月，任海南省副省长，主管金融和旅游业；2004年8月，任中国银行股份有限公司副董事长、行长；2016年，当选第十二届全国人大财经委员会委员。

　　李礼辉在国际金融、金融科技、银行管理、并购重组等领域具有丰富经验，在中国工商银行并购香港友联银行、中国银行股份制改革以及银行的科技创新、跨国经营中发挥了重要作用，在国内外金融界享有盛誉。

　　李礼辉具有海外工作经验，熟悉银行经营管理，从事过应对复杂局面的政府宏观工作，在中国银行改制的关键时期，力推股改，这项涉及20多万中行员工的变革，极大地冲击了国有银行体制下的陈旧观念，建立了规范的股东大会、董事会、监事会和管理层制度。多次在博鳌亚洲论坛、中国经济年会等国际国内顶尖论坛发表主旨演讲，在重要报刊和经济金融核心期刊发表论文，同时，积极为国家经济金融改革发展建言献策，提出的立法修法及政策建议多次得到国务院有关领导批示。

目前，担任中国互联网金融协会区块链工作组组长，负责研究银行数字化转型和区块链等前沿课题，继续为国家的金融发展与进步做出贡献，从而推动金融机构及科技创新企业的创新，加快区块链、大数据等最新技术的应用。

曹文炼

丝路产业与金融国际联盟理事长
国家发展和改革委员会国际合作中心学术委员会主任
国家发展和改革委员会国际合作中心发展理事会主席

曹文炼，研究员，博士生导师。丝路产业与金融国际联盟理事长，中国经济体制改革研究会副会长，国家发展和改革委员会国际合作中心学术委员会主任，清华大学全球共同发展研究院副院长兼海上丝绸之路研究中心主任。中国国际经济交流中心、中国（海南）改革研究院、华南理工大学公共政策研究院学术委员会委员；北京大学、清华大学、中国科学院大学、西南财经大学、天津财经大学等高校兼职教授或研究员、博士和博士后导师；《全球化》、《工程研究》和《中国产业》等杂志编委。

1986～2019年，先后在国务院物价小组、国家计委、国家发展改革委工作，曾任国家发展改革委财政金融司副司长、国际合作中心主任兼对外开放中心主任，兼任中国国际经济交流中心副秘书长，兼任国家"一带一路"领导小组办公室对外联络组副组长。长期参与国家宏观调控、经济改革、发展规划、金融管理和"一带一路"国际合作等政策制定，多次参加中央和国务院领导主持的有关经济金融工作的重要会议和文件起草，参与一系列重要经济金融政策和法规的研究制定。多次参与 G20、联合国特别大会、中美、中日等多边和双边会议和国际交流。

2011~2017 年担任国家发展改革委国际合作中心主任期间，成功领导机构完成转型，使其成为在"一带一路"国际合作、区域发展规划和改革创新等领域具有国内外重要影响力的著名智库。主持或参与完成 200 多项国内外政府和企业委托的规划或咨询项目研究；组织执行数十项国际双边和多边合作项目，率队或参加出访 30 多个国家开展国际交流或推进"一带一路"建设；主编或组织撰写《中国对外开放指数研究》等专著和"一带一路双向投资年度报告"大型丛书（由国家发展改革委主要领导担任主编）等十余部。多次获得国家部委科技进步奖。先后组织创办了新莫干山会议、新巴山轮会议、中国区域经济 50 人论坛、国合·耶鲁、丝路产业与金融国际高峰论坛、"一带一路"达沃斯圆桌会议、国际合作人才高峰论坛等品牌，领导创办了莫干山研究院、丝路产业与金融国际联盟、南方国际产能与技术合作中心、厦门海上丝绸之路国家发展战略研究中心、清华大学海上丝绸之路研究中心等十几家全国性或地方性智库机构。经中国社会科学院社会科学评价研究院组织的评选，国际合作中心 2017 年获评为国家部委所属十大核心专业智库（排名第一），曹文炼个人 2018 年获评为首届全国智库创新人才领军人物（排名第一）。

王忠民

全国社保基金理事会原副理事长

王忠民，中国社会科学院研究生院政治经济学博士，教授、博士生导师。他于 1975 年 2 月参加工作，享受国务院政府特殊津贴。曾任全国社会保障基金理事会副理事长、第九届全国政协委员、十七届中央纪委委员、十八届中央纪律检查委员会委员。

王忠民在数字财富、财富管理、投资、ESG 方面具有丰富的经验和重要影响力。其中，在 ESG 方面，王忠民认为市场机构应当挖掘 ESG 的真正价值，推动可交易曲线扩张，使 ESG 价值线的成本越来越低，社会收益越来越高，这样 ESG 的市场化实践才真正可行。

在 2019 网易经济学家年会·中改院论坛上，王忠民围绕"创新与新经济增长"的主题展开深入讨论，探讨在关键之年，中国应如何在挑战中实现高质量增长，在国际竞争中取得优势，企业应如何抓住发展机遇和投资机会，通过创新升级，实现跨越式发展。

朱嘉明

珠海市横琴新区数链数字金融研究院学术与技术委员会主席

朱嘉明，经济学家。现任横琴数链数字金融研究院学术与技术委员会主席，中国国信总公司区块链研究院技术研究顾问委员会主席，澳门区块链产业协会主席，中国南方科技大学等大学讲座教授和访问教授。

20 世纪 80 年代，深入参与中国经济改革，是"经济改革思想史的开创性事件"——"莫干山会议"发起人之一，并参与创建国务院技术经济研究中心，先后担任河南省经济体制改革委员会、中国国际信托投资公司国际问题研究所、中国西部研究中心、北京青年经济学会负责人以及《中青年经济论坛》主编。

20 世纪 90 年代，先后在哈佛大学、麻省理工学院、曼彻斯特大学、塔夫茨大学等大学做研究员或访问学者。2000 年之后，曾任联合国工业发展组织经济学家，并任教于维也纳大学和台湾大学。

朱嘉明学术领域宽广，包括经济增长、产业结构、科技创新、金融货币历史与政策、空间经济学、中国改革史等。特别是对数字经济、数字货币和区块链有开创性的研究与实践。代表作有《国民经济结构学浅说》《现实与选择》《非均衡增长》《从自由到垄断：中国货币经济两千年》《书话集》《Libra：一种金融创新实验》《未来决定现在：区块链·数字货币·数字经济》等。

马蔚华

国家科技成果转化引导基金理事长
联合国开发计划署可持续发展目标影响力指导委员会委员

马蔚华，金融家。1982 年毕业于吉林大学经济系，1986 年获吉林大学经济学硕士学位，1999 年获西南财经大学经济学博士学位；美国南加州大学荣誉博士，高级经济师。

现任国家科技成果转化引导基金理事长、联合国开发计划署可持续发展目标影响力指导委员会委员、南方科技大学理事、深圳高等金融研究院理事会成员、深圳地铁集团外部董事。

曾任招商银行董事、行长；第十届全国人大代表、第十一届和第十二届全国政协委员；曾任中共辽宁省委、中共安徽省委办公厅处长，中国人民银行办公厅副主任、计划资金司副司长，中国人民银行海南省分行行长兼国家外汇管理局海南省分局局长。

曹远征

中国银行首席经济学家
中银国际控股有限公司董事、副执行总裁
中国诚通控股集团有限公司外部董事

曹远征，中国人民大学经济学博士，现任中国银行首席经济学家，中银国际控股有限公司董事、副执行总裁，中国诚通控股集团有限公司外部董事。

曾任中国国家经济体制改革委员会经济体制改革研究院常务副院长，国外经济体制司比较经济体制处处长，中国经济体制改革研究所比较经济体制研究所副主任。

国务院政府特殊津贴获得者，国务院新闻办中国网专栏作家、专家。德国 Damstadt 大学经济学院访问学者。兼任中国人民大学经济学院博士生导师，美国南加州大学客座教授，复旦大学兼职教授，中国宏观经济学会副秘书长等。著名经济学家论坛"中国经济 50 人论坛"成员，中国民生研究院特约研究员。著有《通货膨胀的国际传递》《世界经济体系中的发达与不发达关系》《改革：我们面临的挑战与选择》《东亚崛起的奥秘》《中国经济：面向未来的发展与挑战》《面向 2020 年的中国经济体制改革》《民营化：中国的经验》《中国私营经济的发展》等书。

刘世锦

十三届全国政协经济委员会副主任
哈尔滨工业大学深圳研究生院经济管理学院院长
中国发展研究基金会副理事长

刘世锦，教授，为十三届全国政协经济委员会副主任，中国发展研究基金会副理事长。2021 年 3 月，继续担任中国人民银行货币政策委员会委员。

长期致力于经济理论和政策问题的研究，主要涉及国有企业改革、经济转型、宏观经济政策、产业发展政策等领域，著述颇丰，对中国的经济学研究和政策制定有着重要影响。曾多次获得孙冶方经济科学奖、中国社会科学院优秀论文奖、中国发展研究奖等全国性学术奖励。他是近年来一系列产生广泛影响的报告的直接领导者和主笔，其中包括同世界银行的联合报告

《2030 年的中国》等；十八届三中全会报告的起草者之一。

兼任中国工业经济联合会常务理事及学术委员会副主任，中国改革基金会学术委员会委员，国家产业政策咨询委员会委员，国防科工委专家委员会委员，若干协会理事等，以及北京、哈尔滨、宁波、大同等城市和若干企业顾问。

（三）国防安全与地缘政治

沙祖康

联合国前副秘书长
中巴友好协会会长
国际绿色经济协会名誉会长

沙祖康，1970 年自南京大学英语系毕业，后进入外交部工作，2007 年 2 月被任命为联合国负责经济和社会事务的副秘书长。

沙祖康拥有着长达 43 年的外交生涯，涉足政治、经济、安全、社会、人权、人道主义等领域。作为中国政府和军方的顾问，他参与了中国政府在许多重大外交问题上的决策，是中国一系列重大军控和裁军倡议的设计者之一，也是改革开放以来中国外交的参与者和见证人。

1993 年，作为中国政府代表，在沙特的配合下，与美方谈判，妥善解决了"银河号"事件；1993～1994 年，他参与了第一次朝核危机的处理；1997 年，就任新组建的中国外交部军控司首任司长，在中国履行军控、人权国际条约过程中，他多次承担中国政府各部门、军队和民间社会的协调工作，提出履约报告，配合履约视察、联合国工作组调查及报告员的访问，并倡导成立中国非政府组织，推动国际组织在中国设立代表处等；1998 年，作为外交部部长唐家璇的主要顾问，参与处理南亚核危机、参加五国外长关于南亚核问题联合声明的起草和磋商，并为此后联合国安理会通过1172号决议做出了贡献。

沙祖康是一位杰出的谈判者，他先后参与了《不扩散核武器条约》《全面禁止核试验条约》《禁止化学武器公约》《禁止生物武器公约》《特定常规武器公约》等军控和裁军领域重大国际条约的谈判和审议，参与起草了联大和安理会一些重要的关于军控和国际安全的决议。他始终以全球视野和战略眼光积极倡导国际安全合作，维护国际和平与地区稳定及安全。

王郡里

中国改革开放论坛副理事长
广州军区原副参谋长、驻港部队原副司令员

王郡里，毕业于国防大学、俄罗斯联邦武装力量总参军事学院、桂林电子科技大学，历任连长、营长、团参谋长、集团军司令部作战训练处处长、军事科学院战略研究部主任、广州军区司令部军务动员部部长、第41集团军参谋长、副军长。2004年7月晋升为少将。2008年任驻港部队副司令员，参加过边境战争等保卫国家安全的重大斗争。

在担任驻港部队副司令员期间，积极领导驻港部队协助特区政府维持社会治安、救助灾害，为塑造"一国两制"下新型的军政军民关系做出了贡献。

王郡里积极参与军民融合建设，大力推动军工技术向民用领域转化。针对第四次工业革命浪潮中形成的新技术和科研成果，王郡里与蓝迪国际智库专家开展积极交流、研讨和评估，探讨将新技术纳入智慧城市、军民融合及"一带一路"共建国家和地区发展的可行性。

金一南

十一届全国政协委员
中国人民解放军国防大学战略研究所原所长

金一南，1972 年入伍，中国人民解放军少将军衔、正军级。中共十七大代表、第十一届全国政协委员。曾任中国人民解放军国防大学国际关系教研室教授、战略教研部副主任兼战略研究所所长等，战略学博士生导师。

现为中央党校（国家行政学院）、北京大学等多所院校的兼职教授，中国发展战略学研究会国防战略委员会专家委员、《学习时报》专栏作者、中央人民广播电台《一南军事论坛》节目主持人、《解放军报》特约撰稿人、中央电视台特约军事评论员、中国军事统筹学会战略研究中心特邀研究员、《中国军事科学》特邀编委。

全军首届"杰出专业技术人才"获得者，连续三届中国人民解放军国防大学"杰出教授"，曾获中宣部"五个一工程"奖（1 次）、军队科技进步奖、国务院新闻办"中国国际新闻奖"（3 次）、《解放军报》"金长城国际观察优秀奖"、国防大学"优秀科研成果奖"。

其著作《苦难辉煌》被评价为"一部以全新的战略视野全方位描述中共党史和中国人民解放军军史的著作"，引发较大社会反响。2010 年 4 月，中组部和中宣部联合向全国党员干部推荐该书。2011 年 3 月，《苦难辉煌》获图书出版的最高奖项"中国出版政府奖"。

孟祥青

中国人民解放军国防大学国家安全学院技术二级教授

中国人民解放军国防大学原战略研究所所长

孟祥青，毕业于中国人民大学和中国人民解放军国防大学，中国人民解放军国防大学国家安全学院技术二级教授，技术少将军衔，博士生导师。被评为新时代中国人民解放军国防大学首届"名师名家"。中国人民解放军国防大学战略研究所原所长。现兼任军委某领域专家委员会副主任，军队战略规划咨询委员会委员，全军外事工作专家咨询组成员，军队科学技术奖励委员会委员。全军首批外宣专家。享受国务院政府特殊津贴。获得第六届军队杰出专业技术人才奖。校教学委员会委员。曾获校首届"杰出中青年专家"，连续四届"国家安全战略"学科学术带头人。北京大学、清华大学、中国人民大学、中共中央党校、中国井冈山干部学院、延安干部学院特聘教授。"人民政协讲坛教授"。中央电视台特约评论员，中央人民广播电台特约观察员。

曾在中国人民解放军第三十八集团军任战士和副指导员。曾在美国哈佛大学和安纳波利斯海军学院进行学术交流访问。曾在军委军事理论学习讲座上担任主讲人。近年来发表论文 100 多篇，出版著作 20 多部。撰写政策咨询报告 30 余份。主要代表作：《冷眼向洋看世界》（2020 年 8 月版，被中宣部推荐为"学习强国"干部阅读书目）、《释韬举略：孟祥青教授论安全》、《孟祥青讲稿自选集》、《当代世界经济与政治》、《战略机遇期的中国安全》等。

（四）双碳战略与可持续发展

郑国光

应急管理部原党组成员、副部长
中国地震局原党组书记、局长
中国气象局原党组书记、局长

郑国光，1994年获得加拿大多伦多大学理学博士学位，1996年获得研究员资格，2007年3月任中国气象局党组书记、局长。2016年12月任中国地震局党组书记、局长。2018年3月任应急管理部党组成员、副部长。

现任（兼）十九届中央纪委委员；国家减灾委员会秘书长兼办公室主任；国务院第一次全国自然灾害综合风险普查领导小组办公室主任；国务院参事室特约研究员（灾害防范及应急管理领域）；应急部—教育部北京师范大学减灾与应急管理研究院院长；中国应急管理学会第一副会长；中国红十字总会副会长；国家应急指挥总部建设领导小组副组长（常务）；应急管理部应急减灾卫星工程总指挥；国家自然灾害防治研究院理事长；亚洲减灾中心理事；国务院河南郑州"7·20"特大暴雨灾害调查组专家组副组长。

曾任党的十七大、十八大、十九大代表；十八届、十九届中央纪委委员；第十一届全国政协委员。1995～2016年在中国气象局工作期间，任国家应对气候变化及节能减排工作领导小组成员兼国家应对气候变化协调办公室副主任；国家气候委员会主任委员；全球气候观测系统中国委员会（CGOS）主席；国务院大气污染防治领导小组成员、国务院京津冀大气污染防治协作小组成员、国务院长三角大气污染防治协作小组成员。世界气象组织（WMO）中国常任代表、执行理事会成员；联合国政府间气候变化专门委员会（IPCC）中国首席代表；联合国秘书长全球可持续发展高级别小组（GFS）成员；全球地球观测组织（GEO）联合主席。

作为我国云物理和人工影响天气学科带头人，曾主持多项国家重点科研项目，发表学术论文 70 多篇，培养博士研究生 8 名、硕士研究生 14 名。获得 2008 年国家科技进步二等奖（排名第一）、2006 年度世界气象组织 UAE 人工影响天气奖等。在中国地震局、应急管理部工作期间，按照中央财办的统一部署，负责应急管理部牵头 6 个有关自然灾害防治专题研究的统筹协调及总报告的撰写指导工作，牵头研究撰写《防灾减灾救灾"十四五"战略研究报告》《国家综合防灾减灾"十四五"规划》，参加 2018 年 10 月中央财经委员会第三次会议、2019 年 11 月十九届中央政治局第 19 次集体学习有关材料的准备，组织编制《防震减灾事业现代化纲要》《我国地震测震站网发展规划》《我国地球物理观测站网发展规划》等。

刘玉兰

中国生产力促进中心协会理事长
科学技术部重大专项办公室原巡视员

刘玉兰，本科毕业于中国人民大学，硕士毕业于北京交通大学系统工程专业。1970 年入伍，1977 年调到国家科委（现科学技术部）工作直到 2012 年退休。科技部重大专项办原巡视员，科技部诚信办公室原副主任，先后在科技部办公厅、工业司、高新司、计划司、重大办等部门任副处长、处长、副巡视员、巡视员。从事过火炬计划、863 计划、重大专项的管理工作。现任中国生产力促进中心协会理事长。

2003～2006 年，任山东省聊城市副市长。在聊城工作期间，启动了聊城科技特派员工作。在聊城工作期间还支持帮助过一大批科技型的企业走向了发展壮大之路，被聊城市委市政府授予"金钥匙"和"荣誉市民"的光荣称号。

2008 年，任陕北扶贫团团长，推动了榆林地区对蓝碳小而散企业的整顿工作，为此荣获全国妇联颁发的"巾帼英雄标兵"光荣称号。

夏 青

南水北调专家委员会委员
中国环境科学研究院技术委员会副主任委员、研究员
中国国际文化交流中心"一带一路"绿色发展研究院
专家委员会秘书长

夏青，1967 年毕业于清华大学水利系，1981 年作为中国首批环境学研究生毕业于北京师范大学环境学研究室，1992 年获国务院政府特殊津贴，同年任职中国环境科学研究院副院长，2002 年在副院长兼任总工程师的岗位上退休，先后以第一负责人荣获国家级、省部级科技进步奖 6 项。

现为南水北调专家委员会委员、生态环境部环境影响评价咨询专家组专家、国家绿色产品评价标准总体组副组长、长江大保护联合研究中心总体组成员、中国环境科学研究院技术委员会副主任，他也是深入中国生态环境一线解决疑难问题的著名专家。

1981 年，夏青开拓建立中国水环境功能区分类管理体系，并于 1988 年、1998 年、2002 年三次主持制定（修订）地面水环境质量标准，执行至今；1986 年，建立中国流域控制单元划分和输入响应贡献率确定方法，其已成为污染防治攻坚战的决策分析技术；1989 年，开拓容量总量控制排污许可证技术方法，制定国家总量控制"九五"方案，为 2015 年排污许可证立法奠定环境质量倒逼排污总量优化分配的技术基础；1994 年，提出为绿色消费服务的双绿色认证，开创绿色产品生命周期信息公告 20 年实践验证，为 2017 年中国全面推行绿色产品和企业绿色声明提供技术范例；自 1995 年起，先后主持编制国务院批复的淮河、太湖、南水北调中线、东线治污规划，其已成为我国环境规划全面实施的成功范例；2002 年，任国家技术标准战略总体组成员，为实现技术成果标准化、标准化引领产业化做出贡献；自 2007 年起，先后担任九部委联合承担的国家重点流域水污染防治规划指导组组长、国家近岸海域水污染防治专家组组长、渤海环境保护总体规划专家组组长，致力于多部门合作，形成环境保护合力；2010 年，面向市场，建立绿色生产力发展平台，集成水、气、固治理和农业面源治理绿色循环技术，带动中小环保企业技术创新，推动颠覆性技术实践验证，支持科技生产力见诸经济效益；2016 年，为实现生活、生产、生态"三生融合、三生共赢"，又在生态文化领域开拓创新，指导国内首家生态环境频道（EETV）创办；2019 年，攀登生态文化与绿色生产力互为融合的新高峰，发起成立绿色生产力工作委员会，搭建绿色服务平台。

徐锭明

国务院参事室特约研究员
国家发展和改革委员会能源局原局长

　　徐锭明，长期从事能源发展战略研究、规划编制、重大工程实施等工作。高级工程师，1970 年，从北京石油学院毕业，曾在大庆、大港、渤海油田工作 11 年。先后在石油工业部、中国海洋石油总公司、中国石油天然气集团公司、能源部等单位工作。

历任国家发展计划委员会基础产业司副司长、国家发展计划委员会正局级巡视员、西气东输办公室主任；2003 年 4 月，任国家发展和改革委员会能源局局长；2005 年 4 月，兼任国家能源领导小组办公室副主任；2014 年 12 月，被聘为国务院参事室特约研究员。

徐锭明积极推动民营企业在可再生能源方面的积极作用，为促进我国能源革命，建设现代化的供热、供冷体系做出了巨大贡献。能源革命离不开民营企业，民营企业需要在科技创新的指引下，通过不断试错，推动中国可再生能源发展进入高质量时代。

在 2021 年第十届中国上市公司高峰论坛周上，徐锭明指出，"十四五"是我国实现碳达峰的关键期，也是推动经济高质量发展和生态环境质量持续改善的攻坚期。碳达峰与碳中和相辅相成，因为植树造林、工业固碳等所能吸收的碳量相对固定，远远少于工业发展所排放的碳量，所以为实现碳中和愿景，必须制定并实施碳达峰方案，扭转二氧化碳排放增长趋势。碳达峰峰值并不是越高越好，峰值越高，碳中和的难度越大，耗时越长。为盲目摸高而兴建高碳排放项目，将在项目存续期间长期占用大量的碳排放份额，形成碳排放锁定效应，给实现碳中和目标带来巨大压力。

潘家华

北京工业大学经济管理学院教授
中国社会科学院生态文明所原所长
国家气候变化专家委员会委员、研究员

潘家华，研究员、博士生导师。1981 年获华中农学院（现华中农业大学）学士学位；1985 年获北京林学院（现北京林业大学）生态专业硕士学位；1992 年获剑桥大学经济学博士学位。

　　曾任湖北省社会科学院长江经济研究所副所长、中国社会科学院生态文明所所长、联合国开发计划署（北京）能源与发展顾问、联合国政府间气候变化专门委员会减缓工作组（荷兰）高级经济学家、国家外交政策咨询委员会委员、国家 973 项目首席科学家。2018 年，被增选为中国社会科学院学部委员。2020 年 9 月，全职受聘北京工业大学经济管理学院。

　　主要研究领域包括可持续发展经济学、世界经济、能源与气候政策、生态文明范式新经济学等。主持国家自然科学基金重点、国家社会科学基金重大、科技支撑专项、国家 973 计划、中国社会科学院重大、国家部委、地方省市委托和国际合作研究项目 30 余项，独立撰写学术专著 8 部（英文 2 部）、合著（第一作者）28 部（英文 6 部）、主编学术著作 30 余部，在《科学》《自然》《牛津经济政策评论》和《中国社会科学》《经济研究》等国内外刊物上发表中英文论文 300 余篇。获中国社会科学院优秀科研成果一等奖和二等奖、第十四届孙冶方经济科学奖、绿色中国年度人物、第九届中华宝钢环境奖。在 2010 年中央政治局集体学习期间讲解"关于实现 2020 年二氧化碳减排目标的思考"。现为国家气候变化专家委员会委员，北京市政府专家咨询委员会委员，中国城市经济学会会长，中国生态经济学会副会长，中国生态文明研究与促进会副会长，联合国政府间气候变化专门委员会（IPCC）第 3、4、5、6 次评估报告主要作者，英文期刊《中国城市与环境研究杂志》（*Chinese Journal of Urban & Environmental Studies*）主编。

王宏广

清华大学国际生物经济中心主任
科技部中国生物技术发展中心原主任

王宏广，全国政协参政议政特聘专家、清华大学国际生物经济中心主任、教授。海关总署院士专家咨询委员会委员、国家中医药管理局政策咨询委员会委员。曾任科技部农村与社会发展司副司长、中国生物技术发展中心主任（正局级）。曾赴美国、德国、荷兰等国6所大学做合作研究。"差距经济学"创始人，提出"生物经济将引领第四次浪潮""第二经济大国陷阱"等观点，编著21本，包括《填平第二经济大国陷阱》《中国的生物经济》等，发表《论科教兴国》等论文110余篇，发起并组织首届国际生物经济大会、首届国际农业科技大会。获得"2008年全国抗震救灾模范"等荣誉称号。

长期从事农业技术宏观及耕作制度研究，主讲过作物生态学、中国农业、耕作学等6门课程。著有《中国农业问题、潜力、道路、效益》；参加《中国耕作制度》、《耕作学》、《技术经济手册》（农业卷）、《生存、改革、发展》等14本专著与教材的编写，发表学术论文60余篇。他提出"用要素组合理论指导农业现代化"，并绘出全国12个类型区要素组合水桶模型，对于定量化确定农业发展的限制因子、指导农业发展具有重要价值。提出西藏农业发展优化要素组合"改调粮为调肥"。他将现代科学方法与计算机应用于耕作制度的研究与教学，并在国内新开了"耕作制度研究与优化方法"课，显著提高了传统学科量化水平。先后获农业部科技进步奖（3项）、霍英东青年教师奖、北京市优秀教师等10余项奖励。享受国务院政府特殊津贴。

（五） 新闻传播与话语体系建构

周明伟

十二届全国政协委员
中国外文出版发行事业局原局长
中国翻译协会会长
中国翻译研究院院长

周明伟，1972 年 10 月参加工作，1984 年 7 月毕业于复旦大学国际政治系，曾在美国纽约州立大学洛克菲勒政治学院和美国哈佛大学肯尼迪政府学院学习，获博士学位，曾任十二届全国政协委员，中共十六大、十八大代表。

历任复旦大学校长助理兼校长办公室主任、外事办公室主任，上海市人民政府外事办公室副主任、主任，中共中央台湾工作办公室、国务院台湾事务办公室副主任（副部长级），中国外文出版发行事业局常务副局长（副部长级）、局长。

还曾任孔子学院总部常务理事、中国西藏文化发展与保护协会副会长、中国生态文化协会副会长、第五届中日友好二十一世纪委员会中方委员。现为北京大学国际战略研究院常务理事，清华大学新闻与传播学院常务理事，复旦大学中美人文交流战略对话研究中心名誉主任，中央社会主义学院、中国浦东干部学院、复旦大学特聘教授，华东师范大学客座教授，俄罗斯普列汉诺夫经济学院名誉教授等。

主要研究方向为美国国会政治、院外集团、游说与国会决策；国际关系、美国政治、中美关系与台湾问题、国际传播、东西方文化比较等。

周锡生

十二届全国政协委员
新华社原副社长兼常务副总编辑
中国搜索信息科技股份有限公司总裁

周锡生，毕业于上海外国语大学英语系，留学于希腊亚里士多德大学哲学系。1978年进入新华社工作，曾任新华社华盛顿分社副社长、联合国分社社长，新华社副社长兼新华网总裁、总编辑，中国记协副主席，第十二届全国政协外事委员会委员。新华社首届"十佳国际编辑"、全国宣传文化战线"四个一批人才"、新闻出版总署首批全国创新领军人才，享受国务院政府特殊津贴。

长期从事国际报道和对外报道，曾任新华社常驻美国国会、白宫、五角大楼、国务院和华尔街记者，曾多次担任党和国家主要领导人出国访问报道主要随团记者。采访过美国前总统老布什、小布什和联合国前秘书长安南、俄罗斯前总理梅德韦杰夫等国际政要，采访过华尔街一批经济金融大亨，采访报道了西方七国首脑会议、中美元首会晤、美国大选等一系列重大国际性活动；担任过奥巴马访华上海专场演讲会现场中英文直播报道总指挥，新华社达沃斯论坛报道总指挥，新华社北京奥运会、伦敦奥运会、上海世博会报道团总指挥。

长期从事互联网、新媒体、融媒体工作，创办了新华网、中国政府网、中国平安网、中国文明网等多个大型网站和APEC会议网站，对国内外网络媒体、网络文化、网络安全、社交媒体和数字经济等有深入研究，并长期担任中央有关部门和地方党政机关领导干部培训授课老师。

对国际问题、世界经济、国际金融贸易、"一带一路"和互联网、新媒体、数字经济、人工智能等有长期跟踪和深入的研究，发表过上千篇深度述评文章，目前在上海东方网"东方智库"开设有"周说天下"评论专栏，评点国际重大问题、热点问题，对国际重大事件的预测准确率高。

匡乐成

新华出版社社长、党委书记
中国财富传媒集团副总裁、党委委员、董事

匡乐成，新华出版社社长、党委书记，中国财富传媒集团副总裁、党委委员、董事，高级编辑。

曾任新华社办公厅副主任、中国经济信息社副总裁、国家金融信息中心总经理、新华中经信用有限公司董事长。被聘为全国共享经济标准化技术委员会副主任委员，北京市、天津市社会信用建设标准委员会委员，河南省社会信用建设智库特聘专家。

在中经社期间，牵头负责国家金融信息平台"新华财经"、国家级信用信息平台"新华信用"、国家级"一带一路"综合信息服务平台"新华丝路"的开发、建设和运营，负责经济智库、舆情监测与研判、大数据和技术建设等业务。在抗击疫情期间，组织策划的舆情分析和系列《经济分析报告》获得各界好评，多篇获得中央领导同志批示。

在新华社办公厅期间，曾任督查室主任、党委人事办主任、正处级秘书、调研室副主任等，参与筹建中国政府网、中国搜索，参与有关加强互联网管理、新媒体建设、媒体融合发展、多媒体数据库建设、经济信息改革发展等专项调研，参加多次"两会"报道，调研报告被中央领导同志批示并获新华社社级好稿，推动新华社多媒体数据库建设和待编稿库采编发体制改革、经济信息业务体制机制改革。

在新华社机关党委工作期间，曾获得全国政协八届五次会议大会秘书处"精神文明标兵""新华社优秀团干部""新华社优秀公文一等奖"等荣誉。

金 雷

新华社中国经济信息社经济智库事业部总经理

金雷，现就职于新华社中国经济信息社，任经济智库事业部总经理。

2004年进入新华社工作，历任编辑、主任编辑、终审发稿人、专线副总监、事业部副总经理等职务，熟悉高端智库运作，熟悉政策话语体系，带领团队长期从事宏观经济、产业经济、房地产、能源、农业经济等领域的政策研究分析工作。长期从事新闻信息编审和智库研究工作

具有深厚的文稿写作功底和丰富的稿件审改经验，组织策划审发的许多报告得到中央及地方决策层重视，《商品房土地使用权续期无细则可循引发关注》《宜提升金融体系综合监管水平巩固楼市去杠杆成果》《抓住楼市企稳契机，从土地、租赁等方面加快房地产长效机制建设》《警惕部分城市"炒房"抬头、违规资金入市》《打造新时代高质量发展的新型城市样板——雄安新区规划与建设模式调研》《以品牌建设为统领 全面深入推进青稞产业高质量发展》等报告获得中央及地方政府领导重视，推动了政策形成，助力了相关行业供给侧结构性改革。

（六）"一带一路"与国际合作

金　鑫

中共中央对外联络部研究室主任

金鑫，全国青联委员、中国国际法学会理事，教育部区域和国别研究评审专家、国家社会科学基金评审专家，同济大学、兰州大学兼职教授。

先后任中联部国际信息中心副处长、中联部办公厅秘书二处处长、当代世界出版社副社长、《当代世界》杂志总编辑、安徽池州市委常委、副市长。现任中共中央对外联络部研究室主任。

长期从事国际问题研究，参与中央马克思主义理论研究与建设工程、中央党建课题、国家社科基金项目、中国社会科学院和中联部重大课题的研究工作，在国家核心期刊和有关部委内部刊物发表论文和内部报告上百篇，出版著作9部，多篇论文在全国和省部级成果评比中获奖，多篇调研报告受到高层领导和有关部门的好评。

所著《中国问题报告》曾被评为"2001年度全国十部有影响的著作""2004年度全国十大政经图书"；所著《世界问题报告》获评"全国优秀畅销书奖"；所著《中国民族问题报告》以其对涉疆涉藏等问题的预测性分析和前瞻性思考受到学界和中央有关部门的肯定。自"一带一路"倡议提出后，牵头组织撰写的一批相关调研报告受到高层领导批示。

吴 蒙

中国国际商会双边合作部部长

　　吴蒙，现任中国国际商会双边合作部部长。毕业于北京外国语大学英语语言文学系，曾在中央党校、井冈山干部学院进修。1996年参加工作，曾任中国贸促会驻港澳代表处副代表，中国贸促会国际联络部美大处副处长、处长，中国国际商会合作发展部副部长。

　　长期致力于贸易投资促进事业，是多双边问题专家，在举办大型多双边活动方面具有极丰富的经验。曾牵头负责多场具有国际影响力的大型活动的组织筹备工作，其中包括2014年APEC、2016年二十国集团工商界活动（B20）、2017年美国总统特朗普访华期间中美工商领导人对话会、2018年中非企业家大会等。

　　有超过20年的中美双边关系工作经验，曾牵头实施中美企业对接计划（Corporate Match-making Program，CMP）并获得相关国家级奖项。对中国企业对外投资战略、政策风险有深入的了解，并善于梳理国内外政府事务资源，为企业提供定制咨询服务。

　　此外，积极推动多双边工商界交流与合作，发挥代言工商的作用。目前还担任中国—东盟商务理事会秘书长、中国—中东欧联合商会中方理事会秘书长、中国—拉美企业家理事会秘书长、上海合作组织中国实业家委员会秘书长、中国—葡语国家企业联合会秘书长等。

李希光

清华大学教授、博士生导师
清华大学国际传播研究中心主任

李希光，清华大学教授、博士生导师，清华大学网络信息与社会管理研究中心首席专家、西南政法大学全球新闻传播学院名誉院长、世界与中国议程研究院院长、喜马拉雅研究所所长、卫计委应急专家委员会成员、联合国教科文组织媒介素养与文明对话教席负责人、中巴经济走廊网总编辑。

曾任清华大学新闻与传播学院常务副院长、新华社高级记者、哈佛大学新闻政治与公共政策中心研究员、《华盛顿邮报》科学与医学记者、联合国教科文组织丝绸之路青年学者。

1990 年，曾随巴基斯坦杰出学者丹尼教授乘船来到卡拉奇，沿印度河采访考察古丝绸之路。而作为联合国教科文组织丝绸之路青年学者，已在"海上丝绸之路"、"草原丝绸之路"、"沙漠丝绸之路"、阿尔泰游牧路线行走 5 万多公里，被誉为"走遍丝路第一人"。

2010 年以来，分别受扎尔达里总统、吉拉尼总理、穆沙希德参议员等邀请，先后 6 次率领团组深入巴基斯坦访问考察，每年带领清华大学巴基斯坦文化与传播研究中心团队与巴基斯坦国家科技大学共同召开中国—巴基斯坦联合智库年会。

著有《写在亚洲边地》、《谁蒙住了你的眼睛——人人必备的媒介素养》、《新闻采访写作教程》、《初级新闻采访写作》、《软实力与中国梦》、《舆论引导力与文化软实力》（合著）、《对话西藏：神话与现实》、《新闻教育未来之路》（主编）、《发言人教程》（合著）等。

黄仁伟

复旦大学一带一路及全球治理研究院常务副院长

黄仁伟，历史学博士，研究员、博士生导师，复旦大学一带一路及全球治理研究院常务副院长，清华大学战略与安全研究中心学术委员，中国国际关系学会副会长，上海外国语大学国际关系与外交事务研究院院长，上海社会科学院副院长、历史研究所所长，盘古智库顾问委员会高级顾问。

兼任国务院台湾事务办公室海峡两岸关系研究中心特聘研究员，国家创新与发展战略研究会副会长，上海市人民政府决策咨询专家，上海市国际关系学会副会长，上海市美国学会副会长，上海市台湾研究会常务理事、副会长，全国美国经济学会常务理事，全国美国历史学会理事、常务理事，浦东美国经济研究中心主任，上海国际问题研究中心副主任等。

2001年，获国务院政府特殊津贴。主要研究领域为国际关系与国际经济，其中包括中国国际战略、中美关系（含台湾问题）、国际关系理论、国际经济关系。主要成果包括专著《美国西部土地制度的演进》《独立自主的和平外交政策》《中国崛起的时间与空间》；合著有《中国国际地位报告》《国家主权新论》。

胡必亮

北京师范大学新兴市场研究院院长

北京师范大学一带一路学院执行院长

北京师范大学一带一路研究院院长

胡必亮，中南财经政法大学经济学学士、亚洲理工学院－多特蒙德大学联合理学硕士、德国维藤大学经济学博士，北京师范大学教授、博士生导师。现任北京师范大学新兴市场研究院院长、北京师范大学一带一路学院执行院长、北京师范大学一带一路研究院院长。

曾任世界银行经济官员，法国兴业证券亚洲公司首席中国经济学家和该公司驻北京首席代表，美国 Double Bridge Technologies，Inc. 联合创始人兼财务总监，中国社会科学院研究员兼中国社会科学院研究生院博士生导师，哈佛大学高级研究员，北京师范大学经济与资源管理研究院副院长、院长。

其经济学研究与中国经济改革历程紧密相连。20 世纪 80 年代早期和中期，主要研究中国的农业经济与农村改革问题；80 年代末 90 年代初，主要研究乡镇企业、农民工、城市化；90 年代中后期，主要研究中国宏观经济与资本市场；进入 21 世纪后，主要研究信息化与地方治理；从 2010 年起，专注于研究新兴市场经济。

曾在泰国、菲律宾、新加坡、缅甸、越南、印度、斯里兰卡、科特迪瓦、阿根廷、智利等国工作、学习、调研。目前重点关注的领域为"一带一路"问题与新兴市场国家经济发展。

出版了 16 部关于"一带一路"和新兴市场国家的中英文著作，包括《"表"述"一带一路"》、《综述"一带一路"》、《"一带一路"沿线国家综合发展水平测算、排序与评估》、《"一带一路"沿线国家产业发展报告》、《"一带一路"大讲堂》、《2040 年的拉丁美洲》、《2050 年的亚洲》、《2050 年的中亚》、《2050 年的非洲》、《共享型社会拉丁美洲的发展前景》、《2050 年的世界》、《国际货币体系改革》、《21 世纪资本主义的危机与重建》、《中国与新兴市场》、《中拉经济合作新框架》、*Explorations in Development*，均由中国大百科全书出版社出版。

孙壮志

中国社会科学院俄罗斯东欧中亚研究所所长
中国社会科学院中俄战略协作高端合作智库副理事长
兼秘书长

孙壮志，现任中国社会科学院俄罗斯东欧中亚研究所所长、研究员，中国社会科学院上合组织研究中心秘书长，兼任中国上海合作组织睦邻友好合作委员会委员、中国亚非学会常务理事、中联部当代世界研究中心常务理事。专业为国际政治，研究方向包括"一带一路"建设、中亚地区国际关系和上海合作组织等。2010 年获得国务院批准享受政府特殊津贴。

2000 年毕业于中国社会科学院研究生院国际政治专业，研究方向为中亚地区国际关系与上海合作组织。主要著作有《中亚五国对外关系》《中亚新格局与地区安全》《中亚安全与阿富汗问题》《独联体国家"颜色革命"研究》，发表论文有《上合组织新发展与我国对外经济合作的新机遇》《中亚新形势与上合组织的战略定位》《上海合作组织：中国与中亚合作的重要平台》等。

王晓泉

中国社会科学院俄罗斯东欧中亚研究所科研处处长
中国社会科学院"一带一路"研究中心副主任
中国俄罗斯东欧中亚学会秘书长

　　王晓泉，1999 年毕业于中国社会科学院研究生院，获得硕士学位。2000 年，进入国务院发展研究中心欧亚社会发展研究所工作。2006 年，任国务院发展研究中心欧亚社会发展研究所所长助理。2005 年，中国社会科学院研究生院国际政治专业毕业，获得博士学位。2013 年，调入中国社会科学院俄罗斯东欧中亚研究所工作。2015 年，任中国社会科学院"一带一路"研究中心秘书长。2016 年，任中国俄罗斯东欧中亚学会秘书长。2017 年至今，任中国社会科学院俄罗斯东欧中亚研究所科研处处长，兼任中国社会科学院"一带一路"研究中心副主任、中国俄罗斯东欧中亚学会秘书长。

　　长期主编"'一带一路'蓝皮书"、《中国俄罗斯东欧中亚学会年鉴》等，著有《"一带一路"建设中深化中俄战略协作研究》，发表《析俄罗斯在东北亚的战略平衡作用》《欧亚全面战略伙伴关系研究》《俄罗斯的文明属性及其战略影响考论》《大国战略博弈下上合组织走向何方？》《对丝绸之路经济带的战略思考》等学术论文和研究报告近百篇。

李向阳

中国社会科学院亚太与全球战略研究院院长

中国世界经济学会副会长

中美经济学会副会长

李向阳，中央财经大学经济学学士、中国社会科学院经济学博士。1988～2009 年，在中国社会科学院世界经济与政治研究所工作，2009 年，调入中国社会科学院亚太所，主要研究领域为国际经济学。

1992 年，获中国社会科学院首届青年优秀科研成果论文二等奖；1993 年，获中国社会科学院优秀青年称号；1994 年，获中国社会科学院首届优秀科研成果论文奖，1996 年，获中国社会科学院"有突出贡献的中青年专家"称号；1998 年，获国务院政府特殊津贴；2002 年，获中国社会科学院第四届优秀科研成果奖论文三等奖，2007 年，获中国社会科学院第六届优秀科研成果论文二等奖；2009 年，入选中宣部"四个一批"工程。

著有《"一带一路"定位、内涵及需要有限处理的关系》《论海上丝绸之路的多元化合作机制》《跨太平洋伙伴关系协定：中国崛起过程中的重大挑战》《全球经济重心东移的前景》《全球气候变化规则及其对世界经济的影响》《区域经济合作中的小国战略》《国际经济规则的实施机制》《国际经济规则的制定机制》《新区域主义与大国战略》等多项重要研究成果，出版《企业信誉、企业行为与市场机制》《市场缺陷与政府干预》等多部专著。

张陆彪

农业农村部对外经济合作中心主任
农业农村部国际合作司原副司长

张陆彪，曾任中国农业科学院农经所副所长、中国农业科学院国际合作局局长、农业农村部国际合作司副司长、农业农村部农业贸易促进中心主任。兼任中国国际贸促会农业行业分会秘书长、中国国际商会农业行业分会秘书长。

1992年，获南京农业大学农业经济学博士学位；2002年，任中国农业科学院农业经济学博士生导师，指导培育国内外近百名硕士、博士、博士后专业人才和学科带头人。应邀担任联合国和平大学特聘教授和世界银行、非洲开发银行、世界粮食计划署等多个国际组织机构的专家顾问，具有丰富的国际机构和政府部门从业经验。

任农业农村部国际合作司副司长期间，牵头完成《国务院办公厅关于加快农业对外合作的若干意见》《农业对外合作规划（2016－2020年）》《农业对外合作与农业援助一体化实施意见》等多份顶层设计政策文件。任农业贸易促进中心主任期间，《中美经贸摩擦对两国农产品出口的影响》《中美大豆贸易形势分析》《美国大豆库存情况》等多篇聚焦美国农业重点领域的报告获得部领导肯定性批示，多篇密切跟踪美国农业支持政策走向的报告为领导决策提供了重要参考，得到中央领导的认可。任对外经济合作中心主任以来，推动建立农业走出去博士后工作站，聚焦中国农业对外投资合作，开展"十四五"发展规划研究、农业走出去总部基地建设、发达国家经验借鉴等一系列涉及发展方向的重要研究工作，成果得到部领导高度认可。

叶海林

中国社会科学院亚太与全球战略研究院副院长、纪委
书记

叶海林，国际问题专家。2000 年，北京大学国际关系学院毕业，获得法
学硕士学位。2000~2004 年，中央国家机关公务员；2004~2006 年，我驻外
使馆三等秘书；2006 年 2 月至今，任职于中国社会科学院亚太与全球战略研
究院。现为中国社会科学院亚太与全球战略研究院副院长、纪委书记，《南
亚研究》副主编兼编辑部主任，中国社会科学院南亚研究中心主任和中国南
亚学会常务理事兼秘书长。

目前主要从事南亚地区政治与国际关系、反恐怖及非传统安全研究。学
术代表著作有：专著《巴基斯坦——纯洁的国度》，译著《空间战争》等。
发表学术论文 70 余篇。作为央视的特约评论员，多次参与《环球关注》《防
务新观察》《今日关注》《央广时评》、凤凰卫视《全球连线》等多档国际评
述类节目的评论，发表的观点独特新颖，获得观众好评。

黄 平

中国社会科学院台港澳研究中心主任
香港中国学术研究院常务副院长

黄平，1991 年毕业于伦敦经济学院，获社会学博士学位。现任中国社会
科学院台港澳研究中心主任、香港中国学术研究院常务副院长。

历任中国社会科学院社会学研究所副所长、国际合作局局长、美国研究所所长、欧洲研究所所长。曾任联合国教科文组织社会转型管理政府间理事会副理事长、教科文组织重大科学项目国际评审委员、国际社会科学理事会副理事长和国际社会学会副会长。

在布鲁塞尔、巴黎、北京等地组织过四届"中欧文化高峰论坛"，在华盛顿、伦敦等地举办过"中国社会科学论坛"等国际问题圆桌或高端对话，负责过国家社科基金、中央部委委托课题，以及联合国粮农组织、联合国教科文组织和欧盟等委托的大量课题。入选中宣部"四个一批"工程和国家哲学社会科学领军人才，享受国务院政府特殊津贴。

在社会发展、人口流动、城乡关系、中美关系、中欧关系、全球化、中国道路、现代性等领域长期从事专业研究，著有《乡土中国与文化自觉》、《梦里家国：社会发展、全球化与中国道路》、《中国与全球化：华盛顿共识还是北京共识》（主编）等，还翻译过《亚当·斯密在北京》等重要著作。

裴长洪

中国社会科学院经济研究所研究员、博士生导师
十三届全国政协委员

裴长洪，博士。从事中国宏观经济、对外开放与服务经济领域研究。1995年，获得国务院政府特殊津贴，入选中宣部"四个一批"人才工程。

长期从事国际贸易与投资、金融与服务经济领域的研究，其博士论文《利用外资与产业竞争力》于2000年获得国务院学位委员会和教育部颁发的全国百篇优秀博士论文奖。2003年以来，在《中国社会科学》《求是》《人

民日报》《经济研究》《中国工业经济》《财贸经济》《国际贸易》等重要报
刊发表论文数十篇；在国内外英文期刊发表英文论文十几篇。有两项研究成
果获得原外经贸部颁发的研究奖项，一项研究成果于 2008 年获得安子介国际
贸易研究著作奖。

　　积极为党和国家的决策研究提供理论支持，2005 年 5 月 31 日，为第十
六届中央政治局第 22 次集体学习讲解"经济全球化与国际贸易发展的新特
点"；2006 年 2 月 6 日，应邀参加温家宝总理主持的专家座谈会，讨论修改
政府工作报告。2004 年以来，多次参加由吴仪副总理、国家发改委、商务
部、国家外汇管理局领导主持的专家座谈会，参与讨论有关领域的政策问
题；还曾为湖南省委、江苏省委、吉林省委、浙江省委、青海省委、广州市
委、杭州市委、上海市委等地方党委理论中心组学习讲解有关经济方面的
专题。

李进峰

中国社会科学院"一带一路"研究中心副主任
中国社会科学院上海合作组织研究中心执行主任

　　李进峰，曾任中国社会科学院民族文学研究所党委书记、副所长。目前
兼任中国社会科学院"一带一路"研究中心副主任，中国社会科学院上海合
作组织研究中心执行主任。

　　主要研究领域为应用经济（建筑经济）、上海合作组织、"一带一路"、
丝绸之路文化等。在企业从事国际商务工作和学术研究期间，多次赴南非、
博茨瓦纳、赞比亚、津巴布韦调研。在中国社会科学院俄罗斯东欧中亚研究

所工作期间，多次赴俄罗斯、哈萨克斯坦、吉尔吉斯斯坦、乌兹别克斯坦、塔吉克斯坦、印度、巴基斯坦、乌克兰、白俄罗斯、捷克、斯洛伐克等国家做学术访问和学术交流。主持多项省部级课题和国家相关部委的委托课题。

曾长期在国有大型企业工作。2001～2008 年，任中国社会科学院研究生院副院长。2007 年 12 月，由中国社会科学院委托建设部高评委评为教授、研究员级高级工程师（研究员）。2008～2011 年，在新疆生产建设兵团第十一师任党委常委、副师长（中组部第六批援疆干部）。2009～2013 年，在北京大学教育学院经济管理专业在职攻读博士研究生。2011～2020 年，任中国社会科学院俄罗斯东欧中亚研究所党委书记、副所长。

主要学术专著：《转型期中国建筑业企业问题》《援疆实践与思考》《上海合作组织 15 年：发展形势分析与展望》等。主编《上海合作组织发展报告》（2012～2020）。最新研究成果主要有《上合组织扩员：挑战与机遇》《上合组织 15 年：发展历程回顾与评价》《"一带一路"建设 5 周年：发展回顾与展望》《"一带一路"高质量发展的新机遇》《中国在中亚地区"一带一路"产能合作评析：基于高质量发展视角》等。

王　镭

中国社会科学院国际合作局局长、研究员
联合国教科文组织社会变革管理计划（MOST）中国国家协调人

王镭，中国社会科学院经济学博士、荷兰社会科学研究院（ISS）公共政策与管理学硕士。目前兼任中国人民对外友好协会理事、中国欧洲学会理事；国际科学理事会和国际社会科学理事会灾害风险综合研究计划（IRDR）

中国委员会副主席、国际科学理事会和国际社会科学理事会"未来地球计划"中国委员会指导委员会副主席以及《中国经济学人》（英文版）编委；中国社会科学院丝绸之路研究院执行院长，中国中东欧研究院副院长。

专注于研究中国对外经济关系中的贸易、投资、税收等问题。曾在荷兰蒂尔堡大学法律系、比利时鲁汶大学从事国际经贸制度研究。曾在《工业经济》《财贸经济》、《国际经济评论》、《国际转移定价》（荷兰国际财政文献局）等中外学术期刊发表研究论文。其专著《WTO 与中国涉外企业所得税收制度改革》填补了中国企业"走出去"税制研究中的空白，被商务部列为WTO 研究重点推荐书目。

工作期间，积极组织、从事对外人文学术交流，设计和实施一系列高层次对外培训、研讨项目，包括周边与发展中国家经济发展研修班、非洲总统顾问研讨班、国际知名汉学家研讨班等，宣介中国经济和社会发展，增进中外人文沟通。

致力推进中外深度研究合作与高端智库交流，与欧盟合作组织实施了中欧人文社会科学大型共同研究计划（Co-reach），通过公开招标方式，在经济、法律、社会学、环境等领域，开展系列中欧合作研究项目。Co-reach 模式被中欧双方誉为开展国际科研合作的典范。同时，中国社会科学院国际合作局与俄罗斯、美国、英国、印度、韩国等建立了高端智库对话交流机制，探讨加强互信与合作共赢之道；与联合国教科文组织、经济合作与发展组织、世界经济论坛、红十字与红新月会国际联合会、拉美开发银行等合作，围绕全球经济、科技创新、政策规制、人道发展、文化多样性等领域重大议题开展机制性交流，向世界发出中国声音。

（七）公共卫生与医疗健康

毕井泉

第十三届全国政协经济委员会副理事长

中国国际经济交流中心常务副理事长

国家食品药品监督管理总局原局长

毕井泉，中央党校研究生学历，北京大学中国经济研究中心高级管理人员，工商管理硕士。现为第十三届全国政协委员、经济委员会副主任，中国国际经济交流中心常务副理事长。

2001～2003年，分别任国家发展计划委员会经贸流通司、经济贸易司司长；2005～2006年，分别任国家发展和改革委员会秘书长、副主任、党组成员兼秘书长；2006～2008年，任国家发展和改革委员会副主任、党组成员；2008～2015年，任国务院副秘书长、机关党组成员；2015～2018年，任国家食品药品监督管理总局局长、党组书记；2018年3～8月，任国家市场监督管理总局党组书记、副局长；2020年8月至今，任全国政协经济委员会副主任。

在政府工作期间，参与了国务院近30年来历次重大医改决策过程，并参与相关调查及中央文件起草工作。

在任国务院副秘书长期间，推动国家药品安全"十二五"规划出台，明确开展仿制药一致性评价计划，为后续中国药品监管改革及产业发展奠定基础。

在担任国家食品药品监督管理总局局长、党组书记期间，全力推动中国药品审评审批制度和监管制度改革，成为改革的开拓者。其中，推动了2015年《国务院关于改革药品医疗器械审评审批制度的意见》（国发〔2015〕44

号）的出台，重新定义"新药"概念，改革临床试验审批制度等，从转变监管理念开始引导产业走向国际化发展；2017 年主导起草中共中央办公厅和国务院办公厅《关于深化审评审批制度改革鼓励药品医疗器械创新的意见》（即《两办文件》），成为中国药品监管制度改革的里程碑。此外，2017 年推动国家食品药品监督管理总局正式加入 ICH（国际人用药品注册技术协调会），并于 2018 年成功当选 ICH 管委会成员，逐步实施国际最高技术标准和指南，实现将我国的药品审评标准与国际接轨，为中国医药产品走向世界打下坚实基础。

2020 年担任第十三届全国政协经济委员会副主任之后，仍致力于中国医药卫生体制改革相关研究和促进中国医药创新产业发展的道路。

曾 光

国家卫健委高级别专家组成员
中国疾病预防控制中心流行病学前首席科学家

曾光，1970 年毕业于河北医学院（今河北医科大学），1982 年获得中国协和医科大学硕士学位；1985～1986 年，美国 CDC 访问学者。国家卫健委高级别专家组成员、中国疾病预防控制中心流行病学前首席科学家、博士生导师，WHO 传染病监测和应急反应科学委员会委员，中国现场流行病学培训项目执行主任，国务院政府特殊津贴获得者。

现兼任北京市政府参事，国家突发公共卫生事件专家组成员，国家卫计委艾滋病专家咨询委员会委员，国家人口计生委生殖道感染干预工程首席科学家等。

擅长现场流行病学和公共卫生对策研究，长期工作在疾病控制和应急反应一线，处理国内重大、复杂的公共卫生事件，关键时刻多次向国家提出重要的公共卫生对策建议。

2001年，创建了"中国现场流行病学培训项目"，为国家培养了有实战经验的高级流行病学人才，2003年任首都"非典"防治指挥部顾问，发挥了突出的作用；2019年末，新冠肺炎疫情发生后深入武汉抗疫一线，为国家抗疫成功做出重要贡献。

宋瑞霖

中国医药创新促进会执行会长

宋瑞霖，中国政法大学法学学士、中欧国际工商学院工商管理硕士，曾任国务院法制办公室科教文卫法制司副司长。

工作期间，主要从事卫生医药方面的立法审查和研究工作，参与了1987～2006年中国卫生立法方面的所有活动，成为中国卫生医药法律专家；2006年初，赴澳大利亚悉尼大学作为访问学者研究医药卫生体制改革，两年后回国参与建立中国药学会医药政策研究中心的工作。2009年11月起，当选中国医药工业科研开发促进会（现更名为中国医药创新促进会）执行会长，多年来致力于促进医药领域"产学研用资"紧密结合，推动国内医药创新的产业化、国际化，其对行业发展的研判和建议值得借鉴。

主要研究成果包括：2008年参与卫生部"健康中国2020"课题研究，担任"药物政策组"副组长，组织撰写了《中国药物政策研究报告》；2008

年 11 月至 2011 年 1 月主持《完善我国基本药物制度研究》；2011 年 8 月主持撰写《完善中国药品不良事件救济机制研究》第 1 版；其主持出版的《中国新药杂志》对我国医药卫生体制改革面临的挑战提出深层思考。

2021 年，在第六届中国医药与创新投资大会上，宋瑞霖提出要以临床价值为基础确定我国创新药的价格，要以支付能力为依据确定支付标准；为了中国医药创新能力的提升与可持续发展，要建立一个更加客观、公平、理性、可长期发展的创新药价格体系；要建立以基本医疗保险为基础，商业保险和慈善捐赠等多层次的保障体系，同时配以风险共担和疗效对赌等多种手段平衡各方利益，推动中国医药创新发展，更好满足临床需求，保障人民群众的健康。

李定纲

北京陆道培血液病医院执行院长

李定纲，1982 年毕业于南京医科大学，其后就职于首都医科大学附属北京友谊医院普外科，先后任普外科住院医师、主治医师，从事临床与教学工作。1990～1995 年，赴美国约翰斯·霍普金斯大学（Johns Hopkins University）公共卫生学院临床流行病研究室与医学院肿瘤外科实验室，从事博士后研究工作；1995 年 5 月，留美回国后继续就职于首都医科大学附属北京友谊医院普外科，任普外科副主任医师，从事临床、教学与科研工作；2004 年 5 月，调至北京海淀医院创建肿瘤基因治疗中心并任中心主任，主任医师；2007 年 4

月，在北京燕化医院建立基因生物治疗与"热疗＋微创"的综合治疗中心，任中心主任、首席医学专家、主任医师；2016 年 1 月，任华润凤凰医疗集团凤凰牛津国际肿瘤中心首席专家；2015 年 9 月至今，任北京陆道培血液病医院执行院长。

陆家海

中山大学公共卫生学院检验与检疫中心主任
One Health 研究中心主任
广东省科学技术实验室联合会会长

陆家海，中山大学教授，博士生导师，具有流行病学、疫苗学、病原生物学和兽医学多学科教育背景。任中山大学公共卫生学院检验与检疫中心主任、OneHealth 研究中心主任、广东省科学技术实验室联合会会长、广东省热带医学会副会长、广州市中华预防医学会副会长、纽约州立大学兼职教授。

主要研究方向包括"One Health"（新发传染病、抗生素耐药和食品安全）、流行病学评估、疫苗开发以及预防寄生虫病（如虫病）和人畜共患病（如 SARS、登革热、禽流感、狂犬病和布鲁氏菌病），以及该领域的预防和控制。曾担任广东省多个 SARS 公关项目和香港横向合作项目及其他相关研究项目的首席研究员。已获得 20 多项享有盛誉且具有竞争力的国家和国际资助，包括中国自然科学基金会以及各省市等的研究项目。发表了 200 多篇学术论文，其中包括 50 篇作为第一作者或通讯作者载于 SCI 期刊的论文。他还是《中华医学杂志》（英文版）、《中国预防医学》、《国际病毒学》等杂志的审稿人（或编委）。

（八）工业信息与科技创新

张　立

中国电子信息产业发展研究院党委副书记、院长
中国半导体行业协会常务副理事长

张立，管理学博士，现任中国电子信息产业发展研究院党委副书记、院长，中国半导体行业协会常务副理事长。

主要研究方向为电子信息产业规划、产业政策等，主编出版了《2019—2020 年智能制造产业发展蓝皮书》《2019—2020 年中国战略性新兴产业发展蓝皮书》等，总结分析产业发展概况和特征，为各级工业和信息化主管部门提供参考。先后发表了《在高水平对外开放中提升供应链韧性》《构建网络安全生态圈》《加快工业数据分类分级促进工业数据治理体系建设》《企业文化撑起石油行业的蓝天》《企业遏制非伦理化经营的对策研究》《我国石油文化建设研究》等学术文章，在产业链安全、网络安全、企业管理等领域形成了一批研究成果。

曾任中石化胜利油田有限公司东辛采油厂党委书记，宁夏回族自治区吴忠市委常委、副市长，宁夏内陆开放型经济试验区办公室副主任，宁夏博览局副局长，中国—阿拉伯国家博览会秘书处专职副秘书长，宁夏回族自治区信息化建设办公室副主任，工业和信息化部机关党委常务副书记。在宁夏回族自治区任职期间，努力推动宁夏内陆开放型经济试验区建设，积极参与打造中国与阿拉伯国家交流合作的新优势；牵头组织筹办中国—阿拉伯国家博览会，支持中阿务实合作不断向前推进。

乔 标

工业和信息化部中国电子信息产业发展研究院副院长

乔标，工业和信息化部中国电子信息产业发展研究院副院长。曾任赛迪研究院规划所所长、《工业经济论坛》杂志社总编。

长期从事制造强国、产业规划及产业政策研究，多次参与工业和信息化部有关文件的起草，主持国家部委重大研究课题20余项，主持北京、天津、江西、湖南、成都、南京等政府委托课题60余项，被天津、金华、黄山、湖州等城市聘为专家顾问。主持编写了《制造业转型升级知识干部读本》《中国战略性新兴产业蓝皮书》等。

陈俊琰

中国信息通信研究院华东分院人工智能与大数据事业部主任

陈俊琰，毕业于东华大学，获工学博士学位，2016年从东华大学控制工程与科学博士后流动站出站，长期从事工业生产过程中计算机模拟、控制和检测等方面的研究和工作，在计算机视觉、机器学习等技术领域积累了较丰富的经验。

现任中国信息通信研究院华东分院人工智能与大数据事业部主任，具有超过 7 年的项目咨询、执行、管理经验，主要面向各地政府、企业、产业园区等不同客户提供人工智能与大数据、企业信息化规划等相关领域的整体规划设计及解决方案等咨询服务，对人工智能、工业互联网、大数据、物联网、云计算等技术领域的知识体系有较深刻的理解。曾参与部级重点实验室项目 1 项、国家自然科学基金项目和市级科技攻关项目各 1 项，现负责多项省市级人工智能大数据相关政策编制、课题研究、项目咨询、专项建设工作，发表学术论文 10 余篇，申请发明专利 10 余项、软件著作权多项。

董 凯

工业和信息化部赛迪研究院产业政策研究所（先进制造业研究中心）所长

董凯，工业和信息化部赛迪研究院产业政策研究所（先进制造业研究中心）所长。曾任赛迪顾问股份有限公司副总裁、赛迪（上海）先进制造业研究院执行院长、赛迪研究院团委书记、软科学处副处长等职，并于 2010 ~ 2012 年在工信部机关挂职工作。

长期从事先进制造业、装备制造业、智能制造领域的研究和资源协同工作。曾参与《"十四五"智能制造发展规划》等 10 多个国家产业规划的编制支撑工作，主持编制了《中国智能制造发展蓝皮书》《中国智能制造发展趋势研究》《中国先进制造业城市（园区）发展指数》《AI 赋能制造业发展研究》《中国工业大数据产业发展及投资价值分析》《中国工业机器视觉产业白皮书》等多个研究成果，以及《国家经济技术开发区智能制造产业集群研究》《沈抚改革创新示范区主导产业规划》《京津冀高新技术产业创新示范区产业规划》《上海市智能制造行动计划（2019—2021 年）》等 30 多个地方产业发展规划。

项立刚

中国通信业知名观察家、智能互联网研究专家
柒贰零（北京）健康科技有限公司董事长

　　项立刚，毕业于中国人民大学。现任柒贰零（北京）健康科技有限公司董事长、深圳日海智能独立董事。中国通信业知名观察家、智能互联网研究专家、工信部高质量发展高层次咨询专家。中央电视台、中央人民广播电台、凤凰卫视评论员。专著《5G 时代》引发社会强烈反响。

　　长期研究智能互联网产业，率先提出了智能互联网理论，拥有多个智能互联网应用发明专利，领导开发了智能互联网服务的多个产品。中国 5G 产业、业务、技术研究专家，中国 5G 发展有影响的推动者，对 5G 技术、5G 业务与应用、5G 发展中电信运营商的选择、5G 与智能互联网对人类社会发展与走向的影响等有深入的研究。

　　对电信业的发展、电信管制政策、电信业的发展趋势有较多研究，熟悉通信业的组织结构、运作模式，了解通信技术发展历程，对通信业新技术有全面了解。被多家杂志和网站聘为专栏作家，任多个网站和增值业务提供商战略顾问，长期为多个国外投行和通信业分析机构提供通信行业咨询。

　　在北京科技周、移动通信高峰论坛、中国互联网大会等数十场国内顶级行业论坛中担任主持人，曾经就通信业政策、发展战略、行业发展态势、市场动向、新业务等多个主题给国内外客户做培训和讲座，尤其是5G和智能互联网内容广受欢迎。曾多次作为工信部高质量发展高层次咨询专家参与国家产业政策讨论，提供建设性意见。

程 楠

中国电子信息产业研究院规划研究所所长

程楠，中国电子信息产业发展研究院规划研究所所长，清华大学博士后，产业经济学博士，研究员。主要研究方向为产业/园区规划、区域经济分析、产业政策研究等。作为主要成员全程参与了《京津冀产业协同发展规划》《新型工业化产业示范基地发展指导意见》《关于培育发展世界级先进制造业集群的意见》等国家级或部级规划、政策的起草编制工作，完成了"制造业供给侧结构性改革研究""制造强国建设实践研究"等部级重大课题，主持了北京、湖南、湖北、西藏、嘉兴、无锡、宁波、福州等一批地方项目，先后在学术期刊和财经媒体上发表文章30余篇。

（九）　文化旅游与宗教研究

单霁翔

文旅部原党组成员、故宫博物院原院长
故宫学院院长

　　单霁翔，毕业于清华大学建筑学院城市规划与设计专业，师从两院院士吴良镛教授，获工学博士学位。高级建筑师、注册城市规划师。被聘为北京大学、清华大学等高等院校兼职教授、博士生导师。中国文物学会会长，中央文史研究馆特约研究员、故宫博物院学术委员会主任。历任北京市文物局局长、房山区委书记、北京市规划委员会主任、国家文物局局长、故宫博物院院长。第十届、第十一届、第十二届全国政协委员。

　　2005年3月，获美国规划协会"规划事业杰出人物奖"。2014年9月，获国际文物修护学会"福布斯奖"。出版《文化遗产·思行文丛》《城市化发展与文化遗产保护》《从"功能城市"走向"文化城市"》等十余部专著，并发表百余篇学术论文。担任国家文物局局长期间，积极做好四件事：第一，摸清文化遗产资源的家底；第二，注重文物保护的法制建设；第三，做好科技支撑和人才培养；第四，打击文物犯罪。在任故宫博物院院长期间，大力推进制度改革，带领团队开展了各类创收活动。在他的推动下，故宫建设了数字博物馆和VR影院，在国内博物馆中率先采用VR技术介绍文物；2017年，故宫网站访问量达到8.91亿。推出"每日故宫""故宫展览""故宫社区"等9个App，利用新媒体传播手段提升了故宫文化的民间普及率和亲和力。

郭 旃

中国文物学会世界遗产研究会主任委员
国家文物局文保司原巡视员

郭旃，1978 年北京大学考古专业毕业，1982 年中国社会科学院研究生院历史系硕士研究生毕业。现任中国文物学会世界遗产研究会主任委员、广东五邑大学兼职教授。

1982 ~ 2009 年，历任国家文物局办公室主任、文物处长、世界遗产处处长、文保司巡视员，先后承担文物古建筑和历史文化名城保护管理工作、世界文化遗产工作；2005 ~ 2014 年，任国际古迹遗址理事会（ICOMOS，联合国教科文组织咨询机构）前副主席以及该理事会理论委员会副主席；2014 ~ 2018 年，为英国伦敦学院名誉教授。

曾承担澳门社会文化司和工务运输司遗产保护和规划顾问咨询工作。曾参与 ICOMOS《奈良真实性文件》《西安宣言》等国际文化遗产保护文献的研讨制定。1994 年，奈良真实性国际会议中国代表；2005 年，ICOMOS《西安宣言》起草组成员；2007 年，东亚地区文物建筑保护理念与实践国际研讨会《北京文件》起草组主持人之一。

唐晓云

中国旅游研究院副院长

唐晓云，管理学博士、研究员、博士后合作导师、国家旅游局数据中心总统计师。现任中国旅游研究院副院长。

研究领域为旅游统计与旅游产业经济、旅游影响与可持续发展。在《光明日报》《旅游学刊》《旅游管理》等核心报刊及其他学术刊物上发表论文50余篇，出版专著3部，曾任《中国旅游评论》执行主编、《中国旅游经济蓝皮书》执行主编、《成都旅游经济蓝皮书》主编、《中国旅游大数据》执行主编。

主持或作为执行组长承担国家社科基金课题、国家社科重大课题子课题、国家旅游局科研立项面上项目、国家旅游局人才项目、广西科技攻关项目，以及全国游客满意度调查、中国旅游经济监测与预警、中央财政预算国家旅游经济实验室等国家项目和部委及地方委托的研究课题，作为骨干成员参与国家社科基金重点课题、国家自然科学基金课题、全球环境基金课题"全球重要农业文化遗产（GIAHS）保护项目"、浙江旅游发展模式研究等重要项目。

耿 静

中国华夏文化遗产基金会理事长

中国文化产业联盟副主席

全国红军小学建设工程理事会副理事长

耿静自 2010 年开始致力于中国公益事业及文化遗产保护工作等。作为中国华夏文化遗产基金会理事长，负责基金会日常运营并带领基金会落地实施多个项目及活动，如"东方之韵"等，曾多次率参访团赴巴基斯坦、日本、英国、美国、法国、北欧等国家和地区进行考察访问与文化交流。

耿静坚持关注教育领域的公益行动，并长期开展助学活动。在她的组织带领下，基金会"小灯泡"公益项目为山区的儿童、红军小学的学生多次举办夏令营，设立奖学金、助学金，并为其培训师资、捐赠图书与学习用具。

2015 年，耿静成为蓝迪国际智库专家委员会成员，积极推进"中巴文化走廊"建设以及筹备基金会下属"一带一路"文化研究院，促进了中巴两国文化交流。

周泓洋

文旅部中国艺术研究院副院长
国务院发展研究中心研究员

　　周泓洋，现任文旅部中国艺术研究院党委委员、副院长，国务院发展研究中心研究员；长期从事宏观经济规划和发展战略研究。

　　历任《人民日报》记者，《环球时报》副总编辑，中国作家出版集团总经济师兼《文艺报》副总编辑，国务院国有资产监督管理委员会企联干部兼中国企业报社常务副社长，中国艺术研究院纪律检查委员会书记、副院长，中组部第8批援藏干部，任西藏文化厅副厅长等。

　　周泓洋一直致力于文旅融合文化产业实践，2004年在人民大会堂成功举办的首届中国文化产业论坛上提出"以草根之心做文化产业"。主要著作有《现代西方商业银行管理与实务》《国有资产管理学导论》《谁来消费中国》《跨世纪生态战略》。参加国家社科基金"中国劳动力转移""生产资料市场监测"等多项课题研究工作。援藏期间作为涉藏工作重点省区藏医药申遗工作组负责人参与向联合国申遗的相关工作。三次获得中国新闻界最高奖"中国新闻奖"，两次获得林业部的"绿色金质奖章"。

陈奕名

中国商业经济学会常务理事、执行秘书长
五十六号文旅经济公路创始人

陈奕名，著名经济学家、国企改革专家、中国全面小康论坛特邀经济学家、五十六号文旅经济公路的开创者、"一带一路"经济发展资深专家，曾作为国家发展改革委中俄丝路经济发展论坛的特邀经济学家接受俄罗斯国家电视台的专访。

现任中国商业经济学会常务理事、执行秘书长，持续推动国家"双循环"经济布局下对大消费、大流通、大市场的调研整合，为国企进行地方产业的投资布局做出了一定贡献。

兼任国资委新闻中心中央企业媒体联盟理事、《现代国企研究》专家委员会副主任，曾任中粮集团混改企业领导班子成员、副总经理。

陈奕名开创的五十六号文旅经济公路覆盖中国中西部四大经济区域16个省份的城市群，与粤港澳大湾区、京津冀、长三角区域进行多层次的文化和经济联动，在美国、意大利、英国、日本、韩国、沙特阿拉伯等国建立了秘书处，并重点通过澜湄经济区布局云南和东南亚各国的文化经济交流。

（十）智库研究与专业咨询

宋贵伦

北京市社会建设促进会会长

中共北京市委社会工作委员会原书记、社会建设工作办公室主任

北京师范大学中国教育与社会发展研究院教授

宋贵伦，北京师范大学中国教育与社会发展研究院教授、博士生导师。曾任中共中央文献研究室助理研究员，中共中央宣传部副处级秘书，中共北京市西城区委宣传部部长，北京市委宣传部副部长，北京市社科联党组书记、常务副主席、研究员，中共北京市委社会工作委员会书记、北京市社会建设工作办公室主任，第十一届全国人大代表。现任北京市社会建设促进会会长。曾出版《毛泽东与中国文艺》、《北京社会建设概论》（主编）、《十年磨一"建"：社会建设理论体系与实践路径研究》等著作。

张冠梓

中国社会科学院信息情报研究院党委书记、院长

张冠梓，中国社会科学院信息情报研究院党委书记、院长，享受国务院政府特殊津贴。

研究领域：中国传统法律文化、少数民族法制史、法律人类学与法律社会学。主要科研成果：《论法的成长——来自中国南方山地法律民族志的诠释》、《作为法的文化与作为文化的法——南方山地民族传统法的演进》、《中国珍稀法律典籍续编》（第九、第十册）、《多元与一体：文化背景下的中国法律》、《哈佛看中国》（政治与历史、经济与社会、文化与学术三卷）、《法律人类学：名家与名著》等。

先后获北京大学"五四"青年科学论文一等奖、中国法律史学会优秀论文一等奖、中国社会科学院优秀科研成果二等奖和三等奖各一项、第一届中国青年法律学术奖（法鼎奖）金奖、第五届胡绳青年学术奖、第二届政府出版奖提名奖、第六届全国十大杰出青年法学家提名奖等荣誉。

智宇琛

中国社会科学院"一带一路"研究中心研究员
东南大学文化传媒与国际战略研究院高级研究员

智宇琛，北京大学经济学院毕业，中国社会科学院国际关系博士。具有10年中央企业发展战略部门负责人工作经验，曾任中国铁路通信信号集团办公室副主任、研究设计院企业战略与法务部部长等职务。任职期间，正值中国高速铁路建设关键时期，在战略制定、企业上市、质量提升、国际合作、法律事务等方面开展大量工作。

长期从事国际政治、国际经贸及和平与安全事务研究，治学严谨、视野开阔，尤其在"一带一路"国际合作研究方面成果丰硕，发表学术论文近百篇，出版十余部学术专著。多篇内参中提出的政策建议被中办、国办直接采纳。

　　在 2018 年"一带一路"国际合作高峰论坛召开前,撰写国家智库报告《"一带一路"视野下中国在印度洋四大经济走廊发展》和《"一带一路"视野下亚非经济圈构建与发展》。这两篇智库报告均被翻译成英文,并由中宣部推荐至"一带一路"峰会主会场,受到各国元首好评。同时,这两篇智库报告还被列入中国社会科学院重大项目予以嘉奖。

　　独立研发"一带一路"经济数据平台,汇总 110 个国家金融、经济、贸易等统计数据和分析报告。领导了一个由 12 名高级咨询师组成的团队,成功获得了世界银行、英国 APMG 集团认证的国际 PPP 证书培训机构资质。

　　编著《助力中国企业走向"一带一路"》、《"一带一路"新型全球化的新长征》(中英文)、《"一带一路"沿线地区发展与上海作用》等,获得了各界的好评。参与制定国家发展改革委"一带一路"共建国家对外开放指标体系。

解　喆

蓝迪国际智库青年专家委员

　　解喆,拥有 22 年国际顶级咨询公司职业经验,包括波士顿咨询、德勤咨询、埃森哲等,专注企业战略和管理咨询,客户涵盖政府及高科技、互联网、文化旅游、地产、邮政、制造和商业零售等行业。

　　他是政府战略和产业地产领域的资深专家,10 年持续专注为政府客户和地产客户提供区域发展战略规划、产业发展规划、地产项目或园区规划、智慧城市规划和数字化平台设计。

他具有丰富的顶层战略、业务规划、商业模式设计、组织管控、数字化规划等方面的经验，为客户在不确定环境下进行战略重塑、业务创新、重构核心竞争力提供咨询服务，并且为客户提供后续的融资支持、品牌营销、新业务孵化等关键落地服务。

在企业数字化领域，他为多个不同类型的客户提供数字化转型、商业模式创新、数字化营销等服务。他负责的项目包括消费品互联网营销、大健康业务数字化、汽车交易类平台、政府大数据云平台等。

（十一）基础设施与传统产业

房秋晨

中国对外承包工程商会会长

房秋晨，毕业于对外经济贸易大学国际企业管理专业，2000 年获得首都经贸大学企业管理硕士学位。

1989 年加入原对外贸易经济合作部工作。先后在北京温阳进出口贸易公司，商务部合作司办公室、非洲处、工程处等部门工作，曾担任调研员、处长等职务；1997～2000 年挂职河北省泊头市副市长，分管流通领域工作，包括外贸和外经合作。

拥有丰富的外交工作经验，曾先后被派驻非洲、欧洲、亚洲国家担任外交官，在促进中国与驻在国双边经贸关系方面做了大量卓有成效的工作。2001～2003 年，任中国驻马其顿大使馆经济商务参赞；2006～2011 年，任中国驻印度尼西亚大使馆公使衔经济商务参赞；2011～2015 年，担任商务部美洲大洋洲司副司级商务参赞、副司长，分管美洲、大洋洲地区除美国外英语国家的双边经贸事务，负责拟订并组织实施与所负责国别（地区）的经贸合作发展政策，参与多双边《中国—东盟自由贸易协定》及有关经贸谈判，处理国别（地区）经贸关系中的重要事务，协助中国企业获得外国市场准入等。

2015 年 4 月至今，担任中国对外承包工程商会会长，商会现直属商务部，是由中国对外承包工程、劳务合作、工程类投资及相关服务企业组成的全国性行业组织，致力于推动会员企业经营实力的全面提升和中国对外投资与承包工程行业的快速、健康发展。

赵小刚

中国南方机车车辆工业集团公司原董事长
中国建材集团公司外部董事

赵小刚，第九届全国人大代表。曾任中国南车董事长，中国企业联合会、中国企业家协会理事会副会长，中国交通运输协会常务理事，中国铁道学会常务理事。现任中国建材集团公司、中国船舶集团公司、中国恒天集团公司外部董事。

曾获《第一财经》2011 年度"中国最佳商业领袖奖"，入选《财富》2012 年中国最具影响力的 50 位商界领袖排行榜。

任建新

中国化工集团有限公司原党委书记、董事长

任建新，1974 年 6 月参加工作，中国蓝星化学清洗总公司创始人，曾任中国化工集团有限公司党委书记、董事长。经济学硕士、教授级高级工程师，中共十六大、十七大代表。

1990 年后，对 107 家国有化工企业进行了收购兼并，被官方媒体誉为中国的"并购大王"。2004 年，中国化工集团成立后，任中国化工集团有限公司党委书记、董事长，将中国化工旗下百余家企业重整成六大业务板块，产品涵盖从基础化工品到农化以及有机硅等多系列。在职期间最重大的战略布局是通过并购推动中国化工走向国际市场，其海外并购所涉领域极广且少有重复，并购对象大多为该行业在全球或地区的 TOP 排行企业。任建新表示，要在"一带一路"倡议中扮演重要角色，扩大中国在亚洲和欧洲的投资。

2017 年 7 月，中国化工集团斥资 430 亿美元（折合人民币 2925 亿元）收购了全球最大的农药公司先正达。收购完成后，中国化工集团成功跻身全球化工界四大巨头行列。任建新掌舵中国化工集团以来，将中国化工带到了世界 500 强的行列，成为化工界的"并购大王"。

郁　葱

中国土木工程（澳门）有限公司董事总经理

郁葱，毕业于北方交通大学，正高级工程师、一级注册建造师、英国皇家测量师，现为中国土木工程（澳门）有限公司董事总经理，同时任中国施工企业管理协会港澳分会会长、澳门中国企业协会副会长、澳门建筑业协会副会长、澳门海洋与水利学会副会长、澳门建造商会副理事长、澳门造价工程师学会副理事长。

2010～2020年，历任中土集团成本管理中心主任、沙特阿拉伯利雅得至达曼南北题录工程项目联合体副主席、中土集团沙特阿拉伯分公司总经理、中国土木工程集团（香港）有限公司执行董事、中国土木工程（澳门）有限公司董事总经理、澳氹第四跨海大桥设计连建造工程联营体总经理、中国土木工程集团有限公司总经理助理。

从业27年来，参与和主持了多项政府及私人业主重大工程，有着丰富的投标、报价、设计建造及运营维护的经验。在港澳地区经营和运作项目时间长达十余年，对港澳两地及大湾区的工程承包和建筑行业有着深刻的理解及敏锐的洞察。

郑 军

中土集团公司首席国际商务专家兼中土研究院院长
中国国际投资促进会境外合作区专家委员

郑军，毕业于中国人民大学，企业管理硕士。1990 年入职中国土木工程集团有限公司。

曾在尼日利亚、阿尔及利亚、埃塞俄比亚等非洲国家常驻近 10 年。先后从事企业管理、国际贸易、国际旅游、海外市场开拓、海外投资项目策划管理等工作，在境外经贸合作区（产业园区）政策研究和园区规划、投资、招商和运营方面有丰富的工作经验。多年来致力于"一带一路"倡议、中非经贸合作以及助推中国企业"走出去"的实践与研究，在《中国投资》《国际工程与劳务》等刊物上发表文章，多次受邀在北京大学光华学院、清华大学新闻学院、天津师范大学研究生院等高校授课。

曾任中国土木尼日利亚有限公司副总经理，阿久巴（AJUBA）尼日利亚有限公司董事、总经理，尼日利亚中资企业协会副会长，中土国际旅行社有限公司总经理，中国中信—中国铁建阿尔及利亚东西高速公路项目联合体办公室主任，中国土木阿尔及利亚有限公司党总支副书记、副总经理，阿尔及利亚中资企业协会秘书长，中国铁建中国土木工程集团有限公司总经理助理，中非莱基投资有限公司（尼日利亚莱基自贸区中方股东）董事、总经理，中土集团埃塞俄比亚工程有限公司党委书记、副总经理，埃塞俄比亚德雷达瓦中土工业园开发有限公司总经理。

（十二）法律、标准与知识产权保护

吕红兵

十三届全国政协社会和法制委员会委员
第十届中华全国律师协会监事长
国浩律师事务所首席执行合伙人

吕红兵，曾任第七届上海市律师协会会长，中共上海市第九次、第十次代表大会代表，政协上海市第十一、十二届委员会委员，社会和法制委员会副主任，上海市青年联合会第十届副主席，上海市青年企业家协会第六届副主席，中国证监会第六届股票发行审核委员会专职委员，上海证券交易所和深圳证券交易所上市委员会委员，上海国际贸易仲裁委员会暨上海仲裁委员会委员及仲裁员，上海金融仲裁院仲裁员和复旦大学、中国人民大学、华东政法大学、上海外国语大学、上海对外经贸大学、上海政法学院、上海金融学院等高校兼职或客座教授。曾获全国优秀仲裁员、上海市优秀专业技术人才、上海市劳动模范、上海市优秀律师、上海市司法行政系统先进个人等多项荣誉称号。

目前，吕红兵带领来自国浩律师事务所全球 20 个办公室的近 1500 名律师为境内外企业及各类客户提供全面的专业法律服务。主编或参与的著作包括《民主立法与律师参与》《企业投资融资：筹划与运作》《中国新型城镇化的法治思维》《中国产业律师实务》《现代商事律师实务》《金融证券律师实务》等。

贾怀远

德恒律师事务所高级合伙人
德恒律师事务所迪拜分所主任

贾怀远，毕业于中国矿业大学、英国曼彻斯特大学。中国唯一具有迪拜律师资格的律师。2004 年，代表德恒律师事务所设立迪拜办公室。

从事国际工程、国际项目投融资及争议解决等法律服务 30 余年，对国际主要标准工程合同均具有丰富的经验，包括 FIDIC 的各种版本，所服务的国际工程项目及国际投融资项目遍及全球七大洲 50 多个国家和地区，包括世界最高建筑 Burj Khalifa 和 Kayan 水电站项目（中国最大海外水电工程项目）等；分别在伦敦国际仲裁院、ICC 国际仲裁院、中国国际经济贸易仲裁委员会等国际仲裁机构代理重大国际工程案件与国际投资争议案件。

中国国际经济贸易仲裁委员会、中国海事仲裁委员会、北京国际仲裁委员会、深圳国际仲裁委员会以及海南国际仲裁中心仲裁员，国际上的工程争议 DAB/DAAB 裁决员。

自 2015 年起连续 6 年荣获国际律师评估机构 LEGALBAND 评选的"基础设施与项目融资"Band 1 排名及基础设施和投融资专业"业界明星"称号；中国国家发展改革委及财政部 PPP 专家库双库专家。

在清华大学、北京大学、对外经贸大学、中国政法大学等高校教授国际工程法律规则及实践、国际项目投融资法律规则及实践以及英国证据法等课程。

李爱仙

中国标准化研究院副院长

李爱仙，毕业于北京科技大学，获工学硕士学位。现任中国标准化研究院副院长。曾任中国标准化研究院资源与环境分院常务副院长、中国标准化研究院首席研究员。兼任资环分院院长、全国节能减排标准化技术联盟秘书长、能效标识管理中心主任、标准馆馆长、院科技委副主任，分管生产许可证审查中心、基础标准化研究所。还任全国能源基础与管理标准化技术委员会秘书长、全国太阳能和氢能标准化技术委员会副主任、中国能源研究会理事、中国节能协会常务理事、中国可再生能源学会常务理事等职。

主持完成多项国家"九五""十五""十一五"重大科研项目，负责组织或参加制定了 GB/T 15320—2000《节能产品的评价导则》等 20 余项节能方面的强制性和推荐性国家标准。作为技术负责人参加了我国节能产品认证、能效标识制度以及节能产品惠民政策的研究、建立和实施工作。主编《能效标识和标准：家用电器和照明产品指南》和《能效标识概论》等书籍。获得 10 余项国家质检总局"科技兴检奖"和"中国标准创新贡献奖"等奖项。

谭晓东

北京标研科技发展中心主任
全国分析检测人员能力培训委员会办公室主任

谭晓东，国家质量基础设施（NQI）、国际质量合规性（IQC）综合学理研究与区域产业经济高质量发展复合型专家。现任北京计量协会秘书长、中国信息协会医疗健康产业分会秘书长、北京标研科技发展中心主任，国家级检验检测机构资质认定高级评审员/师资、ISO/IEC17025/20 国际实验室认可评审专家，国家团体标准审评专家、中关村标准技术评价机构负责人/首席专家、腾讯特聘标准专家，商务部"一带一路"沿线国家外交官高质量发展认定授课师资、科技部"国家级高科技产业园高质量发展规划"认定授课师资，浙江大学硕、博研究生质量发展专业课导师，国家市场监管总局认可技术研究中心原主任。

在法规政策研究领域，任国家市场监管总局《中华人民共和国认证认可条例》实施成效评估与修订负责人，国家认可委（CNAS）《国家认可机构监督管理办法》制定组副组长，全国食品检验机构、司法鉴定机构、公安刑事技术机构评价准则主要起草执笔人、师资等。

在区域与产业高质量发展规划领域，先后完成我国贵州全省 9 地州 88 县农产品全产业链 + 供应链食品安全信息追溯体系标准化与信息安全服务认证项目；签约广西壮族自治区质检院，指导全区重点农产品高质量发展与新营销模式体系构建；科技部重大专项"乳制品全产业链 + 消费者信心指数"NQI 信息服务平台项目总策划与子任务项目负责人；天津市、江苏省、京津冀等区域"十四五"高质量发展规划数据分析与撰写总负责人，我国海洋标委会高标准发展、国家新体育产业高质量发展、国家音视频智能产业高质量发展、国家智慧交通产业标准化＋高质量发展等"十四五"规划与核心检验检测认证机构建设总策划人与实施专家等。

在"一带一路"领域，推动中关村标准国际化，成功完成中关村医疗器械标准东非共同体组织互认备案制度建设；构建我国文化旅游标准中东欧"17＋1"互认备案制度建设等。

（十三）专家型企业家

刁志中

广联达科技股份有限公司董事长

中国建筑学会建筑经济分会理事

中国建设工程造价管理协会教育专家委员会委员

刁志中，1985年毕业于沈阳航空航天大学计算机学院（原沈阳航空工业学院），曾在北京石化工程公司设计中心任工程师，从事计算机信息化的研发工作，先后被评为"第二届海淀科技园区优秀青年企业家""改革开放30周年自主创新优秀人物"。

1998年，创办北京广联达慧中软件技术有限公司，开始从事建筑行业工程造价软件的研发与推广，成为广联达公司三大创始人之一。经过11年的发展，刁志中带领全体广联达人将广联达打造成国内建设领域颇具声誉的IT应用型高科技企业，持续为中国基本建设领域提供有价值的信息产品与专业服务。

刁志中明确提出为基本建设领域提供IT产品与服务的经营宗旨，即"立足建设领域，围绕客户核心业务，以软件产品、专业服务、内容信息为方向多维延伸"的立体化业务发展战略，形成了"真诚、务实、创新、服务"的企业核心文化。广联达以造软件起家，企业产品已从单一的预算软件发展到工程造价管理、项目管理、招投标管理、教育培训与咨询四大业务的30余个产品系列，被广泛应用于建筑设计、施工、审计、咨询、监理、房地产开发等行业及财政审计、石油化工、邮电、电力、银行审计等系统。其产品在东方广场、奥运鸟巢、国家大剧院等工程中得到了应用。

田耀斌

中国电子科技集团国际贸易有限公司总经理

田耀斌，现任中国电子科技集团国际贸易有限公司总经理。

2006～2010年，任中国电子科技集团国际贸易有限公司驻东南亚、南亚办事处负责人。任职期间负责多个军贸系统工程，带领团队积极推进重大国际项目落地建设，牢记职责与使命，以负责任的中国企业形象赢得了国际社会的尊重。

2011年12月至2014年2月，任中国电子科技集团国际贸易有限公司亚太地区部副总经理，兼北京华成昊普科技有限公司法人代表、总经理。任职期间带领团队开拓性地实现中国电子科技集团首个在海外独立成功实施的太阳能电站EPC总承包工程、首个工程机械类出口项目、首个医疗卫生系统出口项目和首个大型综合承包工程项目等，完成了一批重大民品和海外工程项目的签约和执行工作，有力推动了与项目所在国的互联互通务实合作，为深化中国对外经贸合作关系做出贡献。

2017年1月至2018年3月，任中国电子科技集团公司国际重大项目办公室高级项目经理、集团驻巴基斯坦代表处总代表（高级经理）、国际工程二部总经理。2018年6月至2020年12月，任中国电子科技集团国际贸易有限公司副总经理。在新型全球化和"一带一路"倡议向纵深发展的时代背景下，深耕"一带一路"沿线新兴经济体和转型经济体市场，带领团队在国际贸易、国际产能合作等多个领域不断取得优异成绩，为集团公司践行"走出去"战略、积极适应经济全球化、参与"一带一路"国际经济技术合作、提高中国企业国际竞争力做出贡献，为国家和人民赢得了荣誉。

2020年12月至今，任中国电子科技集团国际贸易有限公司总经理。

先后获得"中国电科国际先进个人""特别奉献奖""重大项目签约奖""电科国际之星""创新之星""优秀干部""青年岗位能手""十周年十佳人物""中国电子科技集团公司'七好'优秀共产党员""国防科技工业军品出口先进个人"等荣誉称号。

谭丽霞

海尔集团董事局副主席、执行副总裁

海尔金控董事长、海尔生物董事长

谭丽霞，1992年毕业于中央财经大学。1992年8月加入海尔集团；1999～2006年任海尔集团海外推进本部副本部长、本部长，是海尔全球市场主要开拓者；2006～2010年任海尔集团副总裁、财务管理部部长、首席财务官，领导建立了海尔"事先算赢"财务管理体系，搭建了国内一流的财务共享中心；2011～2015 年任海尔集团高级副总裁兼首席财务官、青岛海尔股份有限公司副董事长。

现任海尔集团执行副总裁、海尔金控董事长，全面负责集团金融投资业务，业务范围涵盖金融、交易、投资、医疗康养、现代农业五大领域；分管集团财务审计、人力资源、法律事务及信息化流程等。2018 年 11 月，当选全国妇联第十二届常务委员。2019 年，当选山东省青岛市妇女联合会第十三届兼职副主席。

张嘉恒

哈尔滨工业大学（深圳）教授、博士生导师
中国工程物理研究院化工材料研究所客座教授
深圳市萱嘉生物科技有限公司董事长

张嘉恒，博士、教授、广东省珠江人才（青年拔尖）、深圳市孔雀人才 B 类。2008 年，本科毕业于中国农业大学；2013 年，博士毕业于中国农业大学。博士毕业时，以第一作者发表 SCI 论文 8 篇。自 2012 年起，分别作为项目研究员助理和博士后研究员，在美国 University of Idaho 从事研究工作，合作导师为含能材料领域世界知名专家 Jean'ne M. Shreeve 教授；2015～2017 年，入选日本学术振兴会（Jsps）研究员，在日本横滨国立大学从事研究工作，师从世界知名离子液体和电化学专家 Masayoshi Watanabe 教授；2017 年 6 月起，被聘为哈尔滨工业大学（深圳）材料科学与工程学院教授、博士生导师，兼任中国工程物理研究院化工材料研究所客座教授、中科院珠海先进技术研究院生物材料中心客座主任。参与及主持国家自然科学基金、广东省科技创新战略专项、工信委石墨烯制造业创新中心项目、深圳市科创委学科布局项目、深圳市诺贝尔科学家实验室项目等多个课题，主持项目经费总额达 3000 余万元。

于 2017 年创办深圳市萱嘉生物科技有限公司，致力于绿色溶剂（离子液体、深度共熔溶剂及超临界流体）和超分子材料（脂质体、纳米乳及超分子催化剂）的产业化，通过技术转化为企业带来新增产值过亿元，新增纳税 500 余万元；2019 年，作为创始合伙人与深圳市政府投资引导基金、深圳市龙华区政府及深圳市中小企业担保集团共同发起深圳市三号人才创新创业基金二期。曾获得"第二十三届全国发明展览会银奖"、"广东省众创杯创业创新大赛"三等奖、"工信部创客中国韶关赛区"二等奖、"广东省向上向善好青年"、"哈尔滨工业大学（深圳）抗疫先锋"等奖项及荣誉称号。

张保中

中国海外港口控股有限公司董事长

张保中，任中国海外港口控股有限公司董事长。自 2013 年起，参与瓜达尔港口建设。在积极建设瓜达尔自由区基础设施的同时，积极推进巴基斯坦联邦和地方政府落实经营协议中规定的税收优惠政策，为投资者创造良好的经商环境。

瓜达尔港作为中巴经济走廊最南端的印度洋天然海港，其战略地位非常重要。中国海外港口控股有限公司是瓜达尔港及瓜达尔自由区的投资、开发和管理运营单位，其在巴基斯坦的子公司负责瓜达尔港口、瓜达尔自由区、海事服务和物流领域的开发和经营。

作为瓜达尔港开发商，张保中和他领导的中国海外港口控股有限公司始终以保护投资者利益为一切工作的出发点，积极为投资商创造便利条件，争取最优惠的投资鼓励政策，为投资商提供全面、细致的服务。他强调，中国海外港口控股有限公司期望与巴基斯坦本土商业巨子、阿里夫·哈比卜集团、阿斯卡里银行等国际上著名的商业集团和商业银行加强合作，实现互利共赢，共同为瓜达尔地区经济的发展做出贡献。

贺建东

澳门贺田投资发展有限公司董事
科迪（杭州）科技服务公司孵化器创始人兼 CEO
BEYOND 国际科技创新博览会创始人

贺建东，现任科迪（杭州）科技服务公司孵化器创始人兼 CEO。北京市第十三届政协委员，全国工商联青年委员和京澳经济文化交流促进会副会长。2016 年获美国南加州大学工程管理硕士学位，在校期间担任香港学生会主席，积极组织举办各类活动，成功促成校友和在读学员的联系，多方联动美国东西岸各校香港学生进行学习和工作交流。

2018 年，作为创始人自主创立了科迪（杭州）科技服务公司。公司整合国内外资源优势，致力于科创企业孵化、天使投资、企业加速和高科技创新转化，以打造国际创业社区为目标，促进港澳创业青年来内地创业和引入国外优秀人才与项目。同时，公司利用国外的资源建立全球孵化器和加速器网络，促进各地交流和市场落地。

2018 年，被选为北京市第十三届政协委员并担任京澳经济文化交流促进会副会长。结合青年特点，从青年的视角提出议案和建议，促进港澳年轻人更好地融入内地发展。曾参与"2019 京澳青年创新创业论坛"。

积极联动国内企业并将其引荐到澳门特别行政区,发挥青年生力军作用,推动澳门特别行政区产业多元化发展。2019 年成为全国工商联青年委员,参加粤商大会讨论并做发言。积极推动青年创业家参与探讨深化粤港澳大湾区工商合作,促进区域经济协调发展和高质量发展。2021 年,在贺建东的持续推动下,首届 BEYOND 国际科技创新博览会于澳门成功召开,博览会以"what's next"为主题探讨与展望科技未来发展。博览会吸引全球逾 2 万名科技创新专业观众参与,基于未来科技,生命科学,影响力科技,新基建、智慧城市与生活四大主题,向现场观众展示来自世界 300 家大型跨国企业、独角兽创新企业以及新型初创企业最新的创新成果及未来技术方向。

杨　剑

泰豪科技股份有限公司董事长
江西省青年企业家协会会长

杨剑,南昌大学管理科学与工程专业博士研究生。2003～2004 年,任泰豪科技股份有限公司电机产品事业部销售公司总经理助理;2005 年,任江西泰豪科技进出口有限公司总经理。其间,兼任南昌 ABB 泰豪发电机有限公司副总经理;2009 年至 2014 年 6 月,任泰豪科技股份有限公司总裁助理、副总裁、总裁;2014 年 6 月至 2020 年 5 月,任泰豪科技股份有限公司董事兼总裁。目前,任泰豪科技股份有限公司董事长。

曾被授予江西省"优秀企业家"、江西省"青年五四奖章"、第一财经"年度创新力特别人物奖"、"211 企业经营管理人才"等荣誉。

张华荣

十三届全国政协社会和法制委员会委员
亚洲鞋业协会主席
华坚集团董事长兼总裁

张华荣，现任十三届全国政协社会和法制委员会委员、亚洲鞋业协会主席、华坚集团董事长兼总裁、世界鞋业总部基地董事长。

张华荣有"中国女鞋教父"之称。他的华坚集团旗下拥有 10 家分公司，员工 2 万余名，是中国最大的女鞋生产企业。主要生产 Nine West、Easy Spirit、Bandolino、Walmart 等国际名牌鞋，并拥有 COLCO、阿兰德隆、成龙等自主品牌。荣获"全国劳动模范""全国五一劳动奖章""全国扶残助残先进个人""全国关爱员工优秀民营企业家""2011－2012 年度全国优秀企业家"等荣誉称号。2018 年 10 月 24 日，入选中央统战部、全国工商联"改革开放 40 年百名杰出民营企业家名单"；2020 年 5 月 8 日，江西省人民政府决定增聘张华荣为省"五型"政府建设监督员。

刘家强

中国节能环保集团有限公司党委副书记、董事

刘家强，1988 年 7 月毕业于大连理工大学工业涡轮机专业；2005 年，获清华大学工商管理硕士学位。

1988～1994 年，任中国化学工程重型机械化公司技术员；1994～1997 年，任中国化学工程总公司劳资教育部干事；1997～2001 年，任国家"九五"重点项目河南义马气化厂项目副总监；2001～2007 年，任中国化学工程集团公司企业管理部副主任，其间作为建设部特聘专家参与全国建筑业企业资质标准编制工作，并作为石化专业副组长主持全国建造师执业资格考试大纲和教材编制工作；2007～2012 年，任中国化学工程集团公司总经理助理兼规划发展部主任，兼任科技部等六部门组织的"新一代煤（能源）化工产业技术创新战略联盟"秘书长，组织国家科技支撑计划煤制烯烃技术开发工作，并参与了国资委《中央建筑企业布局与结构调整研究报告》编制工作。

2012 年 2 月起，任中国化学工程股份有限公司党委常委、副总经理；2014～2018 年，任中国化学工程集团有限公司党委常委；2018 年 8 月至今，任中国化学工程集团有限公司党委副书记、董事、总经理。

李仙德

晶科能源控股有限公司董事长
B20 中国工商理事会副主席

李仙德，2006 年创办晶科能源控股有限公司。2010 年，公司在美国纽交所上市；2015 年，公司实现营业收入 160 多亿元人民币，跃升至 2016 年《财富》中国 500 强第 330 名；2016 年，成为全球最大的组件制造商，拥有中国江西、浙江、新疆，马来西亚、葡萄牙、南非 6 个生产基地，16 个海外子公司和 18 个销售办公室，全球员工数达 15000 名，出口额超过 10 亿美元，被业界誉为"毛利润之王"。

李仙德曾获 2009 年"上饶市十大创业精英"、2010 年"第四届江西省十大经济人物"、"江西省 2012 年度优秀创业企业家"、2013 年"中国行业品牌十大创新人物奖"、2014 年"中国改革优秀人物奖"、"全球新能源杰出贡献人物"等奖项。

李航文

斯微（上海）生物科技股份有限公司创始人兼 CEO

李航文，2010 年在 MD 安德森癌症中心获得肿瘤生物学博士学位。拥有 19 年的癌症研究及治疗经验，研究领域包括肿瘤免疫治疗、RNA 药物及癌症干细胞等，先后发表 20 余篇（部）SCI 文章及著作。他与唐定国教授共同开展了肿瘤微环境对癌症干细胞影响的课题研究，成功地建立了癌症转移模型。

李航文于 2016 年 5 月创建斯微（上海）生物科技股份有限公司，致力于开发国内首个 mRNA 药物平台，首个个性化肿瘤疫苗产品已达到临床前研究后期。目前还在同济大学上海东方医院转化医学中心任特聘研究员，并在美国罗斯维尔癌症中心任药理和治疗学系助理教授。

孙 彤

全国农村产业融合发展联盟常务副理事长

布瑞克（苏州）农业互联网股份有限公司董事长兼 CEO

孙彤，全国农村产业融合发展联盟常务副理事长、布瑞克（苏州）农业互联网股份有限公司董事长兼 CEO。

孙彤擅长建立大宗农产品价格预测模型。2009 年以来，承担了多个世界 500 强农业咨询项目，是光明食品集团并购广西凤糖集团项目首席顾问。2010 年，开发布瑞克农业数据终端。

2012 年，在证监会与中期协期货市场服务三农活动中主讲《涉农企业如何利用期货市场》；提出智慧农业的概念，并向全国推广。2014 年，获聘河南商水经济发展顾问，开展县级智慧农业解决方案试点；农产品集购网落地苏州高铁新城。2015 年，应邀参加第二届世界互联网大会并发表讲演；获得苏州高铁新城创业人才称号。2016 年，入选 B2B2.0 时代 50 位领军人物。2018 年，在首届中国新农人发展高峰论坛上，获得"大业农心，先锋人物"称号。2019 年，获全国农业农村创新创业大赛江苏省第一名；入选 2020 年度互联网十大新锐人物。近年来，始终专注于以"互联网＋农业"改变中国农业传统模式，打造基于"大数据＋"和产业互联网的县域智慧农业生态圈，带领团队不断开拓创新，将大数据与传统农业深度融合。

王丽红

山东天壮环保科技有限公司董事长

王丽红，自2006年起投资组建塑料降解技术科研攻关团队，成功取得具有中国自主知识产权的发明专利技术——生态塑料技术，为普通塑料降解缓慢引发的"白色污染"问题找到了最佳的解决方案。

2008年，王丽红回国创业，此后历时10年对生态塑料技术进行应用领域研发，走出了一条从源头即实现塑料完全降解的创新之路。2009年，王丽红带领团队开发出"绿塑宝"系列纳米生态降解塑料产品，获得"中华人民共和国第十一届运动会指定降解塑料产品"殊荣。2010年，公司获得香港特区政府颁发的"2010绿色企业奖"，并入选"网上世博山东省100家特色中小企业"；后荣获"2011年度中国留学人员创业园百家最具成长性创业企业"称号；公司于2012年建成中国博士后科研工作站；2015年，获得"农业部中华农业科技奖二等奖"。

王丽红为国家传统塑料包装行业新旧动能转换贡献出环保技术支撑。未来10年，她为公司制定的发展目标：一是实现每年治理2000万吨以上的塑料包装污染，创造绿色塑料包装产值5000亿元以上，实现1000亿元以上利税；二是以公司的环保技术积极解决全球一次性塑料造成的环境污染难题，让创新的生态塑料技术在"一带一路"发展中做出积极贡献，让"自然环保"成为"中国制造"的新名片。

张国明

安世亚太科技股份有限公司董事长兼总裁

张国明，1984 年毕业于北京工学院力学工程系，获学士学位。毕业后在兵器部第 354 厂科研所、教育培训中心、职工大学从事科研、教学工作。1996 年，成立 ANSYS 公司北京办事处，该办事处于 2004 年发展成为安世亚太科技股份有限公司。张国明现任安世亚太科技股份有限公司的董事长兼总裁。

张国明创立安世亚太以来，一直致力于传播和推广先进的研发设计技术，为中国制造业信息化和两化融合做出杰出贡献。他所倡导的精益研发思想是基于系统工程的综合研发体系，将知识、工具、质量方法与研发流程深度融合来提升研发价值和产品品质。

2009 年，张国明当选北京生态设计与绿色制造促进会第一届理事会主席团主席。他在当选致辞中表示，任期内将与各会员单位携手共进，发挥各自优势，积极宣传绿色发展理念，推广绿色研发、制造技术。

（十四）国际专家学者

让－皮埃尔·拉法兰
Jean-Pierre RAFFARIN

法国前总理
法国展望与创新基金会主席
2019 年中华人民共和国"友谊勋章"获得者

拉法兰，毕业于巴黎大学阿萨斯（Assas）法学院和巴黎高等商业学院法律专业，后于巴黎高等商业学院－欧洲管理学院（ESCP-EAP, Ecole Supérieure de Commerce de Paris）毕业。曾担任过巴黎政治学院讲师、贝尔纳·克里耶夫通信公司总经理。

2002 年 5 月 6 日至 2005 年 5 月 31 日，任法国总理；2011 ~ 2014 年，任参议院副主席。拉法兰最初从政是于 1977 年当选普瓦捷市议员，1986 年当选普瓦图－夏朗特大区议员，1988 ~ 2002 年，任该大区议会主席；1989 ~ 1995 年，任欧洲议会议员；1995 年，当选参议员；1997 年，再度当选参议员；1993 ~ 1995 年，历任法国民主联盟发言人、副总书记、总书记；1995 ~ 1997 年，被任命为中小企业、贸易和手工业部部长；1997 年，任自由民主党副主席；2002 年 11 月，加入总统多数派联盟（后更名为人民运动联盟）；2002 年 5 月，被任命为法国政府总理。

拉法兰长期致力于促进中法友好合作、增进中法友谊，在 2019 年中华人民共和国成立 70 周年之际，获授中华人民共和国"友谊勋章"。

伊萨姆·沙拉夫
Essam SHARAF

埃及前总理
沙拉夫可持续发展基金会主席

伊萨姆·沙拉夫，1975 年，获开罗大学土木工程学士学位；1984 年，获美国普渡大学博士学位。

埃及国家民主党政策委员会成员。2004 ~ 2005 年，担任埃及交通部部长，后到开罗大学任教，并联合其他埃及科学家成立了埃及科学协会；2011年 3 月，任埃及总理；2015 年，成立了非政府组织——沙拉夫可持续发展基金会，旨在推动埃及的可持续发展，同时加强与中国非政府组织的合作；2016 年，与蓝迪国际智库开展深度合作交流，旨在推进中埃文化与经济的合作；2019 年，成为中国国家发展改革委"一带一路"海外专家委员会成员。

鲁道夫·沙尔平
Rudolf Albert SCHARPING

德国国防部原部长

鲁道夫·沙尔平，1991 ~ 1994 年任莱茵兰 - 法尔茨州州主席；1993 ~ 1995 年，任德国社会民主党主席，并于 1994 年德国联邦议院选举中被推选为总理候选人；1998 ~ 2002 年，任德国国防部部长。从政期间多次访问中国，并且成为 1972 年中德建交后第一位访问中国的德国国防部部长。

离开政坛，沙尔平作为中德经济文化交流的友好使者，多年来一直致力于促进和加强中德之间多领域技术与项目交流，尤其注重在环保、能源、智能制造以及高科技领域内的战略合作。关于中欧关系，沙尔平认为必须坚持确保中欧关系的准则，中欧关系应建立在合作与共同利益之上，而不是建立在冲突和制裁之上。中欧之间需要的不是教导对方，而是从对方身上学习。中欧之间必须有以尊重和互相理解为基础的公平对话。

伊克巴尔·苏威
Iqbal SURVE

南非独立媒体董事会主席
塞昆贾洛（Sekunjalo）集团创始人兼董事长
南非总统顾问

伊克巴尔·苏威，塞昆贾洛集团创始人兼董事长，颇具影响力的非洲企业家，也是全球商业领袖和公认的慈善家。

塞昆贾洛集团是一家投资控股集团，创立于 1997 年，在非洲拥有 70 多家私营和上市公司。塞昆贾洛集团在 2007 年被世界经济论坛提名为 125 个"新领军者"之一，被称为"全球成长型公司社区"。在创立塞昆贾洛集团之前，因为对种族隔离的受害者开展医疗救助，并为从罗本岛释放后的南非人提供医疗服务，伊克巴尔·苏威被亲切地称为"斗争医生"。1989 年，被大赦国际授予"医疗模范和道德模范"称号。

伊克巴尔·苏威博士因其卓越的贡献获得众多重要奖项，并被权威的非洲杂志评为"最具影响力的商业领袖"之一，称其将"塑造非洲大陆的未来"。作为慈善家，伊克巴尔·苏威博士担任多个非政府组织的主席，大力支持社会企业家和在教育、艺术、体育、音乐方面有才能的年轻人。他也是开普敦大学商学院研究生院主席和基金会的主席。

伊克巴尔·苏威是非洲领导力倡议研究员、威尔士亲王商业与环境项目研究员、克林顿全球倡议治理委员会成员。他还是世界经济论坛的参与成员、沙特南非商业理事会主席、南非—美国商业理事会/论坛的成员。

图尔苏纳里·库兹耶夫
Tursunali KUZIEV

乌兹别克斯坦文化体育部原部长
乌兹别克斯坦共和国卡里莫夫科学教育纪念馆副主任
乌兹别克斯坦国际象棋联合会副主席

图尔苏纳里·库兹耶夫，曾任乌兹别克斯坦文化体育部部长。自 2017 年以来，他一直担任以乌兹别克斯坦共和国前总统卡里莫夫命名的科学教育纪念馆副主任。

1969~1976 年，就读于边科娃国家艺术学院艺术教育系；20 世纪 70 年代，在谢尔盖职业技术学校教授艺术课程，以及在尼扎米师范学院教授一年级学生素描与风景画；1982 年，从奥斯特洛夫斯基塔什干剧院艺术学院图形系毕业；毕业后，在贾尔库尔干担任首席设计师；1987 年，任苏联文化基金会苏尔汗达里州分会主席；1992 年，任边可夫艺术学院院长并教授风景画与构图；1995 年，任乌兹别克斯坦共和国总统办公室顾问；1996~1997 年，任乌兹别克斯坦文化部第一副部长兼代理部长；1997 年，领导乌兹别克斯坦艺术科学院，同时在卡莫里金·别赫扎达国立艺术与设计学院任教，当年还被选为乌兹别克斯坦艺术家创意协会主席；2000~2005 年，任乌兹别克斯坦最高议会议员；2011 年，根据总统令，任乌兹别克斯坦文化体育部部长。还曾任乌兹别克斯坦国立世界语言大学国际新闻学教授，教授"媒体教育""文化学""国情学""精神学"等课程。

2001～2013年，任乌兹别克斯坦—越南友好协会主席；2014年，领导帕尔万民族中心委员会；2016年，任乌兹别克斯坦国际象棋联合会副主席。

自2017年起，作为中乌合作的重要联络人，积极参与同中国企业合作的"光明行"行动，为乌兹别克斯坦的白内障患者带来光明。

穆沙希德·侯赛因·萨义德
Mushahid Hussain SAYED

巴基斯坦参议院议员
巴基斯坦中国学会会长

穆沙希德·侯赛因·萨义德，记者、地缘战略家、作家，获得前基督教学院学士学位、华盛顿乔治敦大学外交学院硕士学位，长期从事优质教育工作。

在美国完成学业后，成为巴基斯坦行政职员学院的指导人员，负责培训涉外服务人员。随后，在巴基斯坦旁遮普大学担任政治学系国际关系讲师。

1982年，成为全国英语日报《穆斯林》最年轻的编辑。大赦国际称他是"良心守护人"，是第一个获此殊荣的巴基斯坦人。

作为国际政治和战略问题专家，其研究范围广泛，文章发表在各种国内和国际出版物上，包括《纽约时报》《华盛顿邮报》《国际先驱论坛报》《中东国际》等。伊斯兰堡政策研究所（IPRI）理事会的成员，该研究所是一个领先的智囊团。还是伊斯兰会议组织（OIC）为2004～2005年改革设立的巴基斯坦知名人士委员会代表，是中间派民主党国际（CDI）亚太分会副主席。2006年1月27日，被菲律宾共和国众议院授予"国会成就奖章"。

目前，任巴基斯坦参议院议员，由其组建和领导的巴基斯坦中国学会在"一带一路"中巴经济走廊建设中发挥了重要作用。

萨利姆·曼迪瓦拉
Saleem MANDVIWALLA

巴基斯坦参议院议员

　　萨利姆·曼迪瓦拉，来自巴基斯坦卡拉奇市一个商业大家庭。2008～2013年，任巴基斯坦投资促进局投资委员会主席；2012～2013年，任巴基斯坦政府国务部部长；2013年，任巴基斯坦联邦政府部长；自2012年起，一直担任巴基斯坦参议员；2018年，被选为巴基斯坦参议院副议长。曾任巴基斯坦财政部部长、巴基斯坦商会和工业联合会管理委员会成员。

　　致力于改善巴基斯坦的投资环境，并与外国建立经济和金融关系，使巴基斯坦成为外国投资的理想地，为巴基斯坦铁路项目和能源项目的国际投资做出贡献。主抓与美国国际开发署的合作，在巴基斯坦引入了国际基准投资激励措施；不仅恢复了与俄罗斯的双边关系，还与上海合作组织进行了谈判。

　　负责举办多次国际会议活动，如"贸易投资促进活动"（意大利）、"第十届世界知识论坛"（韩国）、"第三届科威特联合部长级委员会会议"（科威特）、"贸易投资活动"（英国）、"投资研讨会"（马来西亚）、"海外投资博览会"（韩国）、"圣彼得堡国际经济论坛"（俄罗斯），促进了各国商业领域的密切合作。

通过巴基斯坦议会积极推动中巴经济走廊建设，多次组织议会多党对"一带一路"倡议展开讨论。自 2015 年起，与蓝迪国际智库建立了密切合作关系，参加了在新疆召开的克拉玛依论坛，推动了巴基斯坦俾路支省、卡拉奇市与中国的地方合作，积极参加瓜达尔港建设，为中巴经济走廊建设特别是民心相通工程建设做出了重大贡献。

宋永吉
Young-gil SONG

韩国国会议员

宋永吉，1988 年毕业于延世大学商经学院经营学系，2005 年毕业于韩国广播通信大学汉语言文学系。2000 年起连续三届获选国会议员，曾任民主党最高委员、韩美关系发展特别委员会委员长及韩日议会联盟法律地位委员会委员长。

2010 年 6 月当选仁川广域市市长后宣布，将积极扶持中小企业，推动新旧城区均衡发展，从而增创就业岗位，提高社会福利，强化教育竞争力，努力将仁川打造成韩国经济中心；2013 年，获得俄罗斯总统普京授予的俄罗斯"友谊勋章"。

宋永吉认真执行"朝鲜半岛新经济地图构想""新北方政策""新南方政策"三新政策构想，积极促进韩国与"一带一路"倡议的对接，曾率团与中国全国人大、中国外交部门和中国社会科学院等开展充分的交流讨论，为促进中韩在"一带一路"建设中的广泛合作做出贡献。

扎尔科·奥布拉多维奇

Žarko OBRADOVICĆ

塞尔维亚议会外事委员会主席

塞尔维亚社会党副主席

　　扎尔科·奥布拉多维奇，毕业于贝尔格莱德大学政治科学学院，政治学博士，塞尔维亚议会对华友好小组主席，首任中国—中东欧国家合作国家协调员，曾任塞尔维亚教育、科学和技术发展部部长。

　　2017 年 11 月，受邀赴北京出席中国共产党与世界政党高层对话会。作为塞尔维亚社会党副主席，在贝尔格莱德接受新华社记者专访时表示，政党高层对话会将是世界各国主要政党与中国共产党交流经验、互相取经的良机，会带来新鲜发展理念。

　　2018 年 3 月，在接受新华社记者专访时表示，中国是世界经济发展的重要引擎，中国两会的召开及其成果不仅对中国自身发展至关重要，更将促进全球经济发展，为世界人民构建更美好的未来做出贡献；2019 年 6 月，作为塞尔维亚议会外事委员会主席接受新华社记者专访时说，贸易冲突没有赢家，美国挑起的中美经贸摩擦也将影响美国自身经济，甚至冲击全球经济。

德西·艾伯特·马马希特
Desi Albert MAMAHIT

印尼海岸警卫队原司令
印尼海军总长特别参谋

德西·艾伯特·马马希特，1984 年毕业于泗水海军学院（印尼海军学院）。毕业后，广泛接受国内外的军事教育：1987 年在法国滨海罗什福尔接受 CIFR 训练，1988 年在法国军舰 Geaom ph Jeanne D'arc 上接受训练，1994 年学习英国 HMS Dryad 的首席作战军官课程和反潜作战课程。1998 年，获得美国政府提供的奖学金后，在美国加利福尼亚州蒙特利海军研究生院接受教育并获管理硕士学位；2000 年，参加印尼海军指挥与参谋课程学习，2001 年，学习战略情报课程，2002 年，学习国防武官课程，2009 年，学习武装部队指挥参谋课程，2013 年，学习国家复兴研究所课程。2013 年，在印尼茂物农业研究所完成管理与商业博士课程。

曾在印尼海军西区舰队司令部和东区舰队司令部以及海军总部和武装部队总部的多艘海军军舰服役。2011 年 1 月，晋升为第一海军上将、一星海军上将，在印尼海军西区舰队司令部担任海上安全部队司令；2012 年，担任海军规划与预算参谋长副助理；2013 年 1 月，晋升为海军少将、二星海军上将，并担任海军指挥和职员学院指挥官；2014 年 4 月，晋升为海军三星中将，担任海上安全协调委员会日常事务执行主任。

2014 年 6 月，任印尼国防大学校长。2014 年 7 月至今，任印尼最大的造船公司之一 PT DOK & PERKAPALAN KOJA BAHARI（PT DKB）的总负责人。2015 年 5 月，被印尼总统任命为印尼海上安全机构（BAKAMLA）首席负责人，该组织由印尼总统直接领导；2016 年 4 月至今，任印尼海军总长特别参谋。

二　秘书处成员

新型应用型智库发展需要当代年轻人才积极贡献智慧，以人才的可持续发展推动智库的可持续发展。我们高度重视"80 后""90 后""00 后"年轻一代的创造力和执行力，打造了一支坚持正确政治方向、德才兼备、富于创新精神、具有超强学习能力和资源整合能力的青年执行团队。以智库为平台和载体不断启发年轻人的智慧，激发年轻人的潜能，支撑年轻人的梦想，锻炼年轻人的能力，发挥年轻人的价值，为我国的智库工作培养了一批杰出的年轻力量。

截至 2021 年，我们已形成北京、珠海、青岛三支青春洋溢、踏实肯干的项目执行团队，十余名"80 后""90 后"年轻人成为智库平台上最活跃、最具青春活力的成员。秘书处北京团队主要负责智库研究、公共关系、国际合作、机构协同、媒体联络等工作；珠海团队主要负责蓝迪平台的企业与项目管理、服务粤澳深度合作区、推动澳门产业多元发展等工作；青岛团队主要聚焦青岛上合示范区与 RCEP 青岛经贸合作先行创新试验基地建设，推动青岛与上合国家、RCEP 国家开展国际交流与合作。

目前，由马融担任秘书处副秘书长，另设三名执行主任，分别为胡宇东（北京执行主任）、陈璐（珠海执行主任）、杨林林（青岛执行主任），以及项目官员若干名。团队成员均具备专业化、标准化、国际化的执行能力，以及超强的学习能力和资源整合能力。与此同时，秘书处成员均为具备国际视野、通晓国际规则、能够参与国际事务和国际竞争、善于从中国看世界和从世界看中国的高端人才。他们密切关注国际政治经济局势，重点聚焦"一带一路"共建国家与国内区域结合；他们紧密联系合作伙伴，通过举办和参加高级别国际会议持续在国际舞台上发出蓝迪声音，进一步提升中国智库在全球治理中的话语权，为增强中国软实力贡献力量；他们致力于对企业的"挖

秘书处团队成员合影

蓝迪国际智库北京团队成员

掘、培育、推介"，成功孵化多个重大项目，推动了新型应用型智库"经典智库"和"专业咨询"相结合的发展进程。

凝心聚力、增进共识，为国家进步和中华民族伟大复兴贡献智慧，这是

蓝迪国际智库珠海团队成员

蓝迪国际智库青岛团队成员

从历史角度对青年智库人才提出的要求。习近平总书记指出："无论过去、现在还是未来，中国青年始终是实现中华民族伟大复兴的先锋力量！"近代以来，梁启超"少年中国"的教诲言犹在耳，陈独秀"新青年"的呼唤历久弥新，李大钊"以青春之我，创青春之国家"的热望依然清晰。在中国革命、建设和改革的不同历史时期，年轻人始终是推动社会进步、勇担时代使命的重要力量。智库年轻人才本身就是优秀的青年学者，其血液里流淌着传自历史的使命基因。在新时代，国家的前途、民族的命运、人民的幸福，是当代年轻人必须和必将承担的重任。

秘书处成员将继承历史传统，担负现实使命，为国家命运和社会进步献计献策，提出具有坚实历史依据的对策；秘书处成员将始终满怀浓厚的学术热情、充沛的研究精力、无我的奉献精神，以及对国际大局、国家发展与社会治理的敏锐感知和强烈责任感，投身智库建设的伟大事业；秘书处成员将洞察时势，集中最优智力把握世界大势，服务国家治理体系和治理能力现代化，为发展新时代中国特色社会主义提供智力支撑。

习近平总书记强调："中国共产党立志于中华民族千秋伟业，必须始终代表广大青年、赢得广大青年、依靠广大青年，用极大力量做好青年工作，确保党的事业薪火相传，确保中华民族永续发展。"强国需强智，智库新一辈当自强，智库秘书处团队将用实际行动谱写中国新型智库发展的辉煌篇章。

秘书处核心成员名单如下：

马　融——蓝迪国际智库副秘书长

汪春牛——蓝迪国际智库副秘书长

胡宇东——蓝迪国际智库（北京）执行主任

陈　璐——蓝迪国际智库（珠海）执行主任

杨林林——蓝迪国际智库（青岛）执行主任

贾梦妍——蓝迪国际智库研究及国际合作主管（北京）

尚李军——蓝迪国际智库宣传主管（北京）

姜盛川——蓝迪国际智库机要秘书（北京）

李春丽——蓝迪国际智库项目主管（珠海）

付　飞——蓝迪国际智库项目主管（珠海）

蔡琅琪——蓝迪国际智库项目主管（珠海）

乔　晔——蓝迪国际智库项目主管（青岛）

胡皓洁——蓝迪国际智库项目主管（青岛）

刘　霞——蓝迪国际智库项目主管（青岛）

第八章　展望

2022 年，中国共产党第二十次全国代表大会将召开；2022 年，"十四五"规划进入关键阶段，国际国内"双循环"和"双碳战略"将进一步实施。然而，我们必须正视，在世纪疫情的冲击下，人类与新冠病毒的斗争远未结束；百年变局加速演进，外部环境更趋复杂严峻；我国经济发展依然面临需求收缩、供给冲击、预期转弱等多重压力。

沧海横流方显英雄本色，无论国际风云如何变幻，我们都要坚定不移做好自己的事情，不断做强经济基础，增强科技创新能力，坚持多边主义，主动对标高标准国际经贸规则，以高水平开放促进深层次改革、推动高质量发展。2022 年，我们将紧跟时代节奏，从以下方面着力抓好智库发展工作。

（一）聚焦国家决策急需的重大课题，夯实资政建言能力

2022 年，我们将聚焦热点、重点课题，关注新兴技术发展，充分联合各领域优秀研究团队和智库，围绕以下重点课题展开研究。

第一，国际热点议题和"一带一路"倡议。围绕国际合作与国际交往中的热点、重点问题开展研究，如大国关系、"一带一路"倡议等。一是充分发挥应用型智库国际网络优势，深化国际合作，聚焦"一带一路"倡议下重点国别与区域，持续推进中巴经济走廊建设；二是为城市和企业参与"一带一路"建设提供优质的课题研究和咨询服务；三是不断增加新的合作领域与合作伙伴，与"一带一路"国家建立广泛而深入的交流合作关系。通过中美、中欧、中俄等重大国际关系研究，为国家外交和战略决策提供智力支持。

第二，促进数字经济发展。把握第四次工业革命与数字经济的时代机遇，围绕数字产业化、产业数字化展开课题研究，深入开展数字建筑、数字医疗、数字农业、数字人力资源、智慧城市、智慧交通等方面的调查与研究。通过产业链整合及对龙头企业的挖掘、培育和推介，抓住产业链数字化升级改造的核心环节，推动数字经济的高质量发展。

第三，促进绿色经济发展。聚焦"双碳战略"目标的实现，展开有关课题研究，深入调研相关产业、企业和项目，探索和完善与"双碳战略"匹配的策略及行动，因地制宜、因势利导，协助地方政府双碳实施方案的制定和完善，推动国家"双碳战略"的实施和节能环保、降碳减排重大项目的落地。

第四，促进重大科技创新攻关与成果转化。围绕国家发展的关键技术领域、"卡脖子"技术，如工业母机、医疗装备、人工智能、生物医药、新能源技术等，推动国家产业政策落地，促进政府与企业的合作，强化产业发展共识，汇聚产业发展资源，推动科技创新突破和产业化发展。

（二）研究和落实国家重大战略规划，助力区域高质量发展

2022 年，我们将进一步巩固和扩展城市合作网络，紧密围绕粤港澳大湾区建设、京津冀协同发展、长三角区域一体化发展、长江经济带发展、黄河流域生态保护和高质量发展、海南全面深化改革开放等国家区域战略，立足全国重点区域、重点省份、重点城市，找准独特定位，明确发展目标，落实国家战略，推动产业的升级改造，实现地区经济社会的高质量发展。

第一，粤港澳大湾区。继续深化粤澳深度合作区的战略合作和智库服务；深度参与第四届十字门金融周、第二届澳门 BEYOND 国际科技创新博览会等重大地区主题活动。

第二，环渤海地区。继续推动青岛 RCEP 经贸合作先行创新试验基地、青岛上合示范区建设；不断探索和完善"双循环"背景下的国际经贸合作新机会、新模式。

第三，长三角地区。继续推动在宁波、嘉兴、苏州、昆山等地实体经济与数字经济领域的合作与实践；围绕中国机器人峰会、乌镇互联网大会等重点活动，在地方政府战略规划、产业链强链补链、扩大国内国际影响力上持续提供智力支持。

第四，京津冀地区。在保定涿州产业转型升级和京津冀一体化进程中继续发挥积极作用，推动文旅产业、国央企总部经济的蓬勃发展。

第五，其他重点区域。在福建、安徽、江西等地区，我们将根据地方需求和特点，精准匹配智库与产业力量，切实有效地推动智库研究和产业项目落地。

（三）服务政府和企业，推动产业高质量发展

国家战略目标的实现最终必须落实到具体的产业与企业中，2022年，我们将深度融入产业，通过标准化的专业服务体系，解决具体问题，实现共创共赢。

第一，通过形成重点课题和产业的智库研究报告，建言献策，促进区域和产业高质量发展；

第二，通过召开地区政府高层咨询会，深入结合地方发展实际，找准战略定位，进行设计，提出规划、政策建议，对接产业资源；

第三，以国家、地区战略和产业重点的主题峰会为平台，汇聚资源，凝聚共识，助力创新发展；

第四，以产业链链主、龙头企业为基础，以专精特新和隐形冠军企业为抓手，引导企业高质量发展，推动产业链强链补链、科技创新和推广实践，通过提供智库的资讯服务和打造高质量企业群，扩大平台企业规模，加强协同合作，提升服务质量；

第五，充分利用平台资源开展新技术培训，提高科技创新能力；开展对外合作培训，提高对外交往能力。

（四）关注青年一代成长，培养卓越的专业团队

我们将继续关注与培育卓越的团队，为新型应用型智库的可持续发展提

供助力。

第一，重点关注和提升核心能力。作为新时代应用型智库的团队成员，必须有极高的政治素养和政治觉悟，极强的学习能力，分析、解决问题的能力，资源整合能力以及项目管理能力；同时需要具有良好的沟通表达与团队协作能力，高效率准确传递信息，感染和激励团队共同奋斗；团队成员还需要执行力和敬业精神，卓越的工作成果必然需要艰辛的劳动和付出，突破性的创新必然需要打破常规，这些都需要有力的执行和敬业的奉献。

第二，坚持实战练兵和授权成长。我们注重年轻一代优秀人才的挖掘和培养。在智库秘书处，"80 后""90 后"已成主力，"00 后"也将进入我们的工作团队。只有让团队在项目管理、活动组织、研究工作等重要活动中经受考验，其才能够快速成长、独当一面。2022 年，我们会继续充分调动每一位成员的发展潜力，以平台和团队力量支撑每个年轻成员的快速成长。

第三，加强团队协作与资源整合。我们秉承"不求所有、但求所用"的原则，广泛而充分地调动各方资源，认真培养新时代的资源整合者，他们能够识别资源、组织资源、利用资源，并通过内部、外部的多维协作，凝聚力量，共创共赢。目前，我们已在北京、珠海、青岛设立了总部和分支机构，他们将作为一个协作整体，充分运用智库平台的智库、国际、城市、企业、媒体五大网络，努力成为新时代的资源整合者和创新者。

第四，完善工作方法和建立标准程序。2022 年，我们将继续实践和完善工作方法，同时建立标准化的服务体系和研究体系，向着可复制、规模化、专业化的方向不断进步。

百年变局之下，时代浪潮之巅，新的时代赋予了我们新的使命。我们信心百倍，在国家对新型高端智库建设的大力支持和鼓舞下，在平台伙伴的精诚协作下，在秘书处团队的辛勤耕耘下，我们必定能够践行时代使命，为中华民族的伟大复兴贡献应有力量，在新的时代绘就辉煌的崭新画卷！

图书在版编目（CIP）数据

2021，新时代的崭新画卷：蓝迪国际智库2021年度
报告/赵白鸽，黄奇帆主编. -- 北京：社会科学文献
出版社，2022.5
ISBN 978 - 7 - 5201 - 9960 - 5

Ⅰ.①2… Ⅱ.①赵… ②黄… Ⅲ.①咨询机构 - 研究
报告 - 中国 - 2021 Ⅳ.①C932.82

中国版本图书馆 CIP 数据核字（2022）第 054963 号

2021，新时代的崭新画卷
——蓝迪国际智库 2021 年度报告

荣誉主编／王伟光　谢伏瞻
主　　编／赵白鸽　黄奇帆
副 主 编／王　镭　叶海林　胡宇东

出 版 人／王利民
组稿编辑／祝得彬
责任编辑／仇　扬　张苏琴
责任印制／王京美

出　　版／社会科学文献出版社·当代世界出版分社（010）59367004
　　　　　地址：北京市北三环中路甲29号院华龙大厦　邮编：100029
　　　　　网址：www.ssap.com.cn
发　　行／社会科学文献出版社（010）59367028
印　　装／三河市东方印刷有限公司

规　　格／开本：787mm×1092mm　1/16
　　　　　印　张：23　字　数：323千字
版　　次／2022年5月第1版　2022年5月第1次印刷
书　　号／ISBN 978 - 7 - 5201 - 9960 - 5
定　　价／99.00元

读者服务电话：4008918866